"十四五"职业教育国家规划教材

工业和信息化
精品系列教材

Cloud Computing
Technology

微课版

云计算导论
概念 架构与应用
（第2版）

武志学 ● 主编

刘遄 ● 副主编

人民邮电出版社

北京

图书在版编目（CIP）数据

云计算导论：概念架构与应用：微课版 / 武志学
主编. -- 2 版. -- 北京：人民邮电出版社，2025.
（工业和信息化精品系列教材）. -- ISBN 978-7-115
-67210-0

Ⅰ. TP393.027

中国国家版本馆 CIP 数据核字第 2025F38G24 号

内 容 提 要

本书全面介绍云计算的概念、架构与应用。全书共 9 章，主要内容包括云计算的基本概念、云计算平台体验、IaaS 服务模式、PaaS 服务模式、SaaS 服务模式、桌面云、云存储、容器即服务和 Serverless 架构。本书内容实用，实验丰富，将实验内容融合在课程内容中，理论紧密联系实际。

本书可作为应用型本科、职业本科、高职高专院校云计算技术概论性入门教材，也可以作为相关技术培训机构的教材。通过本书，读者可以了解今后需要学习哪些课程和技术，进而系统地掌握云计算的工作原理及开发基于云计算的应用。

◆ 主　　编　武志学
　　副 主 编　刘　遄
　　责任编辑　马小霞
　　责任印制　王　郁　焦志炜
◆ 人民邮电出版社出版发行　　北京市丰台区成寿寺路 11 号
　　邮编 100164　电子邮件 315@ptpress.com.cn
　　网址 https://www.ptpress.com.cn
　　三河市君旺印务有限公司印刷
◆ 开本：787×1092　1/16
　　印张：14.75　　　　　　　　2025 年 9 月第 2 版
　　字数：376 千字　　　　　　 2025 年 9 月河北第 1 次印刷

定价：59.80 元

读者服务热线：(010)81055256　印装质量热线：(010)81055316
反盗版热线：(010)81055315

前　言

云计算是我国"互联网+"行动的重要组成部分。当前,新一轮科技革命和产业变革正在席卷全球,云计算、大数据、物联网、人工智能、区块链等新技术不断涌现,数字经济正在深刻地改变着人们的生活、生产和商业方式,并成为经济增长的新动能。

随着云技术的深入发展,云计算已经远远超出信息技术(Information Technology,IT)基础设施的范畴,渐渐演变成 IT 创新的中心之一。企业只有部署云计算,将内部和外部的资源通过云进行整合,才能完成相应的大数据分析和深度学习。未来云计算会不断加深与各行业领域的融合,依托超大体量的云生态系统,支撑传统企业生产、管理和经营模式的转型,推动行业整体生态环境转型升级。

近年来,我国出台多项支持与促进云计算产业发展的政策,积极推动建立良好的云计算产业宏观政策环境。自 2017 年工业和信息化部发布《云计算发展三年行动计划(2017—2019 年)》以来,各地政府陆续推出了鼓励企业上云的行动计划和实施方案,从应用端扩大云计算的需求量,云计算产业的发展基础得以夯实。党的二十大报告提出"加快实施创新驱动发展战略。坚持面向世界科技前沿、面向经济主战场、面向国家重大需求、面向人民生命健康,加快实现高水平科技自立自强。以国家战略需求为导向,集聚力量进行原创性引领性科技攻关,坚决打赢关键核心技术攻坚战。加快实施一批具有战略性全局性前瞻性的国家重大科技项目,增强自主创新能力"。在顶层战略布局"下一代云计算系统"、高频次市场需求叠加、供给侧技术持续重塑的多重加持下,我国云计算产业迅速崛起。

我国云计算领头羊华为云在数智融合方面优势明显,领跑行业。华为云数智融合平台通过 DataArts 和 ModelArts 融合的独家创新架构,打通了大数据和人工智能,兼顾成本与性能,实现统一管理、一数多用,同时实现敏捷用数,全流程自动化与智能化。目前,以华为云为代表的我国云计算系统实现了全球领先,打破了西方企业的垄断地位,不仅让国人能够使用高质量云服务,同时确保了数据安全性。

在如此巨大的产业发展驱动力和快速增长的企业上云需求下,对满足产业发展的人才需求将呈现空前的增长态势,尤其是对优质产业人才的需求将不断扩大。

云计算产业人才需求迅猛增长的原因主要有以下几个:一是云计算产业市场规模快速增长,使得云计算产业人才的需求不断增长;二是相关云计算企业加大了对核心技术的投入,提高了客户端的服务水平,因此无论是在技术层面,还是在运营商层面、集成与服务提供层面,都对高精尖人才有着巨大的需求;三是随着云计算新市场、新业务、新应用的不断涌现,国内外各大知名软件企业加速占领国内云计算产业高地,在全国加速建立分公司和研发中心;四是企业积极响应国家和地方政府的企业上云政策,云计算应用端的需求增长必然会带来对云计算人才需求的增长。

作为云计算技术的入门教材,本书将对云计算技术的起源、系统架构、核心技术、使用模式、部署模式、发展现状做深入浅出的全面介绍,以使读者清晰地了解云计算的整体概念和应用前景,以及在后续课程中需学习的技术。2016 年,自本书第 1 版出版以来,云计算领域涌现出了许多新技术，原有的云计算平台也发生了重大变化。在本书的再版过程中，编者删除了已经过时的内容，并添加了新出现的云计算技术，包括超融合架构、Ceph 系统架构、容器虚拟化技术、容器即服务和 Serverless 架构等相关内容，全面反映云计算技术的最新动态。

实践是掌握知识的最佳途径。本书不但把云计算知识的介绍与国际知名云计算平台的具体实践描述相结合，而且提供了实际使用各类云平台的实验环境，使读者可以通过实践加深对云计算知识的了解和认知。

本书共 9 章，下面简单介绍各章内容。

第 1 章对云计算进行概述。首先介绍云计算的思想起源，可使读者了解云计算在 IT 浪潮中的历史地位；在给出云计算的定义和基本特征之后，对云计算的三种服务模式和四类部署模式进行阐述，以使读者加深对云计算概念的理解；随后讨论云计算的使用场景和云计算给 IT 行业及社会带来的变革；最后描述云计算的产业链结构。

为了帮助读者更好地理解云计算的概念，第 2 章介绍如何实际使用三大类云计算服务，包括 OpenStack 的基础设施即服务（Infrastructure as a Service，IaaS）、Cloud Foundry 的平台即服务（Platform as a Service，PaaS）和 Microsoft 的软件即服务（Software as a Service，SaaS）。了解如何使用这些云计算平台，读者可为深入学习各类云计算服务的原理和实现打下良好的基础。

第 3～7 章分别对三大类云计算核心服务和两类云计算衍生服务从实现功能、体系架构与核心技术方面进行分析和介绍，并对各类典型云计算平台的具体实现方法进行讨论。

第 8 章和第 9 章介绍近年来新涌现的两大云计算架构：容器即服务和 Serverless 架构，包括其产生的原动力、技术优势和对云计算行业的影响，各自的功能、体系架构与核心技术，并通过描述典型产品介绍其实现方法。

本人具有多年国内外高校教学经验，拥有深厚的虚拟化、云计算和大数据技术理论基础功底，曾担任国际著名云计算公司美国思杰公司（Citrix Systems）的主任研究员。由于具有丰富的虚拟化云计算技术研发经历，本人对虚拟化云计算技术的发展历程和体系架构有着深入和系统的理解。作为云计算技术前瞻性研究和应用推广的参与者、开源云平台初期的开发者及核心代码贡献者、国内首个云计算专业系的创办者、国内第一个区块链工程专业的负责人，本人基于多年的工作、研究及教学经验编写了本书。不仅将相关技术内容简单地告诉读者，还将复杂问题简单化，以深入浅出的方式描述云计算的方方面面，目的是希望读者通过学习本书，在熟悉云计算概念、云计算核心技术和云计算应用场景的基础上，能够了解云计算的优势，云计算为个人、企业、政府、社会带来的变化，以及云计算将来的发展方向，从而为进一步学习云计算技术打下良好的基础，并有意识地利用云计算为个人或企业服务。

在本书初版的编写过程中，编者得到了电子科技大学成都学院及成都信息工程大学领导和教师的不少帮助，本书的再版吸取了一些读者提出的宝贵意见，在此一并表示感谢。

武志学

2025 年 1 月于成都

目　录

第1章
云计算的基本概念

01

云计算（Cloud Computing）是一个内涵丰富而定义模糊的术语。目前，云计算已经席卷了信息技术（Information Technology，IT）行业的各个领域，人们似乎很难清晰地把握住云计算的本质。本章将讲解云计算的起源、定义和发展历程，使读者逐步认识云计算的特征、服务模式等，从而对云计算有初步的了解。

【技能目标及素养目标】

- 具备为实际业务选择合适云服务模式的能力
- 具备为实际业务选择合适云部署模式的能力
- 具备为实际业务推荐合适云计算服务的能力

- 培养实践能力
- 培养创新能力
- 培养团队协作精神

1.1 云计算概述

云计算的出现并非偶然，早在 20 世纪 60 年代，约翰·麦卡锡（John McCarthy）就提出了将计算能力作为公共资源提供给用户的理念，这成为云计算思想的起源。在 20 世纪 80 年代的网格计算，20 世纪 90 年代的公用计算，以及 21 世纪初的虚拟化技术、面向服务的体系结构（Service- Oriented Architecture，SOA）、软件即服务（Software as a Service，SaaS）应用的支撑下，云计算作为一种新兴的资源使用和交付模式逐渐为学界和产业界所认知。

1.1 云计算概述

云计算是一种 IT 资源的使用和交付模式，用户可通过网络以按需、易扩展的方式获得所需的资源（硬件、平台、软件）。典型的云计算提供商往往提供通用的网络业务应用，用户可以通过浏览器或其他 Web 服务来访问，而应用和数据都存储在远程数据中心的服务器上。用户通过计算机、手机等设备接入数据中心，按自己的需求进行运算。提供资源的网络称为云。云中的资源在使用者看来是可以无限扩展的，并可以随时获取、按需使用、随时扩展、按使用情况付费。

1.1.1 云计算的思想起源

在传统计算模式下，企业建立一套 IT 系统不仅需要购买硬件等基础设施，还需要购买软件许可证，并且需要专门的人员进行维护。当企业规模扩大时，还需不断升级各种软件和硬件以满足需求。

对企业来说，计算机的软件和硬件本身并非其真正需要的，它们只是完成工作、提高效率的工具而已。对于个人来说，要正常使用计算机，需要安装多种软件，而许多软件是收费的，对于不经常使用该软件的用户来说，购买是非常不划算的。那么，是否可以有这样的服务，能够提供用户所需的所有软件供其"租用"？用户在使用时支付少量"租金"即可"租用"这些软件服务，从而节省大量购买软件和硬件的资金。

我们每天都要用电，但不是每家都自备发电机，而是由电厂集中供电；我们每天都要用水，但不是每家都需要有水井，而是由自来水厂集中供水。这种模式极大地节约了资源，方便了我们的生活。同样，面对计算机带来的困扰，是否可以像使用水和电一样使用计算机资源？这些想法最终促成了云计算的产生。

云计算的核心目标之一是将计算、服务和应用作为一种公共资源提供给人们，使人们能够像使用水、电、煤气和电话那样使用计算机资源。

云计算模式类似于电厂集中供电模式。在云计算模式下，用户的计算设备将变得十分简单，也许只需要少量内存就可以满足用户的需求，而不必配备硬盘和安装各种应用。用户的计算机除了通过浏览器向云发送指令和接收数据外，基本上什么也不用做，便可以使用云服务提供商的计算资源、存储空间和各种应用。这就像连接"显示器"和"主机"的电线无限长，可以将"显示器"放在用户面前，而"主机"则放在远到用户不知道的地方。云计算将连接"显示器"和"主机"的电线变成了网络，将"主机"变成云服务提供商的服务器集群。

在云计算环境下，用户的消费观念也会发生彻底的变化，从"购买产品"向"购买服务"转变，因为他们直接面对的将不再是复杂的软件和硬件，而是最终的服务。用户不需要拥有看得见、摸得着的硬件，不需要为机房支付设备供电、空调制冷、专人维护等费用，不需要等待漫长的供货周期及实施项目所需的冗长时间等，只需向云服务提供商支付一定的费用，就可以马上得到所需的服务。

1.1.2　云计算的定义

云计算的定义自提出以来一直在不断发展变化，很多机构和学者对云计算进行了不同的解读，但尚未形成统一的定义。以下列出几种典型的定义，以便读者从多个角度了解云计算的含义。

1.2 云计算的定义

（1）百度百科的定义：云计算是分布式计算的一种，其最基本的概念是通过网络将庞大的数据计算处理程序自动分解成无数个较小的子程序，再交由多台服务器组成的庞大系统进行处理、计算和分析，最终将处理结果回传给用户。通过这项技术，网络服务提供者可以在数秒之内处理数以千万计甚至亿计的信息，提供与"超级计算机"同样强大效能的网络服务。

（2）IBM公司的定义：云计算是一种革新的信息技术与商业服务的消费与交付模式。在这种模式中，用户可以采用按需使用的自助模式，通过访问无处不在的网络来获取资源池中快速分配的资源，并按实际使用情况付费。

（3）Salesforce公司的定义：云计算是一种更友好的业务运行模式。在这种模式中，用户的应用（Application，App）运行在共享的数据中心，用户只需通过登录和个性化定制即可使用这些数据中心的应用。

（4）美国国家标准与技术研究院（National Institute of Standards and Technology，NIST）的定义：云计算是一种无处不在、便捷且按需共享的可配置计算资源（包括网络、服务器、存储、应用和服务）进行网络访问的模式，能够通过最少的管理工作和与服务提供商的互动实现计算资源的迅速供给和释放。该定义是目前较为公认的云计算的定义。

图 1.1 形象地描述了云计算的定义。云端计算资源池包含服务器、虚拟桌面、软件平台、应用和存储/数据等计算资源。用户可以使用台式计算机、笔记本计算机、智能手机、平板计算机等终端设备联网获取云端的计算资源。

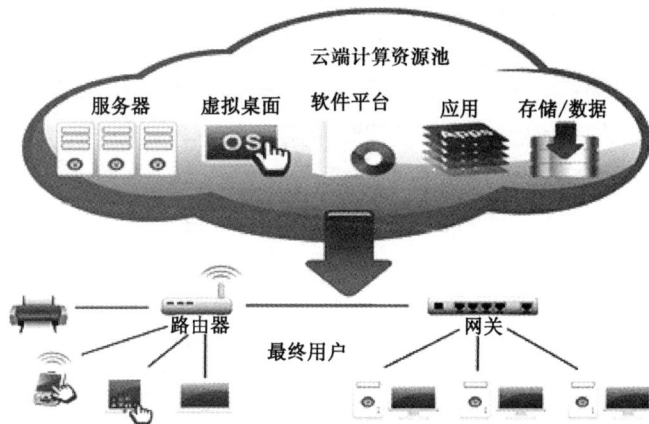

图 1.1　云计算的定义

按照 NIST 对云计算的定义，自助式服务、随时随地使用、可度量的服务、快速资源扩缩和资源池化是云计算的基本特征，如图 1.2 所示。

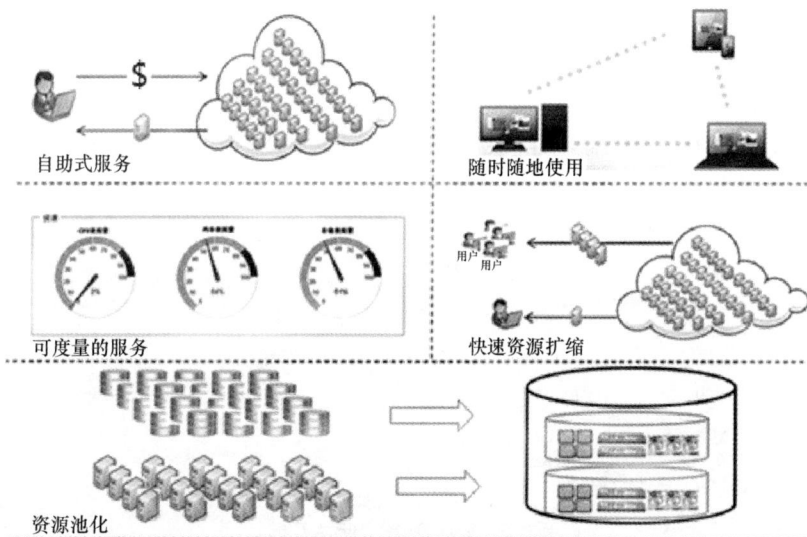

图 1.2　云计算的基本特征

（1）自助式服务。使用云计算的用户大多通过自助方式获取资源。例如，使用 Amazon（亚马逊）弹性计算云（Elastic Compute Cloud，EC2）服务时，用户可以自主选择服务器的操作系统类型、服务器的配置（Micro、Small、Large）以及磁盘大小，Amazon EC2 平台会根据用户的设置分配一台云主机供用户使用。

（2）随时随地使用。用户可以通过各种移动设备或瘦客户端（如智能手机、平板计算机等）连接云端，使用云计算平台提供的服务，打破地理位置和硬件部署环境的限制。

（3）可度量的服务。云计算平台会对存储、中央处理器（Central Processing Unit，CPU）、带宽等资源进行实时跟踪，根据这些可量化指标对后台资源进行调整和优化，同时确保根据用户的实际资源消耗来公平计费。

（4）快速资源扩缩。云计算平台可以根据用户需求迅速调整资源规模，实现资源的灵活扩展和收缩。

（5）资源池化。云服务提供商将计算资源集中成一个巨大的资源池，这些资源以多租户的方式供用户共享使用。资源的种类包括存储、处理器、内存、带宽等。对于云服务提供商，各种底层资源的异构性被屏蔽，边界被打破，所有资源可以被统一管理和调度，成为云计算资源池，为用户提供按需服务；对于用户，资源池是透明的，可以按需使用并付费。

从技术角度来看，云端软件和硬件维护、数据管理、安全防护均由云服务提供商负责，用户端仅需将设备接入即可使用云端的服务。这降低了用户的技术门槛，提高了数据的安全性。使用云计算模式，用户只需将数据和应用上传到云端即可随时随地通过任意终端设备进行数据访问和应用体验，实现数据和应用的共享。云计算资源池具有很强的弹性，用户可以按需使用资源，并仅对使用的资源付费。

从商业角度来看，云计算模式提高了数据中心服务器、网络设备等资源的利用率，降低了用户的 IT 设备建设和维护费用，使用户可以专注于其核心业务。

1.1.3 云计算的发展历程

1. 云计算诞生的五大契机

云计算是分布式计算、并行计算、效用计算、虚拟化、网络存储、负载均衡、热备份冗余等传统计算机技术和网络技术发展相融合的产物，也是 SaaS、SOA 等技术混合演进的结果。图 1.3 所示的五大契机直接促进了云计算的诞生。

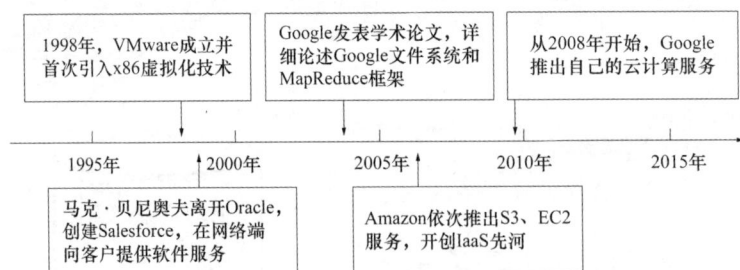

图 1.3　云计算诞生的五大契机

（1）虚拟化技术的诞生

虚拟化技术是将各种计算资源及存储资源充分整合和高效利用的关键技术。1998 年，VMware 成立并首次引入了 x86 虚拟化技术。虚拟化技术使远程获取计算资源变得可行，也使资源可以进行

动态切分和组合。

（2）SaaS 的诞生

1999 年，马克·贝尼奥夫（Marc Benioff）离开甲骨文（Oracle）与几位原 Oracle 高管一起创办了 Salesforce，主要向企业客户销售基于云的 SaaS，即从服务器端向客户传递服务，号称 SaaS 将会成为软件的终结者。用户通过瘦客户端自主选择合适的功能模块，即可使用客户关系管理（Customer Relationship Management, CRM）系统。这种模式的优势显而易见：软件的维护、升级都在服务器端进行，客户不必购买昂贵的软件和硬件，也不必负责 CRM 系统等应用的配置和版本更新，应用开发商也不必储备大量的运维服务人员，应用的新功能升级可以在服务器端快速进行，从而完成"从许可证到服务"的商业模式转型。

Salesforce 对云计算的重要意义不仅在于其通过销售 SaaS 成长为一家规模可观的公司，更重要的是，它第一次将 SaaS 大规模销售给了企业用户，包括通用电气、荷兰航空、美国全国广播公司（National Broadcasting Company，NBC）和 Comcast 等国际知名企业。Salesforce 的成功证明了基于云计算的服务不仅是大型业务系统的成本效益更高的解决方案，还可以真正提高企业运营效率、促进业务发展，并在可靠性方面维持极高的标准。

（3）谷歌（Google）发表的三篇论文

2003 年，Google 在美国计算机协会（Association for Computing Machinery，ACM）操作系统原理研讨会（Symposium on Operating System Principles, SOSP）上发表了关于 Google 文件系统（Google File System，GFS）的论文。2004 年，在操作系统设计与实现研讨会（Operating Systems Design and Implementation，OSDI）上发表了关于 MapReduce 分布式处理技术的论文。2006 年，在 OSDI 上发表了关于 BigTable 分布式数据库的论文。这三篇重量级论文不仅展示了 Google 搜索引擎背后强大的技术支撑，也催生了大量克隆这些技术的开源产品，如 Hadoop 系统、Hadoop 分布式文件系统（Hadoop Distributed File System，HDFS）、HBase、Hypertable 和 Cassandra 等。

这三篇论文和相关的开源技术极大地普及了云计算中核心的分布式技术。

（4）Amazon 网络服务的推出

在线零售商 Amazon 的企业对用户（Business to Customer，B2C）电子商务模式业务类似于我国的淘宝和京东业务，其流量在特定时刻（如圣诞节）急速攀升。为了应对这种情况，Amazon 需要购置远超平常使用量的硬件资源以应对增加的流量，造成了很大的资源浪费。Amazon 发现大部分时间数据中心的利用率不到 10%，剩余 90% 多的资源闲置。于是，Amazon 开始寻找更有效的方式来利用其数据中心，将计算资源从单一的、特定的业务中解放出来，在空闲时提供给其他需要的用户，首先在企业内部实施，并得到了很好的回报。随后，Amazon 将这项服务开放给外部用户，通过租借硬件资源给公众来减少浪费，这就是 Amazon 推出 Amazon 网络服务（Amazon Web Service，AWS）的主要原因。

2006 年初，Amazon 推出了 AWS 的第一款产品——简单存储服务（Simple Storage Service，S3）；2006 年 8 月，Amazon 推出了另一款产品——EC2 云基础设施服务。AWS 产品的出现使人们惊奇地发现计算资源原来也可以像 Amazon 的其他商品一样被销售。Amazon EC2 是云计算的一个里程碑，因为它是业界第一个将基础架构大规模开放给公众用户的基础设施即服务（Infrastructure as a Service，IaaS）。

1.3 云计算的发展历程

继 AWS 之后，各种类似的云计算产品大量涌现，关于云计算的报道和解读遍布市场。多个企业纷纷投入云计算市场。除了 Amazon，Microsoft、IBM 等颇具实力的 IT 企业也开始提供云计算服务。

（5）Google 对外提供 Google 应用引擎服务

2009 年，Google 开始对外提供 Google 应用引擎（Google App Engine，GAE）服务，这是一个平台即服务（Platform as a Service，PaaS）类型的服务。Google 搭建了一个完整的 Web 应用开发环境，提供主机、数据库（Database）、互联网接入带宽等资源，用户不必自己购买设备，即可在浏览器中开发和调试自己的代码，然后直接将其部署到 Google 的云平台上并对外发布服务。这种模式的好处是用户不必再担心主机、托管商、互联网接入带宽等一系列运营问题。GAE 可以看作托管网络应用的平台。

从架构上看，GAE 提供了一套应用程序接口（Application Program Interface，API），帮助用户获取网络数据、发送邮件、存储数据、操作图片、缓存数据等，未来还会有更多 API 推出。开发者在 GAE 的框架内开发应用，不用再考虑 CPU、内存、分布等复杂和难以控制的问题，即使初级开发者也可以按照 GAE 的规范写出高性能的应用。当然，实现高性能也有一定的代价，如不能使用套接字，文件操作、数据查询必须有索引，不能使用两个不等式做条件查询等。对于开发过程而言，使用 GAE 会多一些约束，少一些选择，使开发过程更加简单，更关注业务。

作为 PaaS 平台的代表，GAE 补齐了云计算的产品版图，用户可以在基于云的环境下找到绝大部分计算资源，包括基础设施资源和开发平台资源。

2. 云计算发展历程中的点滴事件

云计算带来了工作方式和商业模式的根本性改变，与并行计算、分布式计算和网格计算关系紧密，更是虚拟化、效用计算、SaaS、SOA 等技术混合演变的结果。这几十年来，云计算是怎样一步步演变的呢？让我们回顾一下云计算发展历程中的点滴事件，如表 1.1 所示。

表 1.1　云计算发展历程中的点滴事件

时　间	事　件
1959 年	克里斯托弗·斯特雷奇（Christopher Strachey）发表与虚拟化有关的论文
1961 年	约翰·麦卡锡提出计算力和通过公用事业销售计算机应用的思想
1962 年	约瑟夫·利克莱德（J. C. R. Licklider）提出"星际计算机网络"的设想
1965 年	美国电话公司 Western Union 的一位高管提出建立信息公用事业的设想
1984 年	Sun 的联合创始人约翰·盖奇（John Gage）说出了"网络就是计算机"的名言
1996 年	开源的网格计算中间件平台 Globus 起步
1997 年	南加州大学教授拉姆纳特·切拉帕（Ramnath Chellappa）提出云计算的第一个学术定义
1998 年	VMware 成立并首次引入 x86 的虚拟化技术
1999 年	马克·安德森（Marc Andreessen）创建 LoudCloud，它是第一个商业化的 IaaS 平台
	Salesforce 成立，宣布"软件终结"开始
2004 年	Google 发表 MapReduce 论文
	HDFS 和 MapReduce 被实现
2005 年	Amazon 推出 AWS 云计算平台
2006 年	Amazon 推出 S3 和 EC2 等云服务
	Sun 推出基于云计算理论的 BlackBox 计划

续表

时　间	事　件
2007 年	IBM 首次发布云计算商业解决方案，推出"蓝云"计划
2008 年	Salesforce 推出 DevForce 平台，Force.com 成为世界上首个 PaaS 应用平台
	GAE 发布
2009 年	VMware 推出业界首款云操作系统 VMware vSphere 4
	Google 宣布推出 Chrome OS
2010 年	Microsoft 正式发布 Windows Azure 公共云计算平台
	开源 IaaS 云计算平台项目 OpenStack 发布
2011 年	Citrix 收购 CloudStack 的前身 Cloud.com 并将其开源
2012 年	VMware 推出业界第一个开源 PaaS 云平台 Cloud Foundry
	Eucalyptus 重新全面开源，并迁移到 GitHub
2013 年	第一个版本的 Docker 正式发布
	思科（Cisco）等公司发起并成立了 OpenDaylight，与 Linux 基金会合作开发 SDN 控制器
2014 年	Spark 成为 Apache 软件基金会的顶级项目，其开源生态系统得到了大幅增长
	OpenStack 开始支持 Docker 容器
2015 年	基于 Docker 和 Kubernetes 容器技术的 OpenShift 3 发布
	Docker 宣布其正式在 Linux 基金会指导下建立产业联盟
2016 年	Microsoft 收购 LinkedIn，进一步推进其云计算战略
	Google Cloud Platform 发布 Machine Learning 服务
2017 年	AWS 宣布推出 Lambda@Edge，增强了无服务器计算能力
	Kubernetes 成为 CNCF 的核心项目
2018 年	IBM 宣布以 340 亿美元收购 Red Hat，加强其混合云战略
	AWS 推出基于 ARM 的 Graviton 处理器，提高云计算性能和效率
2019 年	Google Cloud 推出 Anthos，实现混合云和多云管理
	Microsoft 推出 Azure Arc，实现跨云平台的资源管理
2020 年	AWS 推出 SageMaker Studio，为机器学习提供集成开发环境
	Microsoft 发布 Azure Synapse Analytics，整合大数据与数据仓库功能
2021 年	Google Cloud 推出 BigQuery Omni，实现跨云的数据分析
	AWS 宣布推出 AWS Proton，简化微服务架构的部署和管理
2022 年	Microsoft 发布 Azure OpenAI Service，将 OpenAI 的技术整合到 Azure
	AWS 推出 Redshift Serverless，简化数据仓库的管理和使用
2023 年	Google Cloud 发布 Vertex AI Workbench，统一机器学习工作流
	IBM 推出 IBM Cloud Satellite，实现跨任何环境的一致云服务体验
2024 年	AWS 宣布推出 Amazon CodeCatalyst，增强软件开发生命周期管理
	Microsoft 发布 Azure Quantum Service，推进量子计算云服务

3. 云计算的新发展

云计算的出现极大地改变了人们的工作方式和商业模式。整个云计算行业经过蹒跚的探索时期后，积累了丰富的经验，对市场反馈和客户需求有了更清晰的了解与洞察，业务模式与商业运营模式也趋于成熟，云计算行业从 2016 年起进入高速发展时期。在这一时期，无论是总体市场规模，还是云计算的产品与服务，都得到了极大的发展和丰富。

IaaS 为了能够使 IT 部署更加有效，在降低能耗的同时节省成本和空间，从而产生了超融合基础架构（HyperConverged Infrastructure，HCI）。2012 年，HCI 技术首次被提出，并在之后的 4 年内迅猛增长。

根据高德纳（Gartner）咨询公司和国际数据公司等多家权威机构的统计，从 2015 年第三季度开始，全球 HCI 市场同比增幅达到 200% 以上。2019 年，全球 HCI 市场达到了超过 100 亿美元的规模。2022 年，随着混合云和多云架构的普及，HCI 成为这些架构的重要组成部分，提供了无缝的云资源管理和优化。2023 年，HCI 解决方案开始广泛应用于 5G 和物联网（Internet of Things，IoT）领域，支持大规模分布式计算和数据处理需求。HCI 市场预计还将继续快速增长，技术创新将进一步推动其在企业中的广泛应用，为数字化转型提供强有力的支持。

PaaS 在这个大发展时期也找到了崛起之道，改变了以往追求大一统的应用框架，转而提供更多标准的可复用中间件，并与其他 IaaS 或 PaaS 设施组合与联动。典型的例子包括 API 网关、负载均衡器、消息队列（Message Queue）等，其本质都是试图解决 PaaS 和 IaaS 的融合问题，这无疑增加了 PaaS 在整体架构中被采纳的可能性。

容器与微服务是近几年重要的技术趋势之一。事实上，各大云服务提供商在容器服务方面的尝试由来已久，早期就各自推出了如 Amazon EC2 容器服务（EC2 Container Service，ECS）、Azure 容器服务（Azure Container Service，ACS）、阿里云容器服务等，提供基于底层 IaaS 的容器运行环境，同时包含开源或自研的编排引擎。而当 Kubernetes 在容器编排大战中逐步胜出并成为事实标准后，各大运营商又转而对 Kubernetes 提供更加定向和深度的支持，纷纷推出 AWS 弹性 Kubernetes 服务（Elastic Kubernetes Service，EKS）、Azure Kubernetes 服务（Azure Kubernetes Service，AKS）等新一代容器服务。

另一类容器托管服务则进一步屏蔽了底层细节和调度麻烦，让容器作为独立计算单元直接在共享基础设施上运行，如 AWS Fargate、Azure Container Instance、阿里云 Elastic Container Instance 等，实际上就是无服务器（Serverless）计算。当然，经典的无服务器计算一般指函数即服务（Function as a Service，FaaS）。例如，AWS Lambda 和 Azure Functions 虽然在编程框架和范式方面有所限制，但得益于更高层抽象，让开发者聚焦业务逻辑，在合适的场景中使用得当即可大幅提高研发效率。

1.2 云计算的服务模式

云计算是一种新的技术，也是一种新的服务模式。云计算服务模式包含 IaaS、PaaS 和 SaaS 三类。IaaS 提供的是用户直接使用计算资源、存储资源和网络资源的能力；PaaS 提供的是用户开发、测试和运行应用的能力；SaaS 则将应用以服务的形式通过网络提供给用户使用。这三类云计算服务模式的层次关系如图 1.4 所示。

1.4 云计算的服务模式

IaaS 处于整个架构的底层。PaaS 处于中间层，利用 IaaS 平台提供的各类计算资源、存储资源和网络资源建立平台，为用户提供开发、测试和运行环境。SaaS 处于顶层，既

可以利用 PaaS 提供的平台进行开发，也可以直接利用 IaaS 平台提供的各种资源进行开发。

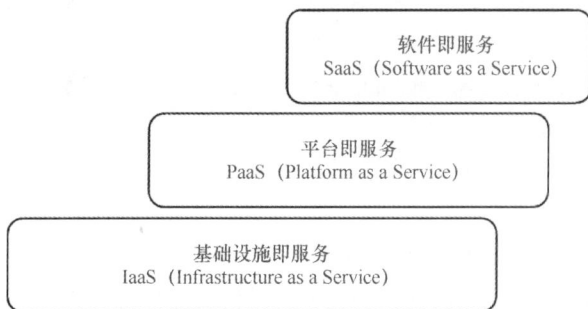

图 1.4　云计算服务模式的层次关系

　　云服务提供商可以专注于自己所在的层次，无须拥有三个层次的服务能力。上层服务提供商可以利用下层的云计算服务来实现自己的云计算服务。例如，提供 PaaS 的云服务提供商可以基于 Amazon EC2 的 IaaS 平台来建立自己的 PaaS 平台，向用户提供 PaaS；提供 SaaS 的云服务提供商可以使用 GAE 平台或者 Microsoft Azure 平台开发、测试和运行自己的应用，向用户提供 SaaS。

1.2.1　IaaS

　　IaaS 是一种将计算、存储、网络及搭建应用环境所需的工具作为服务提供给用户的方式，使用户能够按需获取 IT 基础设施。IaaS 主要出计算机硬件、网络、存储设备、平台虚拟化环境、效用计费方法、服务级别协议等组成。

　　使用 IaaS，用户无须购买计算机和相关系统应用，也不需要购买存储设备，更省去了维护和升级计算机的烦恼。用户只需要购买 IaaS 的服务，就可以获得计算和存储资源，并在这些资源上构建自己的平台和应用。IaaS 示意图如图 1.5 所示。

图 1.5　IaaS 示意图

1. IaaS 的特点

IaaS 具有以下特点。

9

- 把 IT 资源以服务的方式提交给用户。
- 基础设施可以动态扩展，即可以根据应用的需求动态增加或减少资源。
- 计费方式灵活多变，按实际使用的资源计费。
- 采用多租户的服务提供方式，相同的基础设施资源可以同时提供给多个用户共享使用。
- 可以提供企业级的基础设施，不仅可以为个人用户提供 IT 资源，还可以满足中小企业的 IT 资源需求，从而可以从聚集的计算资源池中获利。

从业务上来看，IaaS 需要将计算、存储、网络等 IT 基础设施经过虚拟化整合和复用后，通过互联网提交给用户。提供的 IT 基础设施要能够根据应用的运行情况进行动态扩缩，并按照实际的使用量计费。IaaS 提供商需要重点解决资源提供和运营管理两个问题。

Amazon EC2 是第一个商用的 IaaS 平台，它的底层使用了 Citrix 的 Xen 虚拟化技术，以 Xen 虚拟机的形式向用户动态提供计算资源。此外，Amazon 还提供了 S3，以及弹性块存储（Elastic Block Store，EBS）等多种 IT 基础设施服务。Amazon EC2 向虚拟机提供动态互联网协议（Internet Protocol，IP）地址，并且具有相应的安全机制来监控虚拟机节点间的网络，限制不相干节点间的通信，从而保证用户通信的私密性和数据的安全性。从收费模式来看，Amazon EC2 按照用户使用资源的数量和时间计费，从真正意义上实现了云计算的"按使用付费"模式。

2. IaaS 的核心技术

IaaS 的核心技术包括虚拟化技术、分布式存储技术、高速网络技术、超大规模资源管理技术和云服务计费技术。

（1）虚拟化技术

使用虚拟化技术，可以在一台物理服务器上同时运行多个虚拟机。这些虚拟机之间完全隔离，就像多台物理服务器一样。这大大提高了服务器利用率，降低了购置和运维成本。常见的 x86 虚拟化技术包括 Citrix 的开源 Xen、XenServer，VMware 的 ESX，以及开源 KVM 等。

（2）分布式存储技术

为了高效存储海量的、多种结构的数据，同时保证这些数据的可管理性，传统存储技术已不能胜任，需要新型的分布式存储系统。新型的分布式存储系统包括 OpenStack 开源平台的 Swift 及 Ceph。

（3）高速网络技术

高速网络技术是支撑云计算的核心，没有高速网络技术，用户就无法使用云服务提供商的各种资源。因此，网络技术对云计算至关重要，决定了云计算能提供的资源共享等服务的能力。

（4）超大规模资源管理技术

云计算系统中的资源通常是海量的，需要管理成千上万台的物理服务器，以及几十万台甚至上千万台的虚拟机。面对如此庞大的资源，管理压力巨大。海量资源管理是 IaaS 云计算的核心内容。资源主要包括计算、存储、网络、服务器等硬件资源。资源管理系统需要将这些资源抽象成逻辑资源，整合为单个集成资源池提供给用户。资源管理系统对用户提供标准的访问接口，屏蔽资源所在的物理位置和获取过程，直接提供用户所需资源。此外，资源管理系统需要根据用户的请求分配特定资源，合理调度相应资源，使请求任务在没有后台管理员参与的情况下自动完成。

（5）云服务计费技术

云计算的资源以服务方式提供给用户，就像电力公司提供电力一样，因此服务计费非常重要。

云计算中的服务计费比传统电力公司的复杂得多。在 IaaS 中，既要考虑用户使用的 CPU、内存、磁盘、网络等的数量，又要考虑使用时间和状态。云服务计费技术需要获取用户使用这些资源的详细数据。

3. IaaS 的优势

与传统的企业数据中心相比，企业使用 IaaS 具有以下 5 个方面的优势。

（1）低成本

企业使用 IaaS 时无须购置硬件，降低了初期投入成本； IaaS 会按实际使用量付费，不会产生闲置浪费；IaaS 可以满足突发性需求，企业不需要提前购买服务。

（2）免维护

IT 资源运行在 IaaS 服务中心，企业不需要进行维护，维护工作由云服务提供商承担。

（3）可伸缩性强

IaaS 只需几分钟即可为用户提供新的计算资源，而传统的企业数据中心需要数天甚至更长时间才能完成；IaaS 可以根据用户需求调整资源的大小。

（4）支持的应用范围广泛

IaaS 主要以虚拟机形式为用户提供 IT 资源，可以支持各种类型的操作系统，因此 IaaS 可以支持的应用范围非常广泛。

（5）灵活迁移

虽然很多 IaaS 平台存在一些私有功能，但随着云计算技术标准的诞生，IaaS 的跨平台性能将得到提高。运行在 IaaS 平台上的应用将可以灵活地在不同 IaaS 平台间迁移，不会被固定在某个企业的数据中心中。

1.2.2　PaaS

PaaS 是一种分布式平台服务，为用户提供包括应用设计、应用开发、应用测试及应用托管的完整计算机平台。在该服务模式中，用户不需要购买软件和硬件，只需支付一定的租赁费用，就可以拥有完整的应用开发平台。在 PaaS 平台上，用户可以创建、测试和部署应用及服务，并通过其服务器和互联网传递给其他用户使用。

PaaS 的主要用户是开发者。与传统的基于企业数据中心平台的软件开发相比，PaaS 大大减少了开发成本。

随着云计算技术的不断发展，PaaS 逐渐成为云计算市场的"宠儿"。几乎所有的重量级国际 IT 巨头均在布局 PaaS 平台战略，如 Microsoft、Google 等。国内厂商也推出了多个云计算 PaaS 平台，如新浪、腾讯、百度。比较著名的有 Force.com、GAE、Microsoft Azure，以及开源平台 Cloud Foundry。业界第一个 PaaS 平台是 Salesforce 在 2008 年推出的 Force.com。通过这个平台，用户不仅可以使用 Salesforce 提供的完善开发工具和框架来轻松地开发应用，还可以将应用直接部署到 Salesforce 的基础设施上，利用其强大的多租户系统，用户可以交付健壮、可靠、可伸缩的在线应用。

Google 在 2008 年 4 月推出了 GAE PaaS 平台，将 PaaS 的支持范围从在线商业应用扩展到普通 Web 应用。GAE 的推出使越来越多的开发者开始熟悉和使用功能强大的 PaaS。

1．PaaS 的核心技术

PaaS 的实现路径有多种，其核心技术有以下 6 种。

（1）REST 技术

使用描述性状态迁移（Representational State Transfer，REST）技术，PaaS 平台能够非常方便地将中间层支撑的部分服务提供给调用者。

（2）多租户技术

多租户技术使一个单独的应用实例可以为多个组织服务，同时保持良好的隔离性和安全性。多租户技术能够有效降低用户的购置和维护成本。

（3）并行计算技术

处理海量数据需要利用大型服务器集群进行并行计算。GAE 和开源平台 Hadoop 的 MapReduce 就是这方面的代表。

（4）应用服务器

PaaS 在原有应用服务器的基础上对云计算做了一定的优化，如用于 GAE 的 Jetty 服务器。

（5）分布式缓存技术

分布式缓存技术不仅能有效降低后台服务器的压力，还能加快对用户请求的响应速度。使用较广泛的分布式缓存技术是 Memcached。

（6）容器技术

容器技术有效地将单个操作系统的资源划分到孤立的组中，以便更好地在孤立组之间平衡有冲突的资源使用需求。随着容器技术的普及，容器 PaaS 平台成为企业云计算战略或云平台建设中不可或缺的部分。

PaaS 示意图如图 1.6 所示，其中展示了 PaaS 平台的关键组件和流程。中间的应用引擎 JAE 作为核心组件，提供智能路由、智能启动、弹性伸缩和资源隔离等功能，并集成了 Cloud Foundry 框架；左侧展示了数据库、文字存储、海量服务、缓存和其他等应用组件服务；右侧展示了代码托管、测试调优、云端编译和资源统计等应用开发工具；底部则是监控、日志服务、安全服务和其他等应用运维工具。

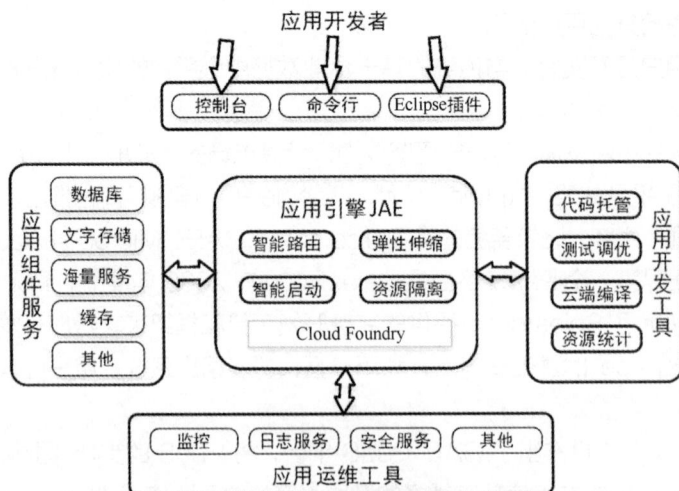

图 1.6 PaaS 示意图

对于 PaaS 平台，应用服务器、分布式缓存和容器技术是必备的。REST 技术主要用于对外接口，多租户技术主要用于 SaaS 应用的后台，并行计算技术常被作为单独的服务推送给用户使用。图 1.6 中的各个组件和流程相互配合，为应用的开发、管理和运维提供了全面的支持。

2. PaaS 的优势

与传统的、基于本地的开发和部署环境相比，PaaS 具有以下主要优势。

（1）友好的开发环境

PaaS 提供集成开发环境（Integrated Development Environment，IDE）和软件开发工具包（Software Development Kit，SDK）等工具，使用户不仅能在本地方便地进行应用的开发和测试，还能进行远程部署。

（2）丰富的服务

PaaS 平台以 API 的形式将各种服务提供给上层应用。系统软件（如数据库系统）、通用中间件（如认证系统、高可靠消息队列系统）、行业中间件（如办公自动化流程、财务管理等）都可以作为服务提供给应用开发者使用。

（3）精细的管理和控制

PaaS 提供应用层的管理和监控，能够观察应用运行的情况和具体数值（如吞吐量和响应时间等），以更好地衡量应用的运行状态，还能够精确计量应用消耗的资源进行计费。

（4）弹性强

PaaS 平台会自动调整资源来帮助运行于其上的应用更好地应对突发流量。当应用负载突然提升时，平台会在很短的时间（约 1 分钟）内自动增加相应的资源来分担负载。当负载高峰期过去后，平台会自动回收多余的资源，避免资源浪费。

（5）多租户机制

PaaS 平台具备多租户机制，可以更经济地支撑海量数据规模，还能够提供一定的可定制性，以满足用户的特殊需求。

（6）整合率高

PaaS 平台的整合率非常高，例如，GAE 可以在一台服务器上承载成千上万个应用。

1.2.3　SaaS

SaaS 直接为用户提供软件服务，用户可以按照服务等级协定（Service Level Agreement，SLA）通过网络从云服务提供商处获取所需的软件功能，而无须购买软件产品并安装在自己的计算机或服务器上。SaaS 是指软件服务提供商通过云计算技术为用户提供所需的软件功能和服务。SaaS 提供商负责维护和管理云中的软件及其运行所需的硬件，同时免费为用户提供服务或按需收费。因此，用户无须进行安装、升级和防病毒等操作，也免去了初期的软件和硬件支出。SaaS 示意图如图 1.7 所示。

SaaS 是出现较早的云计算服务，其前身是应用服务提供方（Application Service Provider，ASP）。最早的 ASP 厂商有 Citrix、Salesforce 和 Netsuite 等，主要专注于在线 CRM 应用。当时 ASP 技术还不够成熟，不提供定制和集成功能，网络环境也不够稳定和快速，因此 ASP 并没有发展起来。2003 年以后，在 Salesforce 的带领下，原来的 ASP 企业以 SaaS 作为新旗帜重新进入市场，随着技术和商业两方面的不断成熟，Salesforce、WebEx 和 Zoho 等国外企业获得了成功。同样，国内也有许多企业（如用友、金蝶、阿里巴巴和八百客等）加入了 SaaS 的行列并取得了一定的成果，特别是阿里巴巴（主要指企业级智能移动办公平台——钉钉）。

图 1.7 SaaS 示意图

与 IaaS 和 PaaS 相比，SaaS 开发成本低，技术难度低，起步也比较早，所以 SaaS 产品数量众多，其中较有名的包括 Google Apps、Salesforce CRM、Office Web Apps、Zoho、八百客、钉钉等。经过多年的发展，SaaS 的功能和用户体验已经超越了传统桌面应用。

1. SaaS 的优势

SaaS 的优势主要体现在以下 4 个方面。

（1）使用简单

SaaS 应用可以通过浏览器访问，只要有网络，用户就可以随时随地通过多种设备使用 SaaS，并且不需要安装、升级和维护。

（2）支持公开协议

现有的 SaaS 都是基于公开协议的，如超文本传输协议（HyperText Transfer Protocol，HTTP）和超文本传输安全协议（Hypertext Transfer Protocol Secure，HTTPS）等。用户只需要通过常用的浏览器就可以使用 SaaS。

（3）成本低

使用 SaaS 后，用户无须在使用前购买昂贵的许可证，省去了前期投入，只需要按照实际使用量付费，成本远低于桌面应用。由于数据处理都在云端完成，用户在使用 SaaS 应用时，也无须购买额外的硬件。SaaS 通常提供免费试用，用户可以先体验后付费。

（4）安全保障

SaaS 提供商提供了高级的安全机制，不仅为存储在云端的数据提供加密措施，还通过 HTTPS 确保用户和云平台之间的通信安全。

2. SaaS 的关键技术

虽然 PaaS 在应用运行环境层面提供了一系列保障和支持，但在应用本身层面，SaaS 开发者仍需要设计和实现多个功能特性，以提供 SaaS 平台所需的能力。这些功能包括大规模多租户支持、认证和安全、定价和计费、服务整合，以及开发和定制等。这些功能即为实现 SaaS 的关键技术。

（1）大规模多租户支持

大规模多租户支持使 SaaS 成为可能的核心技术。SaaS 将传统应用由用户购买许可证在本地安装、自行运行和维护的使用模式，变为在线订阅、按需付费的租用模式。这意味着运行在 SaaS 平台上的应用能够同时为多个组织和用户提供服务，并保证用户之间的相互隔离。没有多租户技术的支持，SaaS 就不可能实现。

（2）认证和安全

认证和安全是多租户的必要条件。当 SaaS 接收到用户发出的操作请求时，发出请求的用户身份需要被认证，并且操作的安全性需要被监控。虽然用户之间的数据与环境隔离功能是由多租户技术保证的，但认证和安全处于应用的最前端，是 SaaS 安全的第一道防线。

（3）定价和计费

定价和计费是 SaaS 的客观要求。SaaS 直接为最终用户提供服务，其服务对象分散，需求多样化，因此提供合理、灵活、具体且便于用户选择的定价策略是 SaaS 成功的关键之一。如何将 SaaS 定价以清晰、直观、便于用户理解的方式呈现也非常重要。精确的计费是收费的依据，是保证 SaaS 良性运营和发展的关键经济环节。

（4）服务整合

服务整合是 SaaS 长期发展的动力。SaaS 提供商一般不可能为用户（特别是企业用户）提供完整的产品线，因此需要与其他产品整合来提供整套解决方案。通过整合，SaaS 才能为用户提供整体解决方案，使 SaaS 被更广泛的用户所接受。

（5）开发和定制

开发和定制是服务整合的内在需求。一般来说，每个 SaaS 应用都提供了完备的软件功能，但为了能够与其他软件产品整合，SaaS 应用最好具有一定的二次开发功能，包括公开 API、提供沙盒，以及脚本运行环境等。

1.3 云计算的部署模式

根据云计算服务的用户对象，云计算可分为公有云、私有云、混合云和社区云 4 种部署模式。

1.5 云计算的
部署模式

1. 公有云

公有云是一种对公众开放的云服务，由云服务提供商运营，为最终用户提供各种 IT 资源，能够支持大量用户的并发请求。云服务提供商负责应用、应用运行环境、物理基础设施等 IT 资源的安全、管理、部署和维护。用户使用 IT 资源时，并不知道还有哪些用户在共享该资源。云服务提供商负责资源的安全性、可靠性和私密性。

公有云的结构如图 1.8 所示。

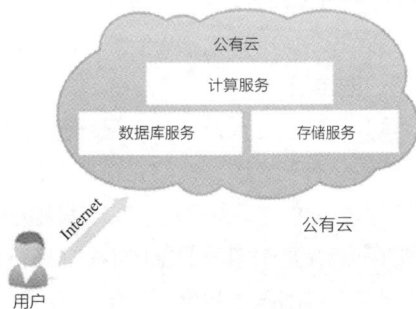

图 1.8 公有云的结构

对于使用者而言，公有云的最大优点是其应用及相关数据都存放在公有云平台上，用户无须进行前期的大量投资和经历漫长的建设过程。公有云具有规模大的优势，其运营成本相对较低；用户只需为其使用的资源或应用付费，可以节省使用成本。数据安全和隐私等问题是用户在使用公有云时较为担心的。

现在许多国际知名的 IT 公司都推出了自己的公有云服务，如 Amazon AWS、GAE、Google Apps、Microsoft Azure 等。一些传统的数据中心也开始提供云计算服务，如 Rackspace 的 Rackspace Cloud 和国内的世纪互联 CloudEx 等。互联网企业和电信运营商也加入了公有云服务行业，如阿里云、腾讯云、中国电信的天翼云等。

公有云的主要构建方式包括独自构建、联合构建、购买商业解决方案和使用开源应用。采用独自构建方式，云服务提供商可以根据自己的需求进行最大限度的优化，但需要组建团队并投入大量资金，通过独自构建方式建立公有云的公司有 Google 和 Amazon 等。采用联合构建方式，云服务提供商可以部分自建、部分购买商业产品，在自己擅长的领域大胆创新，避免涉足不熟悉的领域，缩短构建周期。例如，Microsoft Azure 云计算平台的硬件设备是购买的商业产品，对云计算平台的应用系统进行自主研发。购买商业解决方案可以在没有软件技术和经验积累的情况下，快速进入云计算服务市场。使用开源应用可以增大云服务提供商的利润空间，例如，Rackspace 选用 OpenStack 作为其云平台的应用。

2. 私有云

私有云是指组织机构建设的专供自己使用的云平台。私有云适用于有众多分支机构的大型企业或政府部门。随着这些大型数据中心的集中化，私有云将成为其部署 IT 系统的主流模式。私有云的结构如图 1.9 所示。

与公有云不同，私有云部署在企业内部网络，因此其优势在于数据安全性和系统可用性等都可由自己控制。与传统的企业数据中心相比，私有云可以支持动态灵活的基础

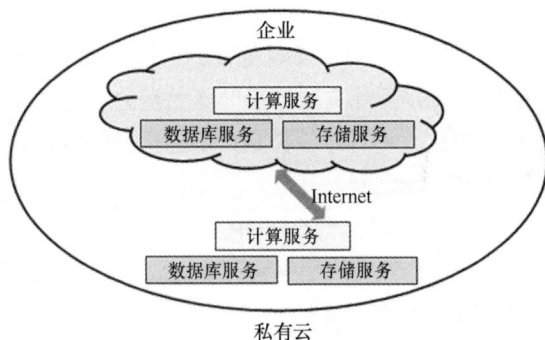

图 1.9 私有云的结构

设施，降低 IT 架构的复杂度和企业 IT 运营成本；但私有云的缺点是企业需要大量的前期投资，并且需要采用传统的商业模型。私有云的规模相对于公有云来说要小得多，无法充分发挥规模效应。

创建私有云的方式主要有两种：一种是使用 OpenStack 等开源应用将现有的硬件整合成一个云，适用于预算较少或希望提高现有硬件利用率的企业；另一种是购买商业私有云解决方案，如华为 FusionCloud、VMware vCloud 等，适用于预算充足的企业和机构。

3. 混合云

混合云是由私有云和公有云服务提供商共同构建的混合云计算模式。使用混合云计算模式，机构可以在公有云上运行非核心应用，而在私有云上支持其核心应用及内部敏感数据。混合云的部署方式对提供者的要求较高。例如，某组织使用了 Amazon 的公有云弹性计算服务，但将一些核心数据同时存储在基于自己数据中心的私有云平台上。在使用混合云的情况下，用户需要解决不同云平台之间的集成问题。混合云的结构如图 1.10 所示。

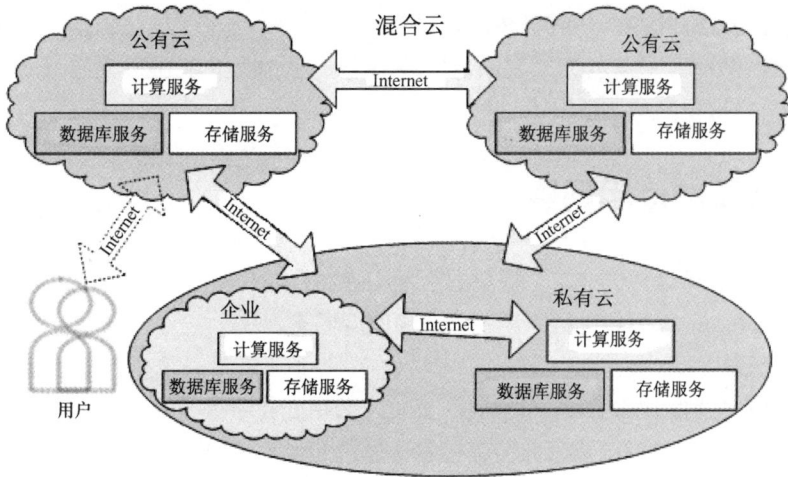

图 1.10　混合云的结构

　　在混合云部署模式下，公有云和私有云相互独立，但在云的内部又相互结合，可以发挥出所混合的多种云计算模式各自的优势。使用混合云，企业可以在私有云的私密性和公有云的成本效益之间进行权衡。

　　混合云的构建方式有两种：一种是外包企业的数据中心，企业搭建一个数据中心，但具体的维护和管理工作都外包给云服务提供商，或者邀请专业的云服务提供商直接在企业内部搭建专供本企业使用的云计算中心，并在建成后负责以后的维护工作；另一种是购买私有云服务，如购买 Amazon 等云服务提供商的私有云服务，同时将公有云纳入企业的防火墙内，并在这些计算资源和其他公有云资源之间进行隔离。

4．社区云

　　社区云服务的用户是特定范围的群体，介于单位内部服务和完全公开服务之间，例如针对某个机构中的所有单位、某个软件园区的所有企业、某个企业的相关合作伙伴等。产生的成本由用户共同承担，因此，所能实现的成本节约效果不是很大。社区云的结构如图 1.11 所示。

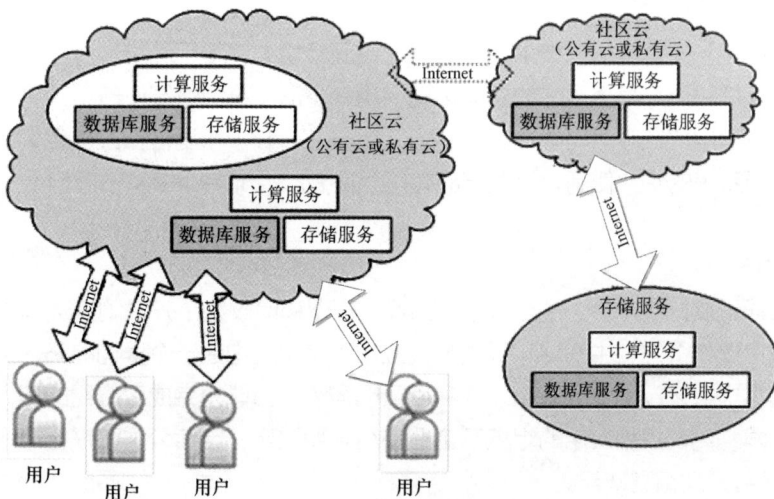

图 1.11　社区云的结构

社区云的构建方式有两种：一种方式是独自构建，即某个行业的领导企业自主创建一个社区云，并与同行业其他企业分享；另一种方式是联合构建，即多个同类型的企业联合建设一个云计算中心，并邀请外部的云服务提供商参与建设。

1.4 云计算的使用场景

实践证明，云计算可以降低成本、提高灵活性和弹性，以及优化资源利用率，从而提高企业的竞争力。以下是几种常用的云计算使用场景。

1. IDC 公有云

互联网数据中心（Internet Data Center，IDC）公有云在原有 IDC 基础上加入了系统虚拟化、自动化管理和能源监控等技术，通过 IDC 公有云，用户能够使用虚拟机和存储等资源。现有 IDC 可通过引入新云技术提供 PaaS，已成形的 IDC 公有云包括 Amazon AWS、阿里云和 Rackspace Cloud 等，公有云的服务类型包括 SaaS、企业资源计划（Enterprise Resource Planning，ERP）和 CRM 等。

1.6 云计算的
使用场景

2. 企业私有云

企业私有云能帮助企业提高内部数据中心的运维水平，使 IT 服务更能围绕业务展开。企业私有云的优势在于其建设灵活性和数据安全性，但企业需要付出更高的维护成本并构建专业的技术队伍。典型的企业私有云产品有 Rackspace 私有云产品、华为 FusionCloud 和 IBM SoftLayer 等。

3. 云存储系统

云存储系统通过整合网络中的多种存储设备来对外提供云存储服务，并能管理数据的存储、备份、复制和存档。良好的用户界面（User Interface，UI）和强大的 API 支持也是不可或缺的。云存储系统非常适用于需要管理和存储海量数据的企业，如互联网企业、电信公司等，以及广大的网民。AWS S3 和 Nutanix 公司提供的存储服务可以低成本提供大量的文件存储空间。以 Dropbox 为代表的个人云存储服务是公共云存储发展较为突出的代表，国内比较有代表性的云存储系统有百度网盘、腾讯微云、cStor 云存储等。

4. 虚拟桌面云

虚拟桌面云使用了桌面虚拟化技术，将用户的桌面环境与其使用的终端解耦，在服务器端以虚拟镜像形式统一存放和运行每个用户的桌面环境。用户可通过小型终端设备访问其桌面环境。系统管理员可以统一管理用户在服务器端的桌面环境，如安装、升级和配置相应应用等。这种解决方案适合需要大量桌面系统的企业使用，相关产品有 Citrix 的 XenDesktop 和 VMware 的 VMware View 等。

5. 开发测试云

开发测试云通过友好的 Web 界面预约、部署、管理和回收整个开发测试环境，通过预先配置的虚拟镜像（包括操作系统、中间件和开发测试应用）来快速构建一个异构的开发测试环境，通过快速备份和恢复等虚拟化技术重现问题，并利用云的强大计算能力完成对应用的压力测试。开发测试云适合需要开发和测试多种应用的组织及企业使用，如政府、电信公司和银行等。相关解决方案有 IBM 的智慧业务开发和测试云。

6. 协作云

电子邮件、即时报文（Instant Message，IM）、社交网络服务（Social Network Service，SNS）和通信工具（如 Skype 和微信）是企业和个人必备的协作工具，这些应用的软件和硬件系统需要专业人员维护。

协作云是构建在 IDC 公有云基础上或直接构建的专属云，在云中搭建整套协作软件，将这些软件共享给用户，适合需要一定协作工具但不希望维护软件和硬件及支付高昂软件许可证费用的企业与个人使用。具有代表性的协作云产品是阿里巴巴的钉钉，功能包括组织沟通、人事管理、考勤管理、OA 审批、视频会议、文件管理等。Google Apps 也是主流协作云产品，其中 Gmail 和 Gtalk 都是协作的利器。

7. 高性能计算云

计算资源是稀缺资源，无法完全满足所有用户的需求，但某些已建成的高性能计算（High Performance Computing，HPC）中心由于设计与需求脱节，常常处于闲置状态。新一代的 HPC 中心不仅需要提供传统的高性能计算服务，还需要增加资源管理、用户管理、虚拟化管理、动态资源产生和回收等功能，这使基于云计算的 HPC 云应运而生。

HPC 云能为用户提供定制的高性能计算环境，用户可以根据需求设定计算环境的操作系统、软件版本和节点规模，避免与其他用户发生冲突。HPC 云可以成为网格计算的支撑平台，以提升计算的灵活性和便捷性。HPC 云特别适合需要高性能计算但缺乏巨资投入的普通企业和学校使用。北京工业大学已经和 IBM 合作建设了国内第一个 HPC 云中心。

8. 电子政务云

电子政务云（E-Government Cloud）使用云计算技术对政府管理和服务职能进行精简、优化、整合，通过信息化手段在政务上实现各种业务流程办理和职能服务，为政府各级部门提供可靠的基础 IT 服务平台。电子政务云可以为政府部门搭建一个底层的基础架构平台，将传统的政务应用迁移到平台上，共享给各个政府部门，提高政府服务效率和服务能力。电子政务云的统一标准不仅有利于各个政务云之间的互联互通，避免产生"信息孤岛"，也有利于避免重复建设。

9. 灾难恢复

基于云的灾难恢复（Disaster Recovery，DR）解决方案具有很大的优势，可以在更低的成本下更快地在不同物理位置恢复。相比之下，传统的 DR 站点拥有固定资产、严格程序，并且成本较高。

10. 备份

备份数据是一项复杂且耗时的操作，采用传统备份方法无法避免用尽备份介质等问题，并且加载备份设备执行恢复操作需要时间，还容易出现设备故障和人为错误。基于云的备份可以自动将数据分派到网络的任何位置，确保不会存在安全性、可用性和容量问题。

1.5 云计算带来的变革

1.7 云计算带
来的变革

在云计算时代，用户通过网络使用集中在数据中心的计算能力，实现了"IT 的服务化"；用户的 IT 开销由一次性购买软件和硬件转变为按需购买服务，企业的 IT 维护成本大幅降低，无须担心数据丢失；用户的工作方式更加移动化、合作化，可以更迅速地启动新业务，

小规模企业也可以通过云计算模式向全球提供服务，实现全球化；云计算模式可以助力发展中国家的发展，并产生大量的创业机会。

云计算给软件和硬件产业带来的巨大变革如表 1.2 所示。

表 1.2　云计算给软件和硬件产业带来的巨大变革

产　业	方　向	描　述
软件	开发模式	与单机时代的软件开发受制于个人计算机的物理资源不同，云计算时代的软件开发可以调用后端的数据中心资源
	开发工具	单机时代使用 C/C++/Java 等语言进行应用开发时，开发者需要关注 CPU、内存、硬盘等单机物理资源；在云计算时代，使用 Python、Ruby on Rails、JavaScript、QT 等网络编程语言，开发者可更关注分布式计算资源的组成，如应用在哪个集群中完成，应用之间内部通信的网络带宽、存储的分布式资源位置等
	架构	网络和存储的融合使软件获取资源的方式趋向"云"化。软件架构由单机版、客户端/服务器（Client/Server，C/S）架构、浏览器/服务器（Browser/Server，B/S）架构演变为位置感知（Location Awareness）和用户应用感知（User Application Awareness）
	设计模型	由单机模式转变为并行计算模式，充分发挥多个计算节点的效率和性能
	盈利模式	由按授权收费转变为按服务收费，软件的价值体现为服务的质量
硬件	扩充模式	由不断提高服务器性能的纵向扩充模式转变为不断增加集群规模的横向扩充模式
	设备总量	云计算通过虚拟化把众多服务器组成一个巨大的资源池，资源利用率由35%增加到80%以上。当越来越多的企业开始转向云计算时，越来越多的数据中心采用云计算技术，整个 IT 行业对计算机的硬件需求量会极大地减少。随着存储云的推广，用户会将数据统一保存到云服务提供商的数据中心，云服务提供商通过虚拟化等技术来提高硬件设备的利用率，从而使用户降低对硬件设备的需求
	设备形态	个人计算机的需求降低，对客户端和移动设备的需求增加
	采购模式	并行计算集群的稳定性由平台保证，不取决于单一节点的稳定性，因此硬件采购的关注点由硬件品牌转为扩充性和性价比。终端用户转向云端后，传统的硬件集成商的个人用户业务会大幅减少

1.6　云计算产业链的结构

1.8 云计算产业链的结构

云计算作为一种新兴的 IT 应用模式，带动了整个 IT 产业的调整和升级，催生了全新的产业链。云计算产业链的构成如图 1.12 所示。

1. 硬件提供商

硬件提供商是云计算市场的基础设备提供商，主要包括服务器制造商、存储设备制造商、芯片制造商和嵌入式设备制造商等。满足云计算技术需求，特别是提供硬件辅助虚拟化、图像卡虚拟化功能的硬件产品未来会占据更大的市场份额。

2. 基础软件提供商

基础软件提供商主要提供操作系统、数据库、

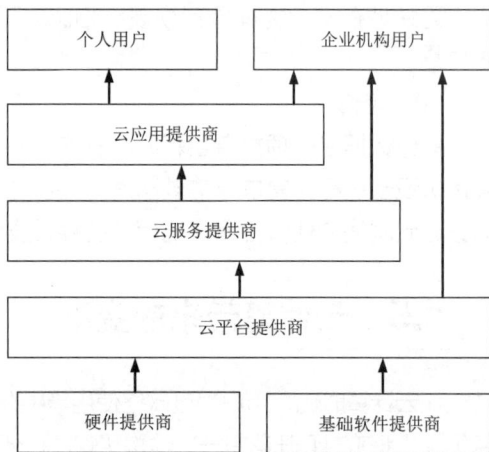

图 1.12　云计算产业链的构成

Web 服务器、文件系统等，处于云计算产业链的源头。在传统模式下，这些软件以授权模式提供给应用开发商、企业和数据中心。在云计算模式下，操作系统必须支持虚拟化、容器等技术，产业链上游的云平台提供商可以使用这些基础软件开发云计算平台；其他基础软件需要适应单个云服务提供商的运行环境，提供具有跨多个云服务提供商的互操作性，并具有可扩展性，可以随时随地为任何用户整合资源以满足业务需求。

3. 云平台提供商

云平台提供商在云计算产业中扮演着核心角色。他们向下游采购硬件和基础软件产品（或通过咨询服务建议云服务提供商和企业机构用户进行采购），向上游云服务提供商提供公有云解决方案，为企业用户提供私有云构建方案。在整个云计算生态系统中，云平台提供商起到了"云制造者"的作用。云平台提供商具备以下特点。

（1）具有丰富的硬件系统集成经验。云平台提供商需要对现有数据中心进行技术升级和扩容，或新建大型数据中心，提供从处理、存储到网络的集成解决方案，具有丰富的硬件系统集成经验。

（2）具有丰富的软件系统集成经验。从操作系统到中间件，从数据库、Web 服务到管理套件，软件选择、配置与集成方案种类众多，千变万化，如何帮助用户作出合适的选择，需要云平台提供商深刻理解软件集成。

（3）具有丰富的行业背景。由于企业私有云用户身处各行各业，其业务也不尽相同，为用户设计合适的私有云解决方案需要云平台提供商深刻理解该行业。

4. 云服务提供商

云服务提供商是通过云计算这种全新的商业模式为最终用户提供服务的企业。他们可以是为本企业提供服务的企业内部的云计算部门，也可以是为行业企业提供专业化服务的行业云计算厂商。这些云服务提供商在基础架构层提供基本的计算资源，在中间层提供相关的标准平台层服务，在上层提供可执行的成熟商业软件，用户可以根据不同需求申请不同的云服务。云服务提供商的出现是产业整合的必然结果。

5. 应用提供商

传统的应用提供商将其应用运行在自己的服务器或数据中心租赁的服务器上，需承担较高的建设、维护成本，服务高峰期的服务质量无法保障。在云计算模式下，云应用提供商只需将应用部署在云平台上，无须购买并维护各种软件和硬件资源，可避免传统方式中资源空闲造成的浪费。

6. 个人用户

在云计算时代，个人用户将从使用软件转变为使用服务。用户无须购买、维护软件和硬件，可以有效降低成本，减少安全漏洞，并可以随时使用云端的软件和服务。个人用户无须自行维护数据的安全，云端严格的权限管理策略和专业的维护团队可以保障用户的数据安全。

7. 企业机构用户

在云计算时代，企业机构用户无须自建数据中心，可以大大降低 IT 部门的各种成本，专业的维护团队可以保障各种应用系统的性能和可靠性；云中可以提供大量的基础服务和丰富的上层应用，企业机构用户无须自行开发，并能基于已有的服务和应用，在更短的时间内推出新业务。对安全性和可靠性要求高的企业和机构可以选择在云平台提供商的帮助下建立自己的私有云。

1.7 总结

本章在介绍云计算思想起源、云计算定义和云计算发展历程的基础上，描述了云计算的 3 种服务类型，即 IaaS、PaaS 和 SaaS，云计算的 4 种部署模式，即公有云、私有云、混合云和社区云，以及云计算的 5 个特点，即自助式服务、随时随地使用、可度量的服务、快速资源扩缩和资源池化；然后讨论了云计算的使用场景，即 IDC 公有云、企业私有云、云存储系统、虚拟桌面云、开发测试云、协作云、高性能计算云和电子政务云等；最后探讨了云计算给计算机软件和硬件行业带来的变革，以及云计算产业链的结构，并描述了链上每个环节的服务内容。

习题

1. 描述你使用计算机时遇到的烦恼有哪些，云计算能不能解决这些烦恼？
2. 描述你理解的云计算是什么。
3. 云计算的定义是什么？
4. 你认为云计算发展历程中重要的里程碑有哪些？
5. 云计算的基本特性有哪些？
6. 云计算有哪些优势？
7. 描述云计算的 3 种服务模式，以及它们之间的关系。
8. 描述云计算的 4 种部署模式，以及各自的优缺点。
9. IaaS 的主要特点有哪些？
10. IaaS 的核心技术有哪些？
11. IaaS 的主要优势有哪些？
12. PaaS 使用的核心技术有哪些？
13. PaaS 的主要优势有哪些？
14. SaaS 的优势有哪些？
15. SaaS 的关键技术有哪些？
16. 简述云计算的使用场景。
17. 简述云计算给各行业带来的影响。
18. 以图描述云计算的产业链，并进行简单说明。
19. 云计算产业链中的核心角色是什么？为什么？

第2章
云计算平台体验

02

通过第 1 章的学习，我们了解了云计算的基本概念和云计算的服务模式。云计算的服务模式包括 IaaS、PaaS 和 SaaS 三大类。为了让读者更好地理解云计算的概念和这几大服务模式，本章将通过实际使用，让读者真实体验 IaaS、PaaS 和 SaaS 三大类云计算服务模式。通过这些体验，读者可以加深对已学概念的理解，并为后面章节深入学习各类云计算服务的原理和实现打下良好的基础。

【技能目标及素养目标】

- 具备部署和使用 OpenStack 云平台的能力
- 具备在 Cloud Foundry 平台上部署和使用应用的能力
- 具备使用 Office Online 云服务的能力

- 培养实践能力
- 培养创新性思维
- 培养团队协作精神

2.1 IaaS 体验

IaaS 是云计算的核心服务之一，提供了计算、存储和网络资源等基础设施服务。本节将通过实际操作安装一个 IaaS 云平台，让读者深入了解 IaaS 平台的功能，包括如何创建虚拟机、管理镜像、配置安全组等操作，帮助读者掌握基础的云计算技能。

2.1.1 体验对象

下面使用 OpenStack 作为 IaaS 的体验对象。OpenStack 是当前流行的开源 IaaS 云平台管理项目，通过它可以实现基础设施即服务。OpenStack 结合虚拟化技术，如 KVM、Xen 等，完成数据中心计算、存储、网络资源池的虚拟化和管理。OpenStack 并不是一款单独的应用，而是一个巨大的开源应用集合，包含许多组件，有些是 OpenStack 发行版本的核心服务，有些是为更好地支持 OpenStack 社区和项目开发管理的孵化项目。以下是 OpenStack 的核心服务。

2.1 OpenStack
体验

- Nova——计算服务（Compute Service）。
- Neutron——网络服务（Networking Service）。
- Cinder——块存储服务（Block Storage Service）。
- Swift——对象存储服务（Object Storage Service）。

- Keystone——身份认证服务（Identity Service）。
- Glance——镜像服务（Image Service）。
- Horizon——用户界面（User Interface，UI）服务（Dashboard）。

为了使初学者轻松入门，本章只体验并操作核心服务。

2.1.2 安装部署

由于 OpenStack 的安装过程复杂且时间较长，为避免初学者应对复杂的安装环境，下面将通过 DevStack 来完成 OpenStack 的搭建。DevStack 是一套用来快速部署 OpenStack 体验环境的脚本工具，其安装简单，使用方便。用户无须单独安装每个组件，通过 DevStack 的脚本可以实现 OpenStack 的单机（All-in-One）安装。因为 OpenStack 的安装过程需要下载 OpenStack 最新版本的包文件，所以安装速度与网络环境有关系。

1. 安装环境要求

（1）准备一台物理机或虚拟机，环境整洁，无其他无关的应用。

（2）操作系统为 Ubuntu 22.04，采用最小化安装即可。

（3）内存大小为 4 GB，磁盘大小为 30 GB，使用 4 核的 CPU。

（4）OpenStack 版本为最新版。

2. 安装步骤

（1）使用 root 账户登录到系统，输入以下命令安装 git 工具。

```
# apt-get install git
```

（2）使用 cd 命令进入/opt 目录，再使用 git 命令从 DevStack 官网获取 DevStack 脚本，并将其存放在/opt 目录下。

```
# cd /opt
# git clone "https://open***.org/openstack/devstack.git"
```

完成下载后，在/opt 目录下会有一个 devstack 文件夹。

（3）进入/opt/devstack 目录。

```
# cd /opt/devstack
```

（4）在操作系统中创建一个名为 stack 的用户。

```
# useradd -s /bin/bash -d /opt/stack -m stack
# echo "stack ALL=(ALL) NOPASSWD: ALL" | tee /etc/sudoers.d/stack
# su - stack
```

（5）编辑 local.conf 文件。

```
# vi local.conf

[[local|localrc]]
```

```
ADMIN_PASSWORD=stack

DATABASE_PASSWORD=stack

RABBIT_PASSWORD=stack

SERVICE_PASSWORD=$ADMIN_PASSWORD

#point to your public network interface

FLAT_INTERFACE=eth0
```

> **注意** 此处的 eth0 为主机连接公网的网卡名，要将其替换为与自己主机对应的网卡名，否则之后建立的虚拟机将无法 ping 通外网。

```
# ifconfig eth0

eth0: flags=4163<UP, BROADCAST, RUNNING, MULTICAST>

     inet 172.18.20.31 netmask 255.255.255.0
```

（6）将目录/opt/devstack 的所属用户修改为 stack 用户。

```
# sudo chown -R stack:stack /opt/devstack
```

（7）编辑 function-common 文件，将第 1562 行的语句修改为注释，并将其替换为以下语句。

```
# vi function-common

# SYSTEMCTL start $systemd_service

reload_service $systemd_service
```

（8）使用 cd 命令进入/opt/devstack 目录，并执行安装文件 stack.sh。

```
# cd /opt/devstack

# ./stack.sh
```

接下来，脚本会自动完成整个安装过程，安装速度和网络环境有关。

> **注意** 在安装过程中，如果出现读超时（Read Time Out）等网络问题，则可以多执行几次./stack.sh 命令，直到正常完成安装为止；若出现其他问题，则需先执行./unstack.sh 命令，再执行./stack.sh 命令，直到正常完成安装为止。

2.1.3 添加镜像

OpenStack 的用户操作方式有两种，一种是使用 Web 界面，另一种是使用 Shell。Horizon 负责实现 Web 界面展现，用户可以通过浏览器直接操作和管理各种云资源。但是有些操作在 Web 界面上并不能实现，需要通过 Shell 命令行界面（Command Line Interface，CLI）来完成相应的操作。

要创建虚拟机，云平台首先需要有相应的系统镜像。为了方便体验，可以下载一个 Cirros 操作系统镜像，再通过 Shell 将其添加到 OpenStack 中。

（1）将镜像下载到目录中：在 Ubuntu 操作系统的任意目录中执行以下命令，执行结果如图 2.1 所示。

```
# wget -P /tmp/image 资源网站/0.3.3/cirros-0.3.3-x86_64-disk.img
```

```
root@ubuntu:~# wget -P /tmp/image http://download.cirros-cloud.net/0.3.3/cirros-0.3.3-x86_64-disk.img
--2020-02-26 11:57:42--  http://download.cirros-cloud.net/0.3.3/cirros-0.3.3-x86_64-disk.img
Resolving download.cirros-cloud.net (download.cirros-cloud.net)... 64.90.42.85, 2607:f298:6:a036::bd6:a72a
Connecting to**.net (download.cirros-cloud.net)|64.90.42.85|:80... connected.
HTTP request sent, awaiting response... 302 Found
Location: https://github.com/cirros-dev/cirros/releases/download/0.3.3/cirros-0.3.3-x86_64-disk.img [following]
--2020-02-26 11:57:43--  https://github.com/cirros-dev/cirros/releases/download/0.3.3/cirros-0.3.3-x86_64-disk.img
Resolving github.com (github.com)... 52.74.223.119
Connecting to github.com (github.com)|52.74.223.119|:443... connected.
HTTP request sent, awaiting response... 302 Found
Location: https://github-production-release-asset-2e65be.s3.amazonaws.com/219785102/378dfd80-4121-11ea-9e67-d6e4cf5c3610?X-Amz-Al
al=AKIAIWNJYAX4CSVEH53A%2F20200226%2Fus-east-1%2Fs3%2Faws4_request&X-Amz-Date=20200226T035745Z&X-Amz-Expires=300&X-Amz-Signature=
37b8f177d4d3e9d3234ba8a08&X-Amz-SignedHeaders=host&actor_id=0&response-content-disposition=attachment%3B%20filename%3Dcirros-0.3.
=application%2Foctet-stream [following]
--2020-02-26 11:57:45--  https://github-production-release-asset-2e65be.s3.amazonaws.com/219785102/378dfd80-4121-11ea-9e67-d6e4cf
&X-Amz-Credential=AKIAIWNJYAX4CSVEH53A%2F20200226%2Fus-east-1%2Fs3%2Faws4_request&X-Amz-Date=20200226T035745Z&X-Amz-Expires=300&X
6844ed3650cf16537b8f177d4d3e9d3234ba8a08&X-Amz-SignedHeaders=host&actor_id=0&response-content-disposition=attachment%3B%20filenam
se-content-type=application%2Foctet-stream
Resolving github-production-release-asset-2e65be.s3.amazonaws.com (github-production-release-asset-2e65be.s3.amazonaws.com)... 52
Connecting to github-production-release-asset-2e65be.s3.amazonaws.com (github-production-release-asset-2e65be.s3.amazonaws.com)|5
HTTP request sent, awaiting response... 200 OK
Length: 13200896 (13M) [application/octet-stream]
Saving to: '/tmp/image/cirros-0.3.3-x86_64-disk.img'

cirros-0.3.3-x86_64-disk.img      100%[===================================================================>]

2020-02-26 12:09:04 (19.0 KB/s) - '/tmp/image/cirros-0.3.3-x86_64-disk.img' saved [13200896/13200896]
```

图 2.1　下载镜像的执行结果

（2）上传镜像：在镜像所在目录中执行以下命令，执行结果如图 2.2 所示。

```
# glance image-create --name "cirros-0.3.3-x86_64" --disk-format=qcow2 --container-format=bare --visibility=public < /tmp/image/cirros-0.3.3-x86_64-disk.img
```

```
root@ubuntu:~# glance image-create --name "cirros-0.3.3-x86_64" --disk-format=qcow2 --container-format=bare --visibility=public <
/tmp/image/cirros-0.3.3-x86_64-disk.img
+------------------+--------------------------------------------------------------------------+
| Property         | Value                                                                    |
+------------------+--------------------------------------------------------------------------+
| checksum         | 133eae9fb1c98f45894a4e60d8736619                                         |
| container_format | bare                                                                     |
| created_at       | 2020-02-26T06:41:11Z                                                     |
| disk_format      | qcow2                                                                    |
| id               | a07b71c6-108b-4d03-8d52-d28eafc96b64                                     |
| min_disk         | 0                                                                        |
| min_ram          | 0                                                                        |
| name             | cirros-0.3.3-x86_64                                                      |
| os_hash_algo     | sha512                                                                   |
| os_hash_value    | de03808df510fa561089389408572fdbf10cc79c5b2da172d975d50a5334d85d0fd0fdf0e46c8075 |
|                  | ee246269331829db16fa09240a007b52ad33518548680ddb                        |
| os_hidden        | False                                                                    |
| owner            | 4aa8df3ed9c64162ab547a478f97e0e8                                         |
| protected        | False                                                                    |
| size             | 13200896                                                                 |
| status           | active                                                                   |
| tags             | []                                                                       |
| updated_at       | 2020-02-26T06:41:12Z                                                     |
| virtual_size     | Not available                                                            |
| visibility       | public                                                                   |
+------------------+--------------------------------------------------------------------------+
```

图 2.2　上传镜像的执行结果

（3）查看镜像：在 Ubuntu 操作系统的任意目录中执行以下命令，执行结果如图 2.3 所示。

```
# glance image-list
```

```
root@ubuntu:~# glance image-list
+--------------------------------------+-------------------------+
| ID                                   | Name                    |
+--------------------------------------+-------------------------+
| a07b71c6-108b-4d03-8d52-d28eafc96b64 | cirros-0.3.3-x86_64     |
| d207a678-9582-48ef-9bde-b785477bd7c0 | cirros-0.4.0-x86_64-disk|
+--------------------------------------+-------------------------+
```

图 2.3　查看镜像的执行结果

2.1.4　登录管理界面

打开 Chrome 浏览器，在其地址栏中输入云计算 IP 地址，进入 Web 登录界面，如图 2.4 所示。在"用户名"文本框中输入"admin"，在"密码"文本框中输入安装时设置的密码。

登录后，默认进入管理员界面。管理员可以通过界面上的功能模块查看、监控和管理各项云资源，如云主机、镜像、云主机类型和云服务等。单击页面左上角的下拉按钮，在弹出的下拉列表中选择"demo"选项以切换至 demo 项目，如图 2.5 所示。

图 2.4　Web 登录界面

图 2.5　切换至 demo 项目

2.1.5　创建安全组

如图 2.6 所示，单击"安全组"界面右侧的"创建安全组"按钮，在弹出的"创建安全组"对话框的"名称"文本框中输入"openstack-test"作为安全组名称，再单击"创建安全组"按钮，完成创建安全组的任务。

图 2.6　创建安全组

2.1.6　定制安全组

如图2.7所示，在"管理安全组规则"界面左上角的下拉列表中选择新添加的"openstack-test"安全组，单击右侧的"添加规则"按钮，在弹出的"添加规则"对话框中依次输入以下值：

- 规则：定制TCP规则。
- 方向：入口。
- 打开端口：端口范围。
- 起始端口号：1。
- 终止端口号：65535。
- 远程：CIDR。
- CIDR：0.0.0.0/0。

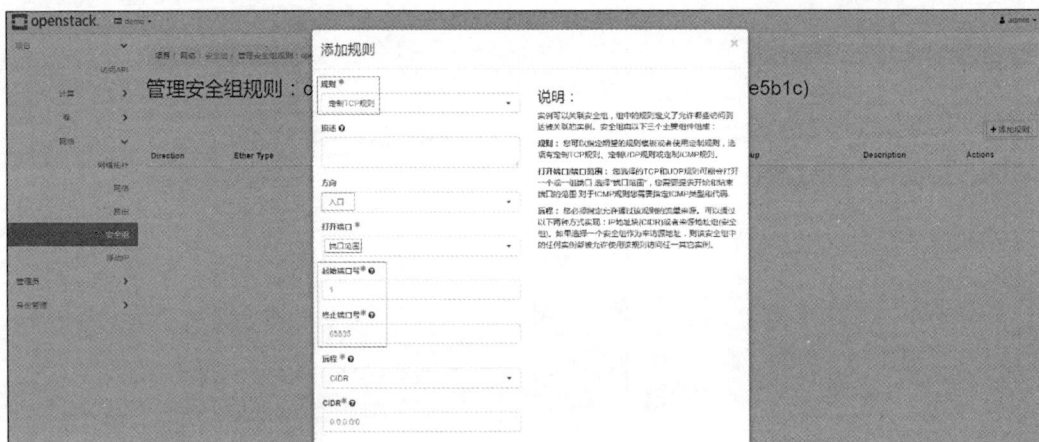

图2.7　添加TCP规则

再添加一条ICMP规则，如图2.8所示，在"添加规则"对话框中依次输入以下值：

- 规则：所有ICMP。
- 方向：入口。
- 远程：CIDR。
- CIDR：0.0.0.0/0。

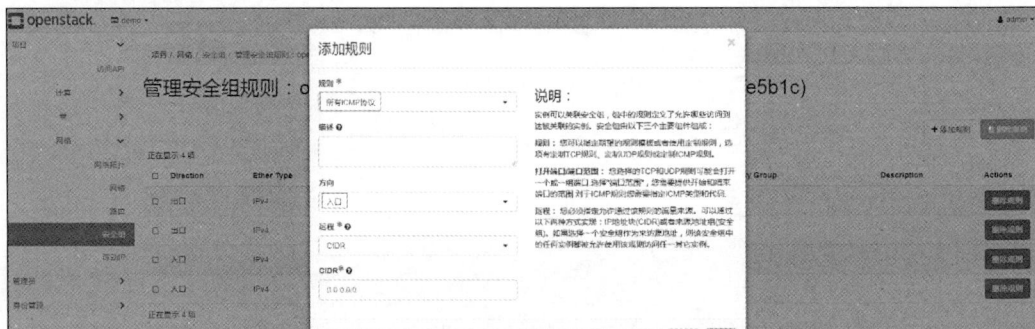

图2.8　添加ICMP规则

最终结果如图 2.9 所示。

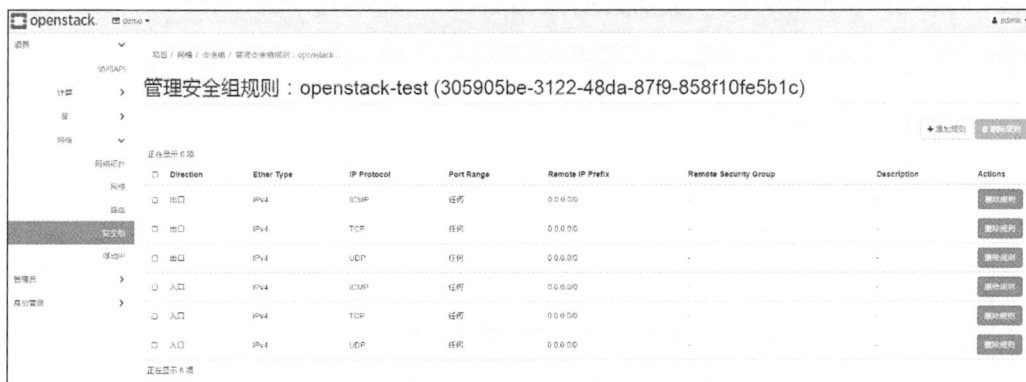

图 2.9　安全组 "openstack-test" 的所有规则

2.1.7　创建云主机

在图 2.10 所示的镜像列表中选择需要的镜像，选择其右侧下拉列表中的 "启动" 选项，进入图 2.11 所示的界面，输入虚拟机的相关信息，单击 "创建实例" 按钮，系统会自动完成云主机的创建。

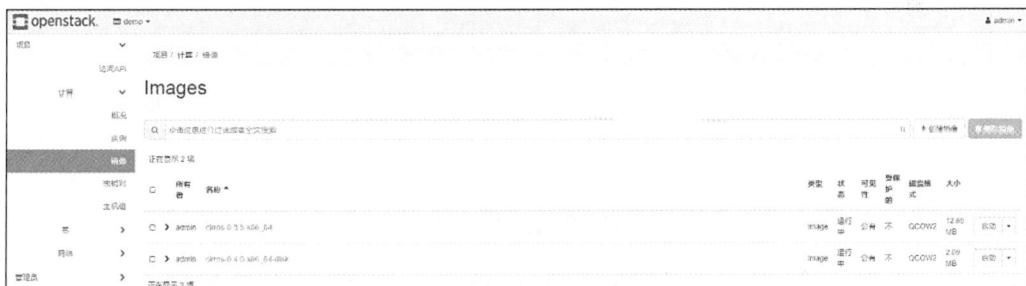

图 2.10　镜像列表

图 2.11　创建云主机

> **注意** 网络选择 private 网络，安全组选择刚刚创建的"openstack-test"。

云主机列表如图 2.12 所示。

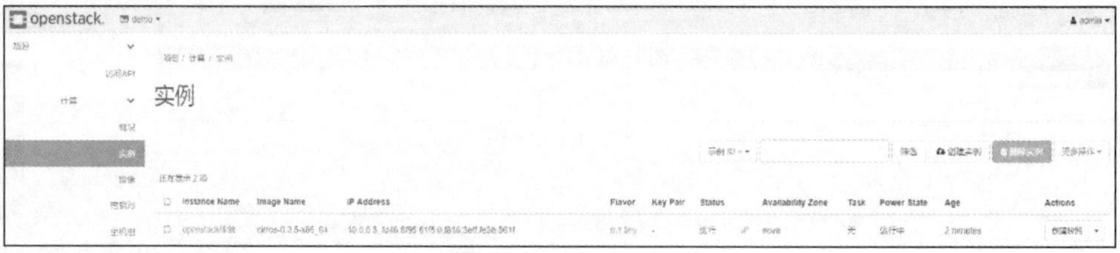

图 2.12　云主机列表

2.1.8　操作云主机

在 OpenStack 的管理界面中，可以对云主机进行批量操作，如终止（删除）、启动、关闭和软重启操作，如图 2.13 所示。

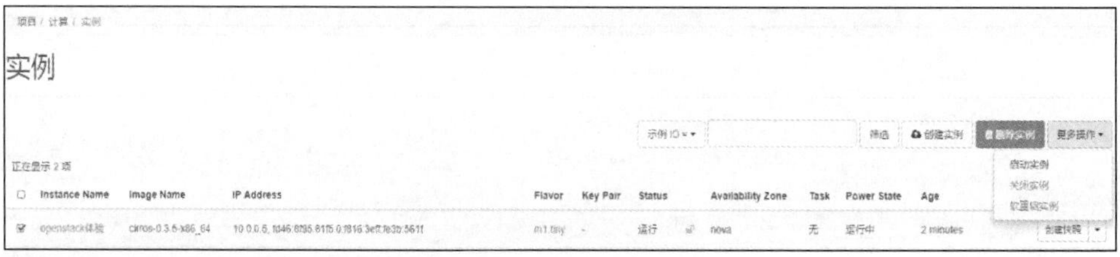

图 2.13　云主机批量操作

通过云主机列表中的"Actions"下拉列表（见图 2.14），可以对云主机进行绑定浮动 IP、连接接口、编辑实例、调整实例大小、重建实例、关闭实例和删除实例等操作。

图 2.14　"Actions"下拉列表

2.1.9 使用云主机

使用云主机的方式有两种,一种是在 OpenStack Web 界面上通过常规操作菜单中的"控制台"选项进入云主机的操作界面,另一种是通过绑定的浮动 IP 地址或内网 IP 地址访问云主机。这里选择通过绑定浮动 IP 地址进行操作,如图 2.15 所示。图 2.16 所示为云主机实例。

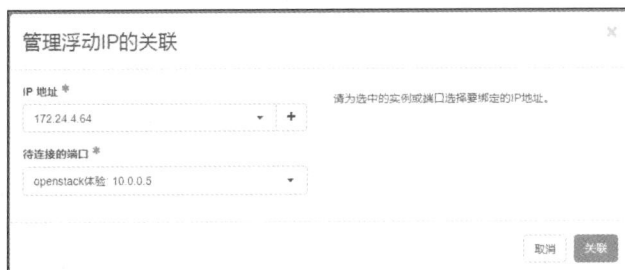

图 2.15 绑定浮动 IP 地址

图 2.16 云主机实例

从物理机上通过浮动 IP 地址连接云主机(Linux 虚拟机可以使用 Xshell 连接,Windows 虚拟机可以通过远程桌面连接)。使用 Xshell 连接云主机如图 2.17 所示。此时,默认用户名为"cirros",默认密码为"cubswin:"。

图 2.17 使用 Xshell 连接云主机

图 2.18 所示为更改 root 用户密码。

图 2.18 更改 root 用户密码

2.1.10　挂载卷

OpenStack 通过虚拟化技术将存储资源虚拟为存储池，可以通过挂载卷（Volume）的方式使用云存储资源。

可以通过图 2.19 所示的磁盘列表中的 "Actions" 下拉列表，完成磁盘的编辑、挂载、卸载和快照创建等操作。

	Name	Description	Size	Status	Group	Type	Attached To	Availability Zone	Bootable	Encrypted	Actions
	efe7ee9b-d5c6-411a-a6b3-f26f02b40a92d	-	1GiB	正在使用	-	lvmdriver-1	openstack体验 上的 /dev/vda	nova	Yes	不	编辑卷 ▾

正在显示 1 项

图 2.19　磁盘列表

除了 Web 界面操作外，OpenStack 还支持命令行界面操作，可以使用以下命令获取各种组件的相应信息。

- nova --help
- keystone --help
- glance --help
- cinder --help

通过以上内容，读者可以完整地体验 OpenStack 的 IaaS 功能，包括创建、管理、操作云主机和挂载卷等操作。这样可以加深对 IaaS 平台的理解，提升对云计算服务的实际应用能力。

2.2　PaaS 体验

PaaS 云平台提供了一个用于开发、测试和部署应用的环境。本节将介绍如何使用一个真正的 PaaS 云平台来开发和部署一个应用，使读者实际体验 PaaS 云平台的功能。

2.2.1　体验对象

本节使用 Cloud Foundry 作为 PaaS 的体验对象。Cloud Foundry 是由 VMware 推出的业界首个开源 PaaS 云平台，它支持多种框架、语言、运行环境及应用服务，使开发者能够在几秒内部署和扩展应用，而无须担心基础架构问题。Cloud Foundry 支持多种开发框架，包括 Spring for Java、Ruby on Rails、Node.js、Grails、Scala on Lift、Django、PHP 等。它还支持多种服务，包括 MySQL、SQL Server、MongoDB、Redis，以及其他第三方和开源社区的应用服务。Cloud Foundry 可以灵活地部署到各种云环境中，如 OpenStack、Rackspace 和 vCloud 等。

下面将详细介绍如何使用 Cloud Foundry 平台进行部署应用、检测运行日志、连接数据库服

2.2 Cloud Foundry 体验

务和水平扩展平台等操作，让读者体验 PaaS 云平台的功能。

2.2.2　安装客户端

1. 注册账户

打开 Pivotal 官网，按要求填写姓名、邮箱地址和密码进行注册。通过提供的邮箱进行验证，完成注册。

2. 用户登录

完成注册后，登录到 Pivotal 主界面，如图 2.20 所示。

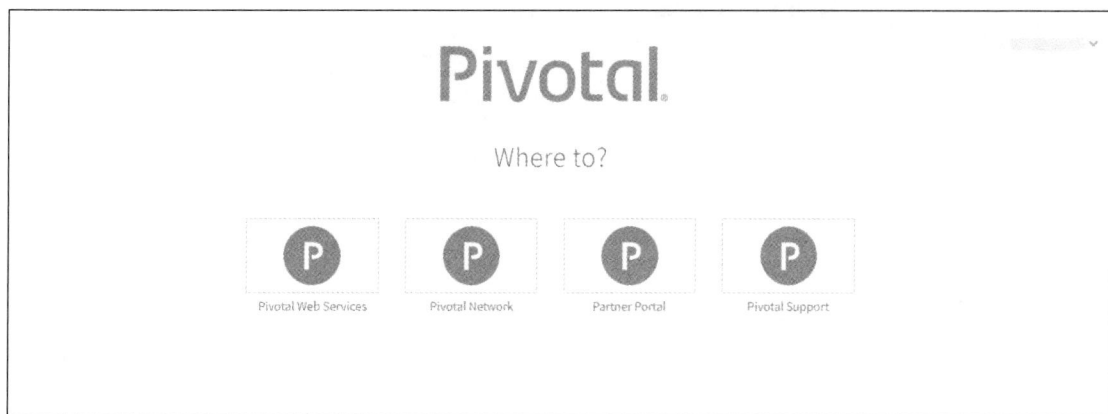

图 2.20　Pivotal 主界面

3. 下载、安装客户端

（1）单击"Pivotal Web Services"按钮，在左侧导航栏中选择"Tools"选项，进入下载客户端界面，如图 2.21 所示。下载与主机操作系统相对应的客户端应用并进行安装，如图 2.22 所示。这里使用的是 Windows 64 位客户端。安装的客户端程序存放在系统的 AppData\Roaming\Cloud Foundry 目录中，如图 2.23 所示。

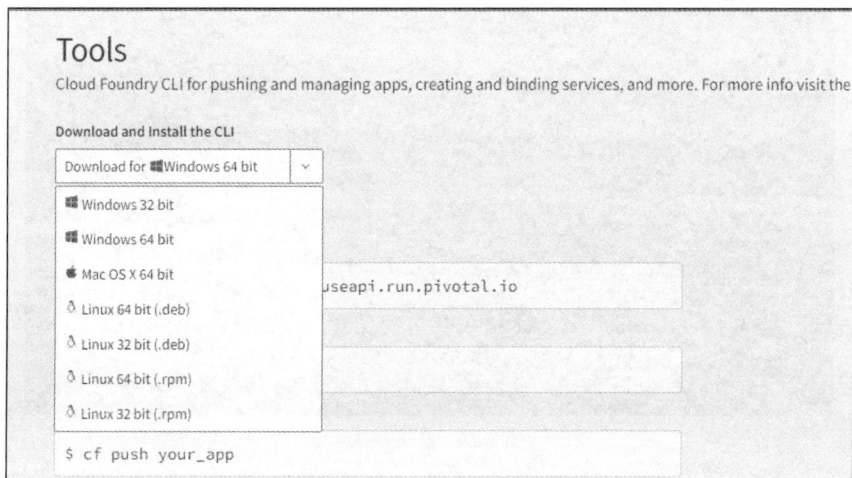

图 2.21　下载客户端界面

图 2.22　安装客户端应用

图 2.23　安装目录

（2）打开命令提示符窗口，随后输入 Pivotal 的网址、邮箱和密码，登录客户端，如图 2.24 所示。

```
cf login -a pivotal 地址
```

图 2.24　登录客户端

2.2.3 部署应用

注册 Pivotal Web Services（PWS）账户和安装好 Cloud Foundry 客户端以后，就可以部署应用了。为了能够简单、快速地体验 Cloud Foundry 的 PaaS 云平台提供的功能，可以使用 Cloud Foundry 官网提供的 App 例子完成体验，具体有以下操作方法。

1. 下载演示应用源码

下面的 App 例子是一个使用 Spring Boot 开发的应用。在客户端使用 git 命令下载 cf-sample-app-spring 的源码压缩包，并解压到本地目录中。

```
git clone https://**.com/cloudfoundry-samples/cf-sample-app-spring.git
```

如果没有安装 git 工具，则可以到 GitHub 下载 cf-sample-app-spring 的源码压缩包。

2. 部署应用

使用命令进入项目目录，登录到 PWS，并输入 push 命令，完成部署应用的操作。

```
cd cf-sample-app-spring
cf login -a https://pivotal 的 API 地址
cf push
```

完成部署应用以后，客户端显示应用处于运行状态，如图 2.25 所示。

```
name:              cf-demo
requested state:   started
routes:            cf-demo-active-oribi-tm.cfapps.io
last uploaded:     Tue 18 Feb 11:02:16 CST 2020
stack:             cflinuxfs3
buildpacks:        https://**.com/cloudfoundry/java-buildpack.git

type:            web
instances:       1/1
memory usage:    768M
start command:   JAVA_OPTS="-agentpath:$PWD/.java-buildpack/open_jdk_jre/bin/jvmkill-1.16.0_RELEASE=printHeapHistogram=1
                 -Djava.io.tmpdir=$TMPDIR -XX:ActiveProcessorCount=$(nproc)
                 -Djava.ext.dirs=$PWD/.java-buildpack/container_security_provider:$PWD/.java-buildpack/open_jdk_jre/lib/ext
                 -Djava.security.properties=$PWD/.java-buildpack/java_security/java.security
                 $JAVA_OPTS" &&
                 CALCULATED_MEMORY=$($PWD/.java-buildpack/open_jdk_jre/bin/java-buildpack-memory-calculator-3.13.0_RELEASE
                 -totMemory=$MEMORY_LIMIT -loadedClasses=8328 -poolType=metaspace
                 -stackThreads=250 -vmOptions="$JAVA_OPTS") && echo JVM Memory
                 Configuration: $CALCULATED_MEMORY && JAVA_OPTS="$JAVA_OPTS
                 $CALCULATED_MEMORY" && MALLOC_ARENA_MAX=2 JAVA_OPTS=$JAVA_OPTS
                 SERVER_PORT=$PORT JAVA_HOME=$PWD/.java-buildpack/open_jdk_jre exec
                 $PWD/.java-buildpack/spring_boot_cli/bin/spring run -cp
                 $PWD/.java-buildpack/client_certificate_mapper/client_certificate_mapper-1.11.0_RELEASE.jar
                 app.groovy
     state     since                  cpu     memory            disk             details
#0   running   2020-02-18T03:03:13Z   90.4%   108.5MB of 768MB  122.9MB of 1G
```

图 2.25　客户端显示应用处于运行状态

2.2.4 使用应用

我们已经在 Cloud Foundry 平台上完成了应用的部署，下面在浏览器中输入应用的名称，就能使用刚才部署的应用了，如图 2.26 所示。

图 2.26　使用应用

2.2.5　查看日志

可以通过如下命令查看最近的运行日志。

```
cf logs cf-demo --recent
```

Cloud Foundry 平台提供了与应用相关的所有日志的集成信息，包括 HTTP 访问日志、应用扩缩、应用重启、应用重新部署等操作的输出信息。日志的每一行包括 4 类信息：时间戳、日志类型、来源渠道、信息。

2.2.6　连接数据库

Cloud Foundry 平台允许管理员提供各种类型的服务供应用使用，如数据库服务。可以使用如下命令列出可使用的 ElephantSQL 服务。

```
cf marketplace -s elephantsql
```

ElephantSQL 服务列表如图 2.27 所示。

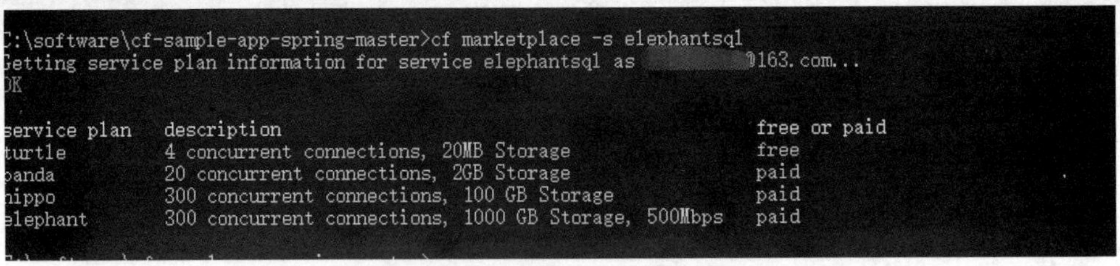

图 2.27　ElephantSQL 服务列表

如图 2.28 所示，通过如下命令使用免费服务 Turtle，创建一个服务实例。

```
cf create-service elephantsql turtle cf-demo-db
```

再通过如下命令，将新创建的服务实例连接到前面运行的应用中。

```
cf bind-service cf-demo cf-demo-db
```

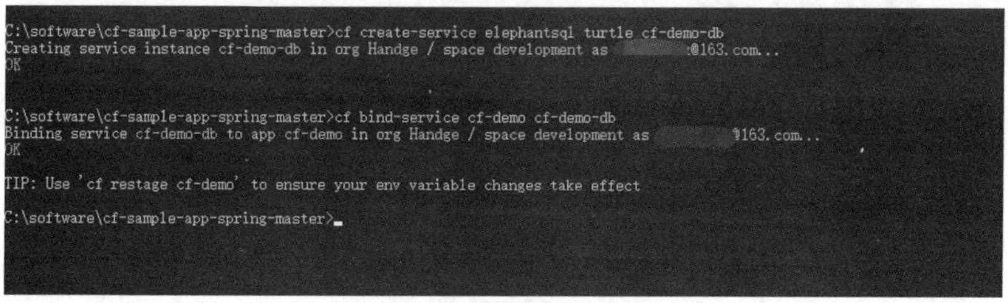

图 2.28　创建和连接服务实例

为了保证环境变量的更改有效，需要使用 restage 命令重新部署应用。restage 命令将先关闭应用，再重新编译和打包应用，最后重新启动该应用。

```
cf restage cf-demo
```

当一个服务连接到一个应用后，相应的环境变量将会得到保存，从而保证在执行 push 命令、restage 命令、restart 命令后，应用可以重新连接到服务。使用如下命令，检查服务已连接的应用，发现刚才连接到该应用的服务仍然在与应用连接，如图 2.29 所示。

```
cf services
```

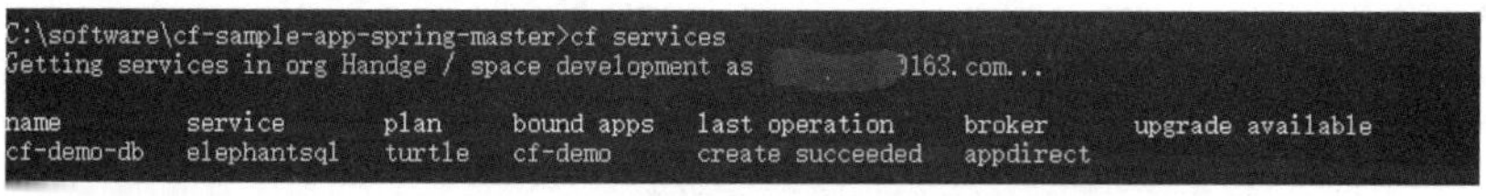

图 2.29　检查服务已连接的应用

2.2.7　扩展应用

增加应用的运行实例可以提升应用处理并发用户请求的能力，这种扩展称为水平扩展。增加可使用的磁盘空间和内存可以提高应用的性能，这种扩展称为纵向扩展。

如图 2.30 所示，使用如下命令把运行应用的实例数从 1 增加到 2，对应用进行水平扩展。

```
cf scale cf-demo -i 2
```

然后，使用如下命令检查应用的状态，确认应用实例数为 2。

```
cf app cf-demo
```

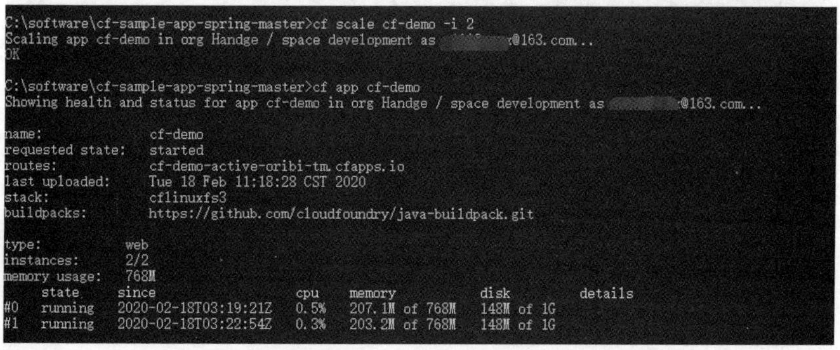

图 2.30　水平扩展应用

37

同样，可以使用命令对应用实例进行纵向扩展。例如，使用如下命令将每一个应用实例的可用内存增加到 1 GB。再使用命令将每一个应用实例的可用磁盘空间减少到 512 MB。

```
cf scale cf-demo -m 1G
cf scale cf-demo -k 512M
```

测试结束以后，可以使用如下命令停止运行应用，以免浪费平台资源。

```
cf stop cf-demo
```

至此，我们已经在 Cloud Foundry 平台上部署了一个应用，将一个数据库服务连接到该应用，并通过命令对该应用进行了水平扩展和纵向扩展。

2.3 SaaS 体验

在第 1 章中我们已经了解了 SaaS 的应用模式，用户无须购买所需的应用在本地安装使用，而是由应用厂商将各种应用统一部署在自己的服务器上。客户可以根据自己的实际需求，通过互联网向厂商订购所需的应用服务，按订购应用服务的多少和使用时间的长短来支付费用，并通过互联网获得厂商提供的应用服务。本节将介绍使用 Microsoft 必应（Bing）的 Office Online 应用来帮助读者完成 SaaS 体验。

2.3.1 注册账户

必应的 Office Online 是一种 SaaS 云应用服务。用户无须在本地安装 Office 应用，就可以在线使用 Microsoft Office 中的 Word、Excel、PowerPoint 等应用。使用 Office Online 需要先注册账户。

2.3 Office Online
体验

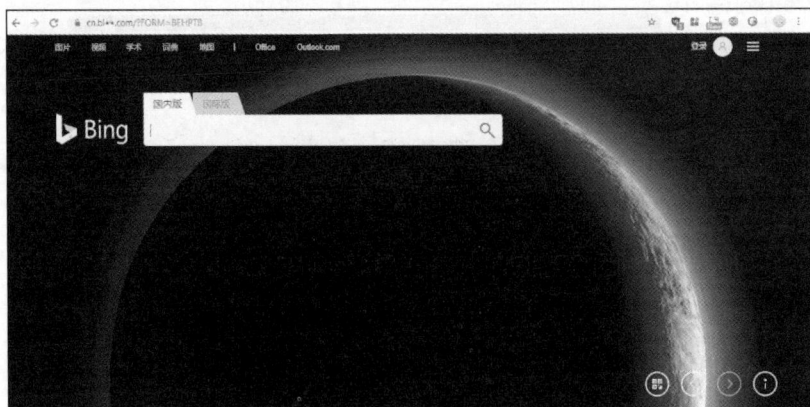

（1）打开浏览器。在地址栏中输入必应的网址，打开必应首页，如图 2.31 所示。

图 2.31 必应首页

（2）选择"Office"选项。选择首页中的"Office"选项，如图 2.32 所示，将弹出 Office Online 应用列表。

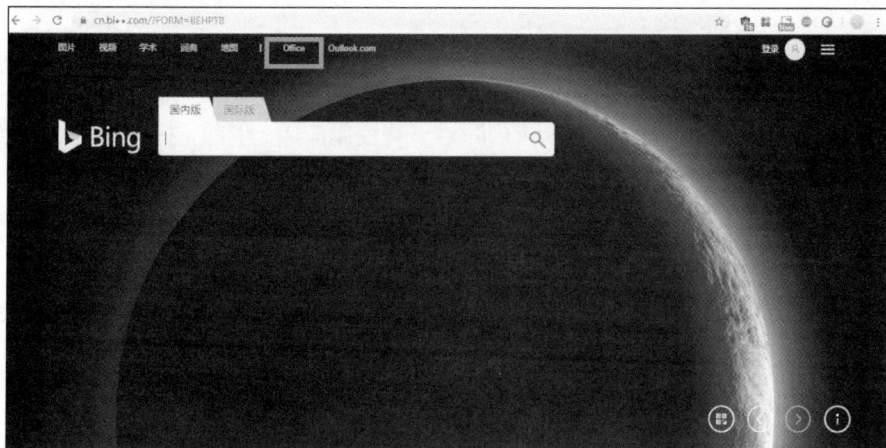

图 2.32 选择"Office"选项

（3）使用 Office Online。单击 Office Online 应用列表（见图 2.33）中的各个应用，即可使用云端的各种 Office 应用，无须在本地安装这些应用。

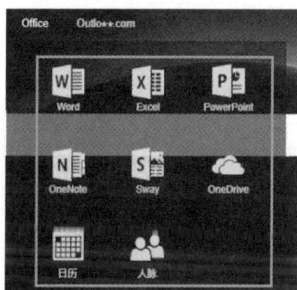

图 2.33 Office Online 应用列表

（4）单击"Word"图标，系统提示登录或注册，因为是首次使用，所以这里需要单击"注册新账户"按钮。

（5）在账户栏中输入手机号或邮箱地址，在密码栏中输入密码，并按照提示完成账户注册。

2.3.2 登录 Office Online

使用注册的账户登录 Office Online，如图 2.34 所示。

图 2.34 登录 Office Online

2.3.3　使用 Office Online

（1）打开各个应用后，即可像使用本地 Office 一样使用应用。例如，打开 Word 应用，选择模板，新建文档，如图 2.35 所示。

图 2.35　新建文档

（2）在线编辑文档，如图 2.36 所示。

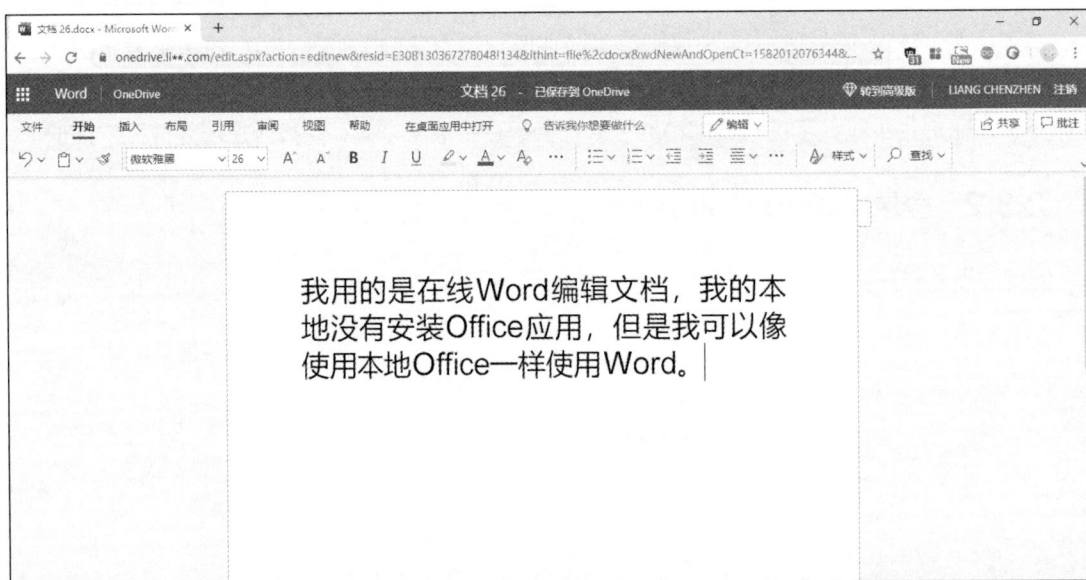

图 2.36　在线编辑文档

（3）打开在线文档进行修改，再保存文档，如图 2.37 所示。

图 2.37　保存文档

（4）只要有网络、浏览器，即可随时随地完成各类文档编辑工作。在线应用列表如图 2.38 所示。

图 2.38　在线应用列表

通过以上步骤，我们已经成功注册并登录了 Office Online，能够使用 Microsoft Office 的在线应用进行文档的创建、编辑和保存。这一过程展示了 SaaS 的便利性和强大功能，用户无须在本地安装应用即可享受高效的办公体验。

2.4　总结

针对 IaaS 服务，本章首先介绍了安装 OpenStack 和上传云主机镜像的方法，然后描述了通过 Web 界面使用云主机的步骤。针对 PaaS 服务，本章讲解了使用 Cloud Foundry 的方法，包括下载和安装客户端的命令，部署应用、使用应用、查看日志、连接数据库和对应用进行水平扩展及纵向扩展的方法。针对 SaaS 服务，本章介绍了注册和使用 Microsoft 的 Office Online 的步骤。

习题

1. OpenStack 平台的核心服务有哪些？
2. OpenStack 的用户操作方式有哪两种？
3. 使用 OpenStack 平台创建云主机的步骤有哪些？
4. 在 OpenStack 平台上，如何将磁盘挂载到虚拟机上？
5. 如何在 Cloud Foundry 平台上部署应用？
6. 什么是水平扩展？什么是纵向扩展？
7. 在 Cloud Foundry 平台上，如何对应用进行水平扩展？请举例说明。
8. 在 Cloud Foundry 平台上，如何完成应用的纵向扩展？请举例说明。
9. 在 Cloud Foundry 平台上，如何把一个应用连接到一个服务上？
10. 在 Cloud Foundry 平台上，restart 命令和 restage 命令的区别是什么？
11. 与使用线下 Office 相比，Office Online 有哪些优势和劣势？

第3章
IaaS 服务模式

03

云计算服务模式包括 IaaS、PaaS 和 SaaS 三种类型。本章主要研究 IaaS 服务模式。IaaS 作为云计算服务模式中发展较快的一种，目前应用广泛，技术也相对成熟。本章首先介绍 IaaS 的基本功能，然后以 OpenStack 产品为例，深入探讨 IaaS 服务模式的核心技术、平台架构和实现机制。

【技能目标及素养目标】

- 具备运用 OpenStack 服务的能力
- 掌握使用 OpenStack 服务的方法
- 掌握配置 OpenStack 平台的技能

- 培养创新精神
- 培养责任心和担当品质
- 培养专业素质

3.1 IaaS 服务模式概述

IaaS 是一种通过互联网向用户提供 IT 基础设施能力，并根据用户实际使用量或占用量进行计费的服务模式。

IaaS 通过互联网提供数据中心、基础架构软件和硬件资源，包括服务器、操作系统、磁盘存储、数据库和信息资源。IaaS 通常采用"弹性云"的模式，即用户在任何特定时间只使用所需的服务，并按需付费。

3.1 IaaS 服务
模式概述

通过 IaaS，用户可以从云服务提供商那里获得所需的计算或存储资源来加载相关应用，并只需为租用的资源付费，而将管理基础设施的烦琐工作交给 IaaS 云服务提供商。

IaaS 的商业模式是根据用户的实际使用量收费，而非必须包年包月模式；从技术上看，IaaS 提供富有弹性的资源，即在用户需要时提供，不需要时则立即收回。

IaaS 软件通常用于管理大规模的物理硬件（可达成千上万台物理服务器），并将用户所需的软件和硬件资源（CPU、内存、网络资源、存储资源等）以"主机"的形式提供。这些"主机"可以是独立的物理主机，但更多的是虚拟机（Virtual Machine，VM）。

IaaS 的核心目的是对计算资源进行池化，并提供统一的、智能化的管理和调度。计算资源的池化是将大量物理资源连接成一个巨大的资源库，并按较小单元进行统一分配和管理。例如，将 100 个容量为 1 TB 的硬盘放在存储池中，总容量为 100 TB，分配存储时不再按 1 TB 独立硬盘单元进行，而是可以按 10 GB 等较小容量单元分发，具体单元由 IaaS 配置并按用户需求分配。

IaaS 提供的虚拟机通常带有可联网的操作系统（如 Windows、Linux）。用户通过网络登录并操作虚拟机，按虚拟机的资源配置和使用时间付费。用户在虚拟机上进行操作就如同操作本地刚安装好操作系统的计算机一样，可以安装更多应用（如 Apache、MySQL、SQL Server、GCC 等），还可以加载自己的程序实现更多功能（如搭建网站或 VPN 服务器）。用户还可以灵活按需申请存储空间，这些都是 IaaS 的基本功能，如图 3.1 所示。

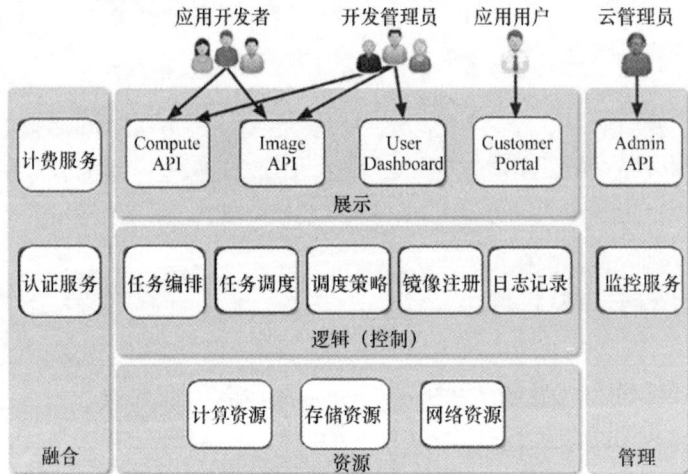

图 3.1 IaaS 的基本功能

IaaS 为用户提供了一种租用计算资源的服务方式，与传统的购买计算资源的方式相比，IaaS 具有显著优势。例如，企业需要搭建一个社交网站的小型服务器时，在传统方式中，购买硬件和安装操作系统至少需要一天时间，并且产生大量资本开销，还需进行日常保养及维护。而使用 IaaS，企业在几分钟内即可获得所需的全部资源，按需收费，不仅节省时间和初期投资，还降低了构建服务器的门槛。用户可以在业务开始时申请配置较低的虚拟机，随着业务需求增加，再升级到更高配置的虚拟机。此外，IaaS 还提供全方位的安全保障，用户不必担心因普通硬件故障而丢失数据。因此，IaaS 提供的按需服务是一种先进、快捷、经济且更安全的应用服务方式。

3.2 基本功能

IaaS 的主要功能是通过虚拟化后的计算资源、存储资源和网络资源，以 IaaS 的方式通过网络被用户使用及管理。虽然不同云服务提供商的基础设施层提供的服务有差异，使用的技术也不尽相同，但是 IaaS 一般具有以下基本功能：用户管理、资源管理、数据管理、安全管理和任务管理。

3.2 IaaS 基本功能

3.2.1 用户管理

用户管理主要包括用户账户管理、用户环境配置管理、用户使用计费管理等。用户账户管理不仅包括对用户身份及其访问权限进行有效管理，还包括对用户组的管理。用户环境配置管理主要包括对用户相关的配置信息进行记录、管理和跟踪。这些配置信息包括虚拟机的部署、配置和应用的

设置信息等。IaaS 以服务的方式给用户提供计算资源，云服务提供商会根据用户使用的资源种类、资源的使用时间等进行收费。通过监控上层对资源的使用情况，可以计算出在某个时间段内应用消耗的存储、网络、内存等资源，并根据这些计算结果向用户收费。在用户管理中，用户账户管理和用户使用计费管理是最为重要的两个方面。

3.2.2 资源管理

资源管理是 IaaS 管理的核心。资源管理通过一定的调度策略和合适的调度算法，使所有服务器工作在最佳状态，同时需要监控资源的运行状态，检测资源的软件和硬件故障，并在出现故障时自动采取应对措施来修复故障。总的来说，资源管理主要包括资源抽象、资源监控、资源调度和资源部署等。

1. 资源抽象

搭建基础设施层首先面对的是大规模的硬件资源，如通过网络相互连接的服务器和存储设备等。为了实现高层次的资源管理逻辑，必须对资源进行抽象，也就是对硬件资源进行虚拟化。虚拟化的过程一方面需要屏蔽硬件资源上的差异，另一方面需要为每种硬件资源提供统一的管理逻辑和接口。

值得注意的是，根据基础设施层实现逻辑的不同，同一类型资源的不同虚拟化方法可能存在较大的差异。此外，根据业务逻辑和基础设施层服务接口的需要，基础设施层的资源抽象往往具有多个层次。例如，目前业界提出的资源模型中就出现了虚拟机、集群（Cluster）、虚拟数据中心（Virtual Data Center）和云（Cloud）等若干层次分明的资源抽象。

资源抽象为上层资源管理逻辑定义了操作的对象和粒度，是构建基础设施层的基础。如何对不同品牌和型号的物理资源进行抽象，以一个全局统一的资源池的方式进行管理并呈现给用户，是基础设施层必须解决的核心问题。

2. 资源监控

资源监控是保证基础设施层高效率工作的关键。资源监控是管理负载的前提，如果不能有效地对资源进行监控，就无法根据负载调度资源。基础设施层对不同类型资源的监控方法是不同的。对于 CPU，通常监控的是 CPU 的利用率。对于内存和存储资源，除了监控其利用率外，还会根据需要监控读写操作。对于网络资源，需要对网络实时的输入、输出及路由状态进行监控。

全面监控云计算的运行主要涉及三个层面。一是物理资源层面，主要监控物理资源的运行状况，如 CPU 利用率、内存利用率和网络带宽利用率等。二是虚拟资源层面，主要监控虚拟机的 CPU 利用率和内存利用率等。三是应用层面，主要记录应用每次请求的响应时间（Response Time）和吞吐量（Throughput），以判断它们是否满足预先设定的 SLA。

3. 资源调度

根据负载实现资源动态调度，不仅能使部署在基础设施上的应用更好地应对突发情况，还能更好地利用系统资源。

在基础设施层这样大规模的资源集群环境中，在任意时刻，所有节点的负载都是很难均匀的。如果节点的资源利用率合理，即使它们的负载在一定程度上存在不均匀的情况，也不会出现严重问题。可是，当太多节点的资源利用率过低或者节点之间的负载差异过大时，就会造成一系列突出问题。一方面，太多节点的负载较低会造成资源浪费，需要基础设施层提供自动化的负载均衡机制将负载合并，提高资源利用率并关闭负载整合后闲置的资源。另一方面，如果资源利用率差异过大，则会造成有些节点的负载过高，上层服务的性能受到影响，而另一些节点的负载过低，资源未能充分利用。这时就需要利用基础设施层的自动化负载均衡机制将负载转移，即从负载过高的节点转移到负载过低的节点，从而使所有资源在整体负载和整体利用率上趋于平衡。

资源调度的重要性在于定时优化资源配置和重新分配资源，使整个系统资源处于快速可获得状态。资源调度主要采用负载均衡策略使整个系统资源得到充分均衡的利用，在整体上提高资源利用率，解决单台服务器或网络等的瓶颈问题。

4. 资源部署

资源部署是指通过自动化部署流程将资源交付给上层应用的过程，也就是使基础设施服务变得可用的过程。在应用环境构建初期，当所有虚拟化的硬件资源环境都已经准备就绪时，就需要进行初始化过程的资源部署。另外，在应用的运行过程中，往往会进行二次甚至多次资源部署，从而满足上层服务对基础设施层中资源的需求，也就是运行过程中的动态部署。

动态部署有多种应用场景，一个典型的场景就是实现基础设施层的动态可伸缩性，也就是说，在云端运行的应用可以在极短的时间内，根据用户具体需求和服务状况的变化进行调整。当用户服务的工作负载过高时，用户可以非常容易地将自己的服务实例从数个扩展到数千个，并自动获得所需的资源，通常这种伸缩操作不仅要在极短的时间内完成，而且要保证操作复杂度不会随着规模的增长而增大。

另一个典型场景是故障恢复和硬件维护。在云计算服务这种由成千上万台服务器组成的大规模分布式系统中，硬件出现故障在所难免，在维护硬件时，也需要将应用暂时移走，基础设施层需要复制该服务器的数据和运行环境，并通过动态资源部署在另外一个节点上建立起相同的环境，从而保证服务从故障中快速恢复。

资源部署的方法也会随构建基础设施层时采用技术的不同而有巨大的差异。使用服务器虚拟化技术构建的基础设施层和未使用这些技术的传统物理环境有很大的差别，前者的资源部署更多的是虚拟机的部署和配置过程，后者的资源部署则涉及从操作系统到上层应用的整个应用堆栈的自动化部署和配置过程。相比之下，采用虚拟化技术的基础设施层的资源部署更容易实现。

3.2.3　数据管理

在云计算环境中，数据的完整性、可靠性和可管理性是基础设施层数据管理的基本要求。在实际应用中，软件系统处理的数据分为多种类型，如半结构化的可扩展标记语言（Extensible Markup Language，XML）数据、非结构化的二进制数据和关系型数据库数据等。不同基础设施层提供的功能有所不同，导致数据管理的实现差异很大。由于基础设施层由数据中心的大规模服务器集群组成，甚至包括若干不同数据中心的服务器集群，因此保证数据的完整性、可靠性和可管理性是非常具有挑战性的。

数据的完整性要求数据在任何时间的状态都是确定的，并且在正常和异常情况下都能恢复到一致状态，确保数据在任何时候都能正确读取和适当地同步写入。数据的可靠性要求将数据损坏和丢失的概率降到最低，通常需要对数据进行冗余备份。数据的可管理性要求管理员及上层服务提供者能够以粗粒度和逻辑简单的方式管理数据，通常需要基础设施层内部具有充分、可靠的自动化管理流程。此外，对于具体的云计算基础设施层，还存在其他数据管理方面的要求，如数据读取性能、数据处理规模及海量数据存储等。

3.2.4 安全管理

安全管理是对资源、应用和账户等 IT 资源进行全面保护，防止不法分子和恶意程序的侵害，并确保云基础设施及其提供的资源只能被合法地访问和使用。安全管理是云计算资源管理的核心，保障资源的安全性在开放的云计算环境中尤为重要。安全管理主要通过用户身份认证、访问授权、数据加密、综合防护和安全审计等措施，确保资源管理系统的整体安全性。

具体来讲，安全管理主要包括以下 7 种机制。

1. 访问授权

为多个服务提供集中的访问控制，确保应用和数据只能被授权的用户访问。

2. 安全策略

实现基于角色或规则的一整套安全策略，允许系统模拟策略变更情况，以提升安全策略的健壮性。

3. 安全审计

对安全相关的事件进行全面审计，以及时检测和处理潜在的安全隐患。

4. 物理安全

根据职责分配不同权限给云管理人员，如门禁等措施，确保物理资源的安全性。

5. 网络隔离

使用虚拟专用网络（Virtual Private Network，VPN）、安全套接字层（Secure Socket Layer，SSL）和虚拟局域网（Virtual Local Area Network，VLAN）等技术来确保网络的隔离和安全性。

6. 数据加密

通过对称加密和公钥加密等技术，确保即使数据被窃取，也不会被不法分子利用。

7. 数据备份

数据完整性对云计算而言是基本要求，通过前述机制确保数据不被未授权用户访问，同时进行数据备份，以避免磁盘损坏或管理不当导致的数据丢失，提供完善的备份服务以满足用户的不同备份需求。

3.2.5 任务管理

任务管理主要负责管理用户请求资源的任务，包括任务调度、任务执行、任务生命周期管理等。任务管理的目的是确保所有任务都能快速、高效地完成，提升系统整体的性能和用户体验。

3.3 整体架构

3.3 IaaS 整体
架构

前面介绍了 IaaS 平台需要实现的基本功能，本节将介绍 IaaS 平台的整体架构，以了解其实现基本功能的方法。

总体来说，IaaS 平台分为 3 个层次：基础设施资源池、资源管理平台和业务服务管理平台，其

中，资源管理平台和业务服务管理平台组成了 IaaS 管理平台，如图 3.2 所示。

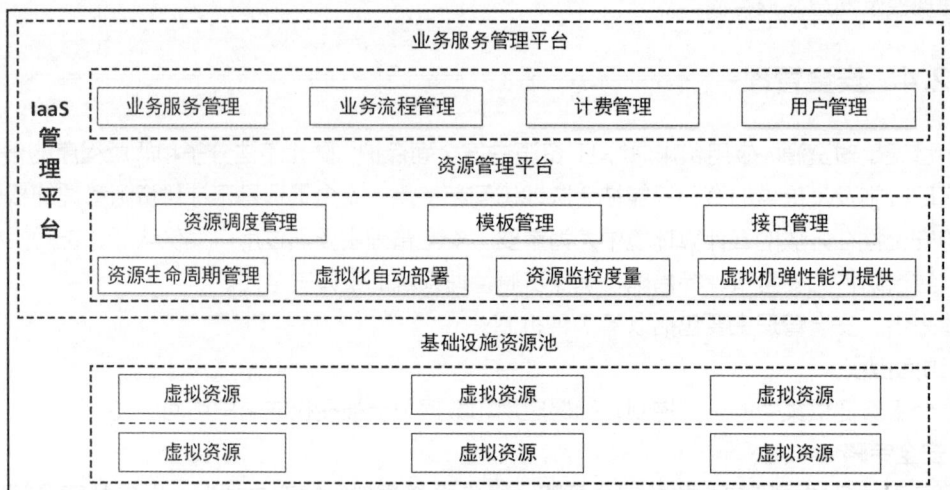

图 3.2　IaaS 平台架构

（1）**基础设施资源池**：这是实现融合基础设施结构的关键要素，包含共享的服务器、存储和网络资源，能够根据应用的需求迅速重新配置，从而更容易、更快捷地支持业务需求的变化。

（2）**资源管理平台**：负责对基础设施资源池的资源进行统一管理和调度，实现 IaaS 的可管、可控。其核心功能包括资源生命周期管理、资源调度管理、资源监控度量、虚拟化自动部署、虚拟机弹性能力提供、接口管理等。此外，还通过模板管理模块管理虚拟机模板，并负责虚拟机镜像的注册和检索。

（3）**业务服务管理平台**：将 IaaS 的各种资源封装成多种服务，并以便捷、易用的方式提供给用户。其主要功能包括业务服务管理、业务流程管理、计费管理和用户管理，是 IaaS 正常运营的保障。

实现基础设施资源池的一种有效方法是服务器虚拟化。服务器虚拟化技术可以在一台物理服务器上运行多个逻辑服务器，每个逻辑服务器称为一个虚拟机。不同的虚拟机之间相互隔离，可以运行不同的操作系统，从而实现硬件资源的复用。虚拟化技术是 IaaS 平台的核心技术，主要通过对底层物理资源的抽象，使其成为可以灵活生成、调度、管理的基础资源单位。

图 3.2 所示的 IaaS 平台架构基于服务器虚拟化技术。IaaS 平台的基础资源包括数据中心的物理服务器、存储设备、网络设备等硬件资源。在云计算环境下，资源不再是分散的硬件，而是经过整合后形成的一个或多个逻辑上的虚拟资源池，共享计算、存储和网络资源。这就是 IaaS 平台的最底层，即基础设施资源池。应用所需的资源都可以从基础设施资源池中获取，这样既提高了资源利用率，又加快了资源提供的响应速度。

而将这些虚拟资源进行有效整合，生成一个可统一管理、灵活分配调度、动态迁移、计费度量的基础设施资源池，并向用户提供自动化的基础设施服务，需要 IaaS 管理平台。

云计算资源的管理目标是实现管理智能化、资源虚拟化、资源优化和易操作管理。

（1）**管理智能化**：指 IaaS 资源管理系统能够在无须人工干预的情况下，智能地处理用户请求、监控服务器软硬件状态以发现并修复服务器故障，并将各项操作记录在日志或数据库中。

（2）**资源虚拟化**：通过虚拟化技术将物理资源虚拟化。物理资源通常是异构的、分散的，只有通过虚拟化，才能将物理资源整合起来，以服务的形式提供给用户。

（3）**资源优化**：在实现容灾备份的基础上，删除冗余数据，减少系统的资源浪费，提高资源利用率。资源优化通过定时优化资源配置，使系统资源始终处于快速可获得状态，并采用负载均衡策略充分利用系统资源，解决单个服务器或网络的瓶颈问题。

（4）**易操作管理**：确保管理员能够方便地管理资源，管理系统应具备良好的交互性与易于操作的管理界面等特点。

3.4 服务器虚拟化技术

3.4 服务器虚拟化技术

服务器虚拟化是指能够在一台物理服务器上运行多个虚拟服务器的技术。这些虚拟服务器在用户、应用甚至操作系统看来，几乎与物理服务器没有区别，用户可以在虚拟服务器上灵活地安装任何应用。虚拟化技术还应确保多个虚拟服务器之间的数据隔离，并确保虚拟服务器对资源的使用是可控的。

虚拟化技术的进步对云计算的发展起着重要的作用。本节将介绍虚拟化技术的基础知识。

3.4.1 IaaS 的基本资源

IaaS 通过将物理资源划分和重组后提供给用户。IaaS 具体管理的物理资源可以分为三大类：计算资源（如 CPU、内存）、存储资源和网络资源。计算机通过网络接口卡（Network Interface Card，NIC）在计算机网络上进行通信。从计算资源的角度来看，IaaS 软件管理的最小物理单元为单台物理服务器。根据需求，可以在服务器上创建多个虚拟机，如图 3.3 所示。若干配置相同的物理服务器会组成一个集群，配置相同的主要原因是支持虚拟机动态迁移。通常一些集群还会组成更大规模的区域（Zone）。某些 IaaS 软件还支持由若干区域组成的地域（Region）。集群和区域的划分会体现在网络和存储资源的配置上。例如，一个集群可以共享相同的网络主存储，以支持虚拟机动态迁移；一个区域可以共享相同的网络备份存储，以及存放共享虚拟机镜像文件的存储。

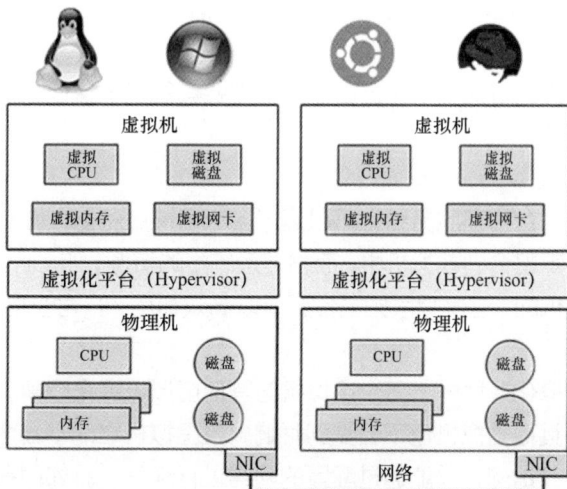

图 3.3 IaaS 的基本资源

3.4.2　实现方式

服务器虚拟化通过虚拟化软件向上提供对硬件设备的抽象和对虚拟服务器的管理。具体来说，虚拟化软件需要实现对硬件设备的抽象、资源的分配调度和管理、虚拟机与宿主操作系统及多个虚拟机间的隔离等功能。虚拟化软件提供的虚拟化层处于硬件平台之上、客户操作系统之下。根据虚拟化层实现方式的不同，服务器虚拟化主要有两种实现方式：寄宿虚拟化和原生虚拟化，如图 3.4 所示。

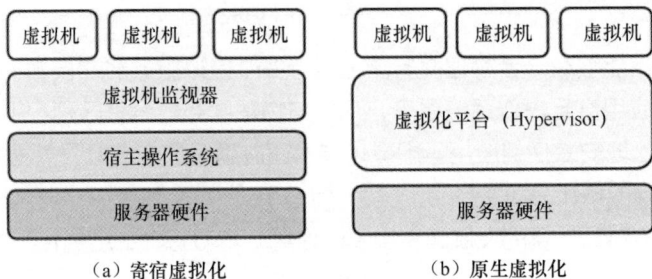

（a）寄宿虚拟化　　　　　　　　　　　（b）原生虚拟化

图 3.4　服务器虚拟化的实现方式

（1）**寄宿虚拟化：**寄宿虚拟化通过在宿主操作系统上运行虚拟机监视器（Virtual Machine Monitor, VMM），利用宿主操作系统的功能来实现硬件资源的抽象和虚拟机的管理。这种实现方式相对简单，但因为虚拟机对资源的管理需要通过宿主操作系统来完成，其性能通常较低。此外，寄宿虚拟化在某些场景下可能带来额外的资源开销和管理复杂性。

（2）**原生虚拟化：**在原生虚拟化中虚拟化平台（Hypervisor）直接运行在硬件之上，虚拟机运行在虚拟化平台上。虚拟化平台提供指令集和设备接口，以支持虚拟机运行。这种实现方式通常具有更高的性能，但实现的复杂度较高。此外，原生虚拟化通过直接管理硬件资源，可以更有效地优化资源利用率和提供更高的可靠性。

3.4.3　关键特性

无论采用何种虚拟化实现方式，服务器虚拟化都需要具备以下特性，以保证其在实际环境中的有效应用。

1. 多实例

通过服务器虚拟化，一台物理服务器上可以运行多个虚拟服务器，即支持多个客户操作系统。虚拟化技术将服务器的逻辑整合到虚拟机中，而物理系统中的资源，如 CPU、内存、硬盘和网络等，是以可控方式分配给虚拟机的。这使得服务器资源得以高效利用，并能够灵活适应不同的应用需求。

2. 隔离性

在多实例的服务器虚拟化环境中，每个虚拟机与其他虚拟机完全隔离。隔离机制确保即使其中一个或多个虚拟机崩溃，其他虚拟机也不会受到影响，且虚拟机之间不会泄露数据。如果多个虚拟机内的进程或应用需要相互访问，只能通过配置的网络进行通信，就如同在多个独立的物理服务器之间进行通信一样。

3. 封装性

封装性意味着硬件无关性。采用服务器虚拟化后，完整的虚拟机环境对外表现为一个单一实体（如一个虚拟机文件或逻辑分区），便于在不同硬件间进行备份、移动和复制。虚拟化技术将物理机的硬件封装为标准化的虚拟硬件设备，提供给虚拟机内的操作系统和应用，确保虚拟机的兼容性和可移植性。

4. 高性能

虽然服务器虚拟化在虚拟机与硬件之间增加了一个虚拟化抽象层，但虚拟化平台的开销需控制在可接受的范围内。高性能的虚拟化平台应尽量减少性能损耗，确保虚拟机能够高效运行，接近物理机的性能水平。

3.4.4 核心技术

服务器虚拟化需要对 4 种主要硬件资源进行虚拟化：CPU、内存、设备与输入/输出（Input/Output，I/O）、网络。此外，为了实现更好的动态资源整合，当前的服务器虚拟化大多支持虚拟机实时迁移。下面将介绍 x86 架构中这些服务器虚拟化的核心技术，包括 CPU 虚拟化、内存虚拟化、设备与 I/O 虚拟化、网络虚拟化和虚拟机实时迁移。

1. CPU 虚拟化

CPU 虚拟化技术将物理 CPU 抽象成虚拟 CPU，任意时刻，一个物理 CPU 只能运行一个虚拟 CPU 的指令。每个客户操作系统可以使用一个或多个虚拟 CPU。在这些客户操作系统之间，虚拟 CPU 运行时相互隔离，互不影响。

（1）直观描述

当代 CPU 具有极强的计算调度能力，在 1 秒内可以执行数百万条指令。用户的虚拟机往往运行的不是计算密集型的应用（如浏览网页、访问数据库、存储文件等），这些操作通常在毫秒级别内即可完成。计算完成或等待其他网络、硬盘等 I/O 操作时，如果没有其他计算任务，CPU 会进入空闲状态。统计数据显示，CPU 可能有 95%的时间处于空闲状态。如果能在等待时为其他应用提供服务，就可以提高资源利用率。因此，CPU 虚拟化的本质是通过分时复用方式，让所有虚拟机都能共享 CPU 的计算能力。CPU 虚拟化的基本原理如图 3.5 所示。

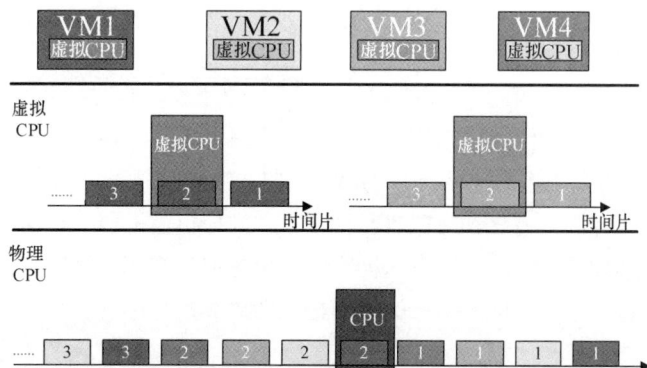

图 3.5　CPU 虚拟化的基本原理

由于 CPU 的运算速度非常快，分时复用的单元时间非常短，用户完全不会察觉到自己的虚拟机是在 CPU 上轮流运算的，在宏观世界中，这些虚拟机看起来就是在同时工作。虚拟化软件还需要通过一些手段保证每个虚拟机申请的 CPU 可以分配到足够的时间片，以确保各虚拟机的性能和响应时间。

（2）实现原理

基于 x86 架构的操作系统设计成直接运行在物理机上，这些操作系统在设计之初假设其完整地拥有底层物理机硬件，尤其是 CPU。在 x86 架构中，处理器有 4 个运行级别，分别为 Ring 0、Ring 1、Ring 2 和 Ring 3。其中，Ring 0 级别具有最高权限，可以执行任何指令且没有限制。运行级别从 Ring 0 到 Ring 3 依次递减。应用一般运行在 Ring 3 级别，操作系统内核态代码运行在 Ring 0 级别，因为它需要直接控制和修改 CPU 的状态，这些操作需要特权指令在 Ring 0 级别才能完成。

在 x86 架构中实现虚拟化时，需要在客户操作系统层以下加入虚拟化层来实现物理资源共享。虚拟化层运行在 Ring 0 级别，而客户操作系统只能运行在 Ring 0 以上级别。

但是，客户操作系统中的特权指令（如中断处理指令和内存管理指令）如果不运行在 Ring 0 级别，则会具有不同的语义，产生不同的效果，或者根本不产生作用。这些指令的存在使虚拟化 x86 架构变得更加复杂。关键在于，这些在虚拟机中执行的敏感指令不能直接作用于真实硬件，而需要由虚拟机监视器接管和模拟。

为了解决 x86 架构下的 CPU 虚拟化问题，业界提出了全虚拟化（Full-Virtualization）和半虚拟化（Para-Virtualization）两种不同的虚拟化方案，如图 3.6 所示。除了通过软件的方式实现 CPU 虚拟化外，业界还提出了在硬件层添加具有支持功能的硬件辅助虚拟化（Hardware Assisted Virtualization）方案来处理这些敏感指令。

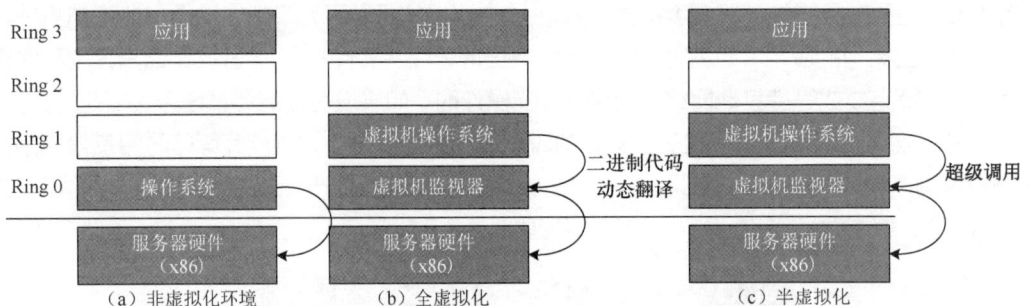

图3.6　CPU 虚拟化方案

全虚拟化方案采用二进制代码动态翻译（Dynamic Binary Translation）技术来解决客户操作系统的特权指令问题，如图 3.6（b）所示。所谓二进制代码动态翻译，是指虚拟机运行时，在敏感指令前插入陷入指令，将执行转移到虚拟机监视器中。虚拟机监视器会将这些指令动态转换成能够完成相同功能的指令序列后再执行。通过这种方式，全虚拟化方案将客户操作系统内核态执行的敏感指令转换成可以通过虚拟机监视器执行的具有相同效果的指令序列，而非敏感指令则可以直接在物理处理器上执行。

形象地说，在全虚拟化方案中，虚拟机监视器在关键时刻"欺骗"虚拟机，使得客户操作系统以为自己在真实的物理环境下运行。全虚拟化方案的优点在于，代码的转换工作是动态完成的，无须修改客户操作系统，因此可以支持多种操作系统。然而，全虚拟化方案中的动态转换需要一定的性能开销。Microsoft Virtual PC、Microsoft Virtual Server、VMware Workstation 和 VMware ESX Server 的早期版本都采用全虚拟化方案。

与全虚拟化方案不同，半虚拟化方案通过修改客户操作系统来解决虚拟机执行特权指令的问题。在半虚拟化方案中，被虚拟化平台托管的客户操作系统需要被修改，将所有敏感指令替换为对底层虚拟化平台的超级调用（Hypercall），如图 3.6（c）所示。虚拟化平台也为这些敏感指令提供了调用接口。形象地说，半虚拟化方案中的客户操作系统被修改后，知道自己处在虚拟化环境中，从而主动配合虚拟机监视器，在需要时调用虚拟化平台来执行敏感指令。因为在半虚拟化方案中，客户操作系统和虚拟化平台必须兼容，否则虚拟机无法有效地操作宿主物理机，所以半虚拟化方案对不同版本的客户操作系统的支持有所限制。Citrix Xen/XenServer、VMware ESX Server 和 Microsoft Hyper-V 的最新版本都采用了半虚拟化方案。

无论是全虚拟化方案还是半虚拟化方案，都是纯软件的 CPU 虚拟化方案，不要求对 x86 架构下的处理器本身进行任何改变。然而，纯软件的虚拟化解决方案存在许多限制。无论是全虚拟化的二进制代码动态翻译技术，还是半虚拟化的超级调用技术，这些中间环节必然会增加系统的复杂性和性能开销。此外，在半虚拟化方案中，对客户操作系统的支持受到虚拟化平台能力的限制。

因此，硬件辅助虚拟化方案应运而生。这是一种硬件方案，支持虚拟化技术的 CPU 加入了新的指令集和处理器运行模式来完成与 CPU 虚拟化相关的功能。目前，Intel 公司和 AMD 公司分别推出了硬件辅助虚拟化技术 Intel VT 和 AMD-V，并逐步集成到最新的处理器产品中。以 Intel VT 技术为例，支持硬件辅助虚拟化的处理器增加了一套名为虚拟机扩展（Virtual Machine Extension，VMX）的指令集，该指令集包括约 10 条新增指令来支持与虚拟化相关的操作。此外，Intel VT 技术为处理器定义了两种运行模式，即根模式和非根模式。虚拟化平台运行在根模式中，客户操作系统运行在非根模式中。硬件辅助虚拟化技术支持客户操作系统直接在其上运行，无须进行二进制代码动态翻译或超级调用，因此减少了相关的性能开销，简化了虚拟化平台的设计。目前，主流的虚拟化软件厂商也通过与 CPU 厂商的合作来提高其虚拟化产品的性能及兼容性。

2. 内存虚拟化

内存虚拟化技术统一管理物理机的真实物理内存，将其包装成多个虚拟的物理内存，并分别供若干虚拟机使用，使每个虚拟机拥有各自独立的内存空间。在服务器虚拟化技术中，由于内存是虚拟机访问最频繁的资源，因此内存虚拟化与 CPU 虚拟化同样重要。

（1）直观描述

如果说 CPU 虚拟化是时间之旅，那么内存虚拟化就是空间之旅。内存用于存放 CPU 要运行和计算的数据及代码。通常，物理内存在计算机上是一段从零地址开始，到全部内存空间为截止地址的空间。例如，4 个 8 GB 内存条组成的 32 GB 内存，在物理服务器上看起来就是 0～32 GB 的空间。内存地址就像门牌号码，CPU 在访问内存时，只需提供对应的内存地址，就可以"拜访"该地址的数据。

对于每个虚拟机来说，无论分配了 512 MB 的内存，还是 4 GB 的内存，它们通常都认为自己的内存是从零地址开始的一段空间。然而，实际上其内存被映射到物理机中的不同空间段上，有的可能从 1 GB 开始，有的可能从 10 GB 开始。虚拟机的内存在物理机内存上的分布通常也不是连续的，它们可能被映射到不同的内存区间，如图 3.7 所示。

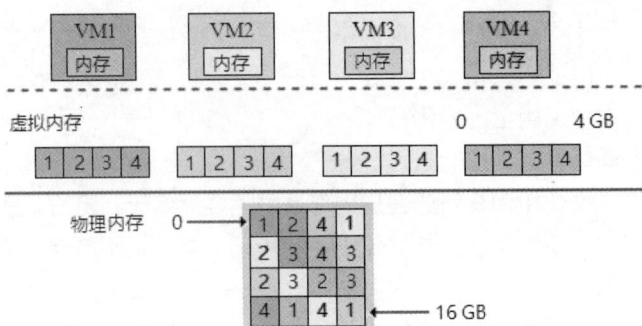

图 3.7　内存虚拟化的直观描述

　　虚拟化平台负责维护虚拟机内存在物理内存上的映射。当虚拟机访问一段自己的内存空间（如1073741824，即1GB）时，该地址会被映射到真实的物理地址（如6442450944）上。这种映射对虚拟机的操作系统来说是完全透明且高效的。由于一台物理机上运行多个虚拟机，虚拟机管理程序需要保证来自虚拟机A的访问请求不能到达虚拟机B的内存空间，实现资源隔离。现有的虚拟机管理程序甚至支持分配的虚拟机内存总和大于物理内存，这种技术称为超分（Overcommit）。KVM使用内核同页合并（Kernel Samepage Merging，KSM），可以让不同虚拟机中使用相同数据的页共享一份内存来保存数据。这就是内存虚拟化带来的好处。

　　（2）实现原理

　　在内存虚拟化中，虚拟机监视器需要管理物理机上的内存，并根据每个虚拟机的需求划分内存，同时确保各个虚拟机之间的内存访问是互相隔离的。物理机的内存是一段连续的地址空间，而虚拟机的内存访问大多是随机的，因此虚拟机监视器必须维护物理内存地址和虚拟机内存地址的映射关系，确保虚拟机的内存访问连续且一致。现代操作系统采用了段式、页式、多级页表、缓存、虚拟内存等多种复杂的内存管理技术，虚拟机监视器必须支持这些技术，使它们在虚拟机环境中依然有效并保持高性能。

　　首先，回顾一下经典的内存管理技术。内存作为一种存储设备是程序运行中必不可少的部分，因为所有的程序都要通过内存将代码和数据提交到CPU中进行处理和执行。如果计算机中运行的应用过多，就会耗尽系统中的内存，形成计算机性能的瓶颈。之前，人们通常通过扩展内存和优化程序的方法来解决该问题，但是该方法的成本很高。因此，虚拟内存技术诞生了。为了虚拟内存，现在所有基于x86架构的CPU都配置了内存管理单元（Memory Management Unit，MMU）和转换后援缓冲器（Translation Lookaside Buffer，TLB），通过它们来优化虚拟内存的性能。总之，经典的内存管理维护了应用所"看到"的虚拟内存和物理内存的映射关系。

　　为了在物理服务器上运行多个虚拟机，虚拟机监视器需要管理虚拟机的内存，即内存虚拟化管理。虚拟机中的操作系统"看到"的"物理"内存其实是由虚拟机监视器管理的"伪"物理内存。与这种"物理"内存对应的是机器内存，即物理服务器硬件上的实际内存。内存虚拟化中存在逻辑内存、"物理"内存和机器内存3种类型，如图3.8所示。它们的地址空间分别称为逻辑地址、"物理"地址和机器地址。

　　在内存虚拟化中，逻辑内存与机器内存的映射关系由内存虚拟化管理单元负责。内存虚拟化管理单元的实现主要有两种方法：影子页表法和页表写入法。

　　影子页表法如图3.9（a）所示。客户操作系统维护自己的页表，页表中的内存地址是客户操作系统"看到"的"物理"地址。虚拟机监视器也为每个虚拟机维护一个对应的页表，这个页表记录的是实际的机器内存地址。虚拟机监视器的页表是基于客户操作系统的页表建立的，并随着客户操作系统页表的更新而更新，像它的影子一样，因此称为影子页表。VMware ESX Server、VMware Workstation 和 KVM 都采用影子页表法。

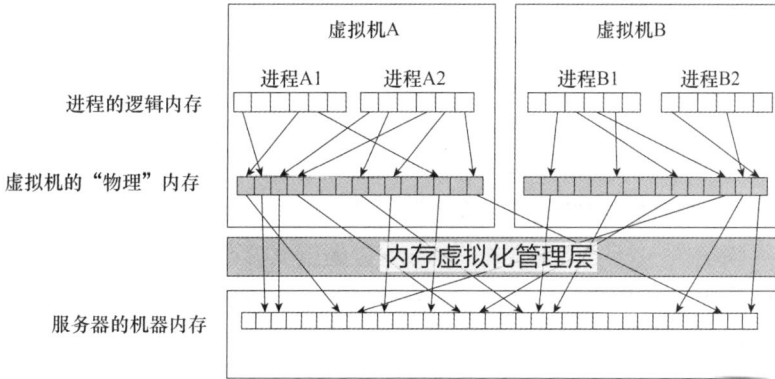

图 3.8　内存虚拟化

页表写入法如图 3.9（b）所示。客户操作系统创建新页表时，需要向虚拟机监视器注册该页表。虚拟机监视器剥夺客户操作系统对页表的写入权限，并将机器内存地址写入页表。当客户操作系统访问内存时，可以在自己的页表中获得真实的机器内存地址。每次客户操作系统修改页表，虚拟机监视器都会截获并更新页表，确保页表项记录的是真实的机器内存地址。页表写入法需要修改客户操作系统，Citrix 的 Xen 和 XenServer 是采用该方法的典型代表。

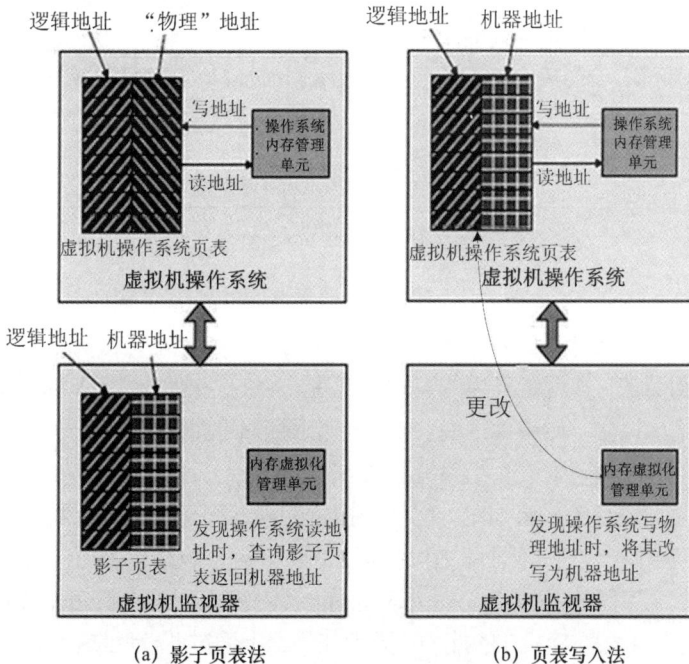

（a）影子页表法　　　　　　　（b）页表写入法

图 3.9　实现内存虚拟化管理单元的两种方法

3. 设备与I/O虚拟化

除了处理器与内存外，服务器中其他需要虚拟化的关键部件还包括设备与I/O。设备与I/O虚拟化技术对物理机的真实设备进行统一管理，将它们包装成多个虚拟设备供若干虚拟机使用，响应每个虚拟机的设备访问请求和I/O请求。目前，主流的设备与I/O虚拟化都是通过软件实现的。虚拟化平台作为共享硬件与虚拟机之间的平台，为设备与I/O的管理提供了便利，也为虚拟机提供了丰富的虚拟设备功能。

以VMware的虚拟化平台为例，虚拟化平台将物理机的设备虚拟化，并把这些设备标准化为一系列虚拟设备，为虚拟机提供一个可用的虚拟设备集合，如图3.10所示。需要注意的是，经过虚拟化的设备并不一定与物理设备的型号、配置、参数等完全相符。然而，这些虚拟设备能够有效地模拟物理设备的操作，将虚拟机的设备操作转译给物理设备，并将物理设备的运行结果返回给虚拟机。这种将虚拟设备统一并标准化的方式的一个好处是虚拟机不依赖于底层物理设备的实现。对于虚拟机来说，它"看到"的始终是由虚拟化平台提供的这些标准设备。这样，只要虚拟化平台保持一致，虚拟机就可以在不同的物理平台间迁移。

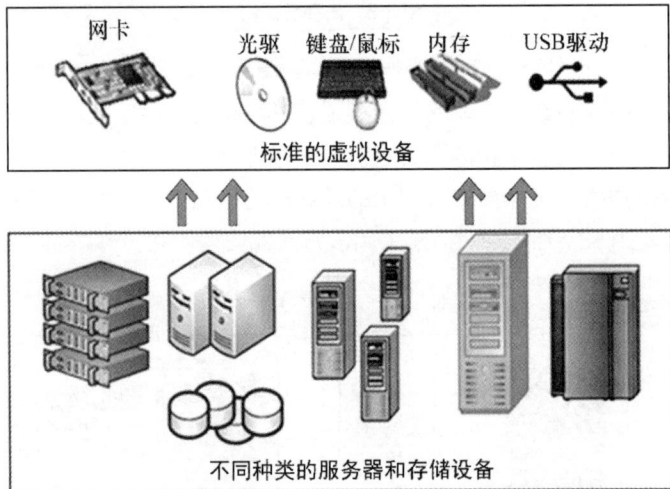

图3.10　设备与I/O虚拟化

4. 网络虚拟化

网络虚拟化是将多个硬件或软件网络资源及相关的网络功能集成到一个可用软件中统一管控的过程，对于网络应用而言，该网络环境的实现方式是透明的。这种环境称为虚拟网络，形成该虚拟网络的过程称为网络虚拟化。更具体地说，如果一个网络不能通过软件统一管理，而需要改变物理组网结构才能改变网络环境，则该网络不能称为虚拟网络。

与CPU虚拟化、内存虚拟化相比，网络虚拟化的内容和实现要相对复杂一些。用户通常熟悉的计算机网络概念包含网卡、IP地址和主机名等。例如，一台物理机上可能有一个或几个网卡，每个网卡在工作时会分配不同的IP地址，对外可能有一个或多个网络主机名。网络连接速度取决于网卡的能力以及网络接入（如交换机）的能力。因为在网络上通过IP地址或者网络主机名可以连接不同的物理主机，所以在一个可以路由的网段内，IP地址和主机名必须是唯一的。在每个网卡上还有一个介质访问控制（Medium Access Control，MAC）地址，用来标识相同网段上的不同网卡。

用户通常不会注意 MAC 地址，因为它并不需要用户手动配置。

假设原本的物理机只有一个网卡，那么它只有一个 MAC 地址，并且可以分配一个 IP 地址，其他主机就可以通过 IP 地址访问这台物理主机。当创建多个虚拟机以后，每个虚拟机都需要有独立的网络配置，以便像物理机一样处理各种网络连接。但是此时物理机上依然只有一个网卡，多个虚拟机通过这个物理网卡都能顺畅连接网络的过程即为网络虚拟化，如图 3.11 所示。

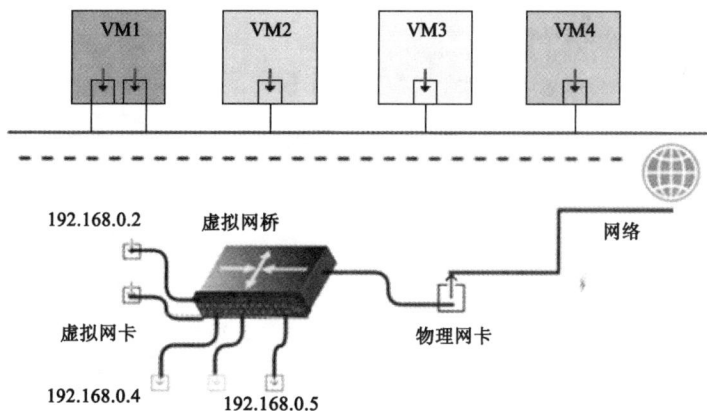

图 3.11　网络虚拟化

虚拟机上的网络概念和物理机上的网络概念一样。在一台物理机上创建多个虚拟机，需要创建多个虚拟机的虚拟网卡，并保证它们能够正确地连接到网络上。这是通过虚拟机管理程序在虚拟层面创建的一个虚拟网桥（Bridge）实现的。这个网桥类似于交换机，上面有很多"接口"，可以连接不同的虚拟网卡，当然，物理机的真实网卡也需要连接在这个网桥上。可以设置一种特殊的混杂模式，允许无论该物理网卡是不是网络包的目的地址，都能通过该网卡接收或者发送网络包。

在同一个网桥上的不同虚拟机之间进行的网络通信只会在此网桥内发生。只有当虚拟机的网络通信对象不在本机（如网络上的其他主机）上时，它们才会通过物理机的网卡向外传输。物理机的网卡带宽是固定的，因此一个网桥上的虚拟网卡是分时共享相同的网络带宽的。如果网络包的交换只发生在此网桥内，则其网络传输速度不会受到物理网卡的影响。它们在自己传输的时间段内独占全部带宽（如传输速度为 1 Gbit/s 的网络包），同时会导致其他虚拟网卡暂时无法传输数据。假设有 4 个虚拟机都在进行大规模的网络操作（如大文件的下载和上传），那么理论上它们的实际连接速度最多只能达到 250 Mbit/s。由于网络传输速度对云计算服务中虚拟机的能力非常重要，芯片公司也在不断推出各种针对网络连接的硬件虚拟化解决方案（如 SR-IOV、VMDq 等）。

如果物理机上只有一个物理网卡，不同虚拟机的网络都是通过同一个网卡连接出去的，那么会导致网络安全问题。例如，一个虚拟机可以监听整个网络上的所有数据包，截获并分析其他虚拟机的网络数据。为了解决这个问题，计算机网络提供了 VLAN 技术。通过对网络设备指定 VLAN 编号，一个物理网卡可以拓展多达 4095 个独立连接。例如，如果原本的物理网卡为 eth0，VLAN1 的网卡设备在操作系统中的标识就变成 eth0.1，VLAN1000 的网卡设备就是 eth0.1000，eth0.1 和 eth0.1000 都无法"看到"对方的网络包。有了 VLAN 的支持，就可以为相同物理机上的虚拟机分配不同 VLAN 编号的网络设备，从而进行网络隔离。

5. 虚拟机实时迁移

虚拟机实时迁移（Live Migration）是一项在虚拟机运行过程中，将其完整状态迅速从原宿主机硬件平台迁移到新宿主机硬件平台的技术。整个过程是平滑的，用户几乎察觉不到任何中断，如图 3.12 所示。由于虚拟化技术对物理资源进行了抽象处理，这使得原宿主机和目标宿主机可以是异构的硬件平台。

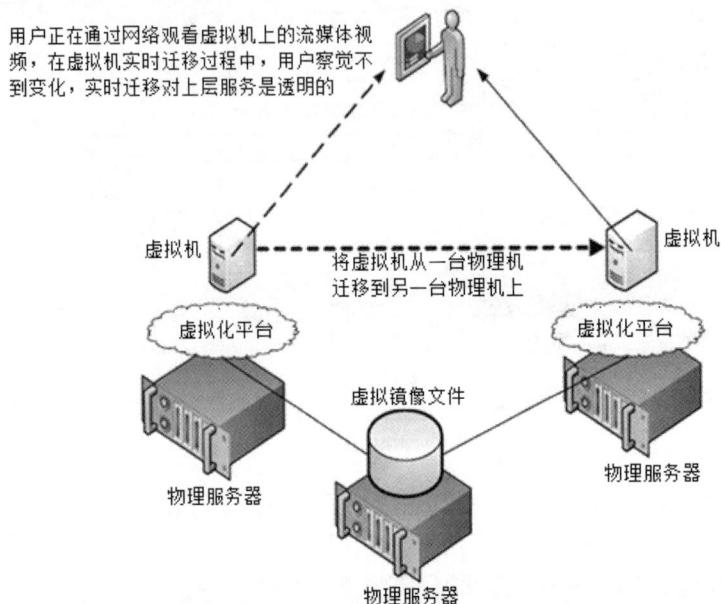

图 3.12　虚拟机实时迁移

虚拟机实时迁移需要虚拟机监视器的协助，即通过原宿主机和目标宿主机上虚拟机监视器的相互配合，来复制客户操作系统的内存和其他状态信息。虚拟机实时迁移开始以后，内存页面被不断地从原虚拟机监视器复制到目标虚拟机监视器。这个复制过程对原虚拟机的运行不会产生影响。最后一部分内存页面被复制到目标虚拟机监视器之后，目标虚拟机开始运行，虚拟机监视器切换原虚拟机与目标虚拟机，原虚拟机的运行被终止，虚拟机实时迁移过程完成。

实时迁移技术最初只应用在系统硬件维护方面。众所周知，数据中心的硬件需要定期维护和更新，而虚拟机上的服务需要"7×24 小时"不间断地运行。使用实时迁移技术，便可以在不宕机的情况下，将虚拟机迁移到另外一台物理机上，并对原来虚拟机所在的物理机进行硬件维护。维护完成以后，虚拟机迁移回到原来的物理机上，整个过程对用户是透明的。

目前，虚拟机实时迁移技术更多地用于资源整合。通过优化的虚拟机动态调度方法，数据中心的资源利用率可以进一步提高。这种资源整合可以有效地减少物理服务器的数量，降低能耗和运营成本，同时提升系统整体的性能和稳定性。

3.4.5　虚拟化与云计算

虚拟化技术的广泛应用，使得云计算得以高效实现。通过对计算资源、存储资源和网络资源的虚拟化，IaaS 管理平台能够有效管理这些虚拟化资源，并在用户需要时，灵活地将部分资源分配给用户。例如，用户可以申请 2 个 CPU、2 GB 的内存、100 GB 的硬盘和 2 个网卡，或者申请 4 个 CPU、16 GB 的内存、2 TB 的硬盘和 1 个具有公网 IP 地址的网卡等资源。这些资源被虚拟化后，可以在物理资源之间进行高效共享和隔离，确保数据安全。

在云计算环境中，所有的数据、应用和服务都存储在云中，云实际上是用户的"超级计算机"。因此，云计算要求所有的资源能够统一管理。然而，由于硬件设备间存在差异，这对资源的统一管理提出了挑战。

虚拟化技术通过对底层物理资源进行抽象，使设备的差异对上层应用变得透明，从而实现了底层资源的统一管理。这不仅简化了应用开发的工作，使开发者可以专注于业务逻辑，而不必担心底层资源的供给和调度，还使得应用和服务可以驻留在各自的虚拟机上，形成有效的隔离，一个应用的崩溃不会影响其他应用和服务的运行。

不仅如此，利用虚拟化技术，资源调度变得更加灵活，可以实现按需分配。这意味着，应用和服务不会因为资源不足而性能下降，也不会因为长期处于空闲状态而浪费资源。虚拟机的易创建性使得应用和服务能够拥有更多的虚拟机来进行容错和灾难恢复，从而提高了系统的可靠性和可用性。

可见，虚拟化技术的成熟和广泛应用，是云计算得以实现的关键。虚拟化技术使得计算、存储、应用和服务都变成了可动态扩展和配置的资源，云计算最终能够以单一整体的形式呈现。在云计算技术中，虚拟化是最关键、最核心的技术驱动力。

需要指出的是，IaaS 管理平台的资源管理和分配过程是完全自动化的。它接收用户的需求作为输入，并输出一个具有网络连接能力的虚拟机。IaaS 管理平台需要管理和分配这些资源，并通过自动化的方法将其串联起来。为了更好地分配资源，IaaS 管理平台通常会构建许多内部逻辑概念。例如，对于存储资源，IaaS 管理平台会将其分为主存储和备份存储。不同的存储类型需要不同的存储方式支持，如网络文件系统（Network File System，NFS）、互联网 SCSI（Internet SCSI，iSCSI）或对象存储。

由于虚拟化管理程序可能是异构的（如 KVM、Xen、VSphere），IaaS 管理平台需要支持几种不同的虚拟化解决方案。每种虚拟化管理程序的 API 不同，IaaS 管理平台必须能够识别并为用户提供统一的接口。此外，由于管理着大量的物理服务器，而服务器可能出现各种问题（如断电、断网、电子元件损坏等），IaaS 管理平台需要具备自我隔离、容错和修复的能力。因此，在虚拟化的基础上，IaaS 还需要完成对虚拟资源的自动化分配、调度和容错。

3.5 OpenStack

3.5 OpenStack
核心技术

在了解了 IaaS 平台的核心功能和基本架构后，本节将以 OpenStack 为研究对象，分析其核心技术和实现机制，帮助读者进一步理解 IaaS 平台的实现。

3.5.1 OpenStack 核心项目简介

OpenStack 是由美国国家航空航天局（National Aeronautics and Space Administration，NASA）和 Rackspace 合作研发并发起的一个开源云计算管理平台项目。该项目使用 Apache 许可证授权，是自由软件和开放源代码项目。

OpenStack 由多个主要组件组合而成，以完成具体的工作。它支持几乎所有类型的云环境，目标是提供实施简单、可大规模扩展、标准统一的云计算管理平台。OpenStack 通过各种互补的服务提供 IaaS 解决方案，每个服务都提供 API 以便进行集成。

除了 NASA 和 Rackspace 的大力支持外，OpenStack 还得到了包括 Dell、Citrix、Cisco、Canonical、Intel、Red Hat、华为等重量级公司的贡献和支持。其发展速度非常快，已成为业界领先的开源云平台。OpenStack 旨在为公有云和私有云的建设与管理提供软件支持。目前，OpenStack 基金会在全球范围内拥有近 10 万名社区成员，这些成员来自 187 个国家和地区。我国在 OpenStack 社区中的开发者数量仅次于美国，排名第二。来自华为、中国移动、中国电信、中国联通、腾讯云、EasyStack、九州云等公司的开发者都是 OpenStack 的重要贡献者。

OpenStack 涵盖了网络、虚拟化、操作系统、服务器等各个方面。根据成熟度和重要程度，OpenStack 被分解成核心项目、孵化项目、支持项目和相关项目。每个项目都有自己的委员会和项目技术主管，而且每个项目都不是一成不变的，孵化项目可以根据其发展的成熟度和重要性转变为核心项目。图 3.13 所示为 OpenStack 的 6 个核心项目和仪表盘（Dashboard）项目。

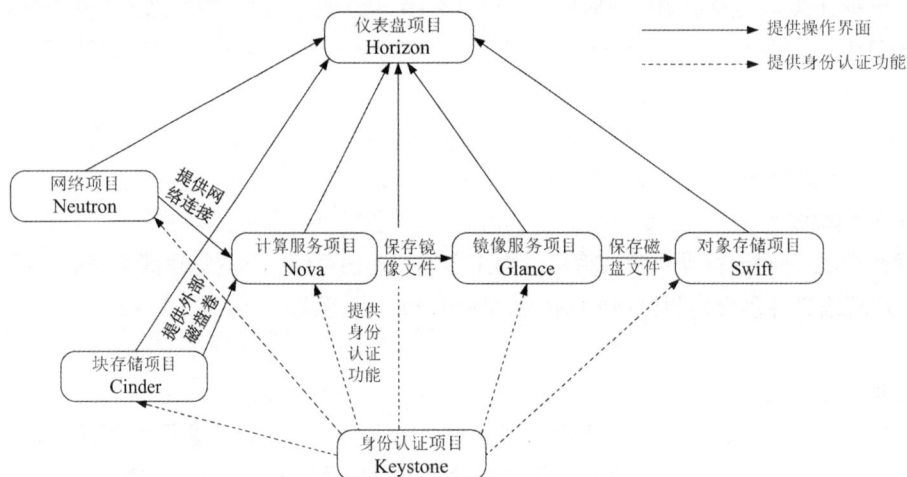

图 3.13　OpenStack 的 6 个核心项目和仪表盘项目

1. 计算服务项目：Nova

Nova 提供高扩展性和按需自助使用的计算资源服务，包括裸机、虚拟机和容器。Nova 负责管理虚拟机实例的整个生命周期，包括创建、开机、关机、挂起、暂停、调整、迁移、重启和销毁等操作，以及配置 CPU、内存等资源。

2. 块存储项目：Cinder

Cinder 为运行中的实例提供稳定的数据块存储服务。它的插件驱动架构支持块设备的创建和管理，如创建卷、删除卷，以及在实例上挂载卷和卸载卷。Cinder 管理基于 LVM 的实例卷，执行相关操作，如创建卷、删除卷、挂载卷和卸载卷。卷提供了一种通过实例使用永久存储的方式，作为主磁盘。如果卷非永久性连接到一个实例，当卸载卷或者实例中断时，所做的任何更改都将丢失。当卷再次挂载到相同或其他实例时，可以访问之前的存储数据。这通常适用于数据库服务器等的存储需求。

3. 网络项目：Neutron

Neutron 为云计算服务提供网络虚拟化技术，提供网络连接服务。用户可以通过接口定义网络

（Network）、子网（Subnet）、路由器（Router），并配置动态主机配置协议（Dynamic Host Configuration Protocol，DHCP）、DNS、负载均衡、L3 服务等。Neutron 的插件架构支持多种主流网络产品和技术，如 Open vSwitch。

4. 镜像服务项目：Glance

Glance 是一套虚拟机镜像存储、查找及检索系统，支持多种虚拟机镜像格式（如 AKI、AMI、ARI、ISO、QCOW2、RAW、VDI、VHD、VMDK）。它提供创建镜像、上传镜像、删除镜像、编辑镜像基本信息等功能。

5. 对象存储项目：Swift

Swift 是一套用于大规模可扩展系统中，通过内置冗余及高容错机制实现对象存储的系统。它允许存储或检索文件，并可为 Glance 提供镜像存储服务，为 Cinder 提供卷备份服务。

6. 身份认证项目：Keystone

Keystone 为 OpenStack 其他服务提供身份验证、服务规则和服务令牌等功能，管理 Domains、Projects、Users、Groups 和 Roles。

7. 仪表盘项目：Horizon

Horizon 是 OpenStack 中各种服务的 Web 管理门户，用于简化用户对服务的操作，如启动实例、分配 IP 地址、配置访问控制等。

注意，虽然 Horizon 不是 OpenStack 的核心项目，但它是一个非常有用的项目，帮助管理员管理或帮助用户使用 OpenStack 平台。Horizon 之所以不被归入核心项目，是因为它并不是 OpenStack 必须提供的功能，而是使用 OpenStack API 开发的 UI 应用，任何企业都可以开发一个更好的 UI 应用来取代它。

OpenStack 的这些核心组件相互协作，构成了一个完整的云计算管理平台，满足用户对于计算、存储、网络等资源的需求。通过对这些组件的深入了解，读者可以更好地理解 IaaS 平台的实现原理和应用价值，从而在实际工作中更有效地利用云计算技术。

3.5.2 Nova

Nova 提供了一种用于组织云资源的工具，主要功能包括运行虚拟机实例、管理网络（Management Network），并通过用户和项目来控制对云端的访问。Nova 可以控制 IaaS 云计算平台，类似于 Amazon EC2。

1. 逻辑架构

Nova 的主要功能是围绕几个关键的概念模型进行管理的，如图 3.14 所示。

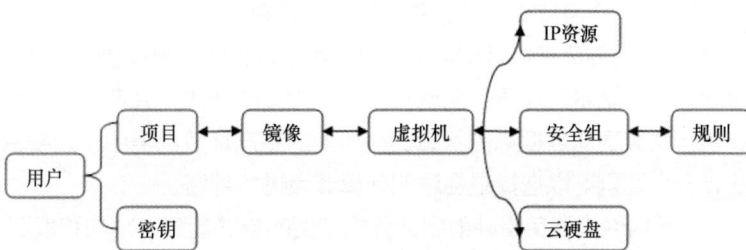

图 3.14　Nova 主要功能的管理模型

用户通过项目来管理其拥有的资源和虚拟机。项目用于分类管理业务，例如，将开发和测试环境分别以不同的项目进行管理。镜像用于创建虚拟机的模板，为每个虚拟机分配所需的 IP 资源（如 IP 地址）和云硬盘。此外，还必须为每个虚拟机设置一个安全组，即网络访问规则的组合。通过安全组可以控制虚拟机的网络安全访问。

Nova 建立在无共享、基于消息的架构上，将所有云平台的系统状态保持在分布式的数据存储中。对系统状态的更新会写入这个存储中，必要时，可利用原子操作以保证数据的一致性。对系统状态的请求会从数据库中读取。在少数情况下，控制器也会短时间缓存读取结果。Nova 的逻辑架构如图 3.15 所示。

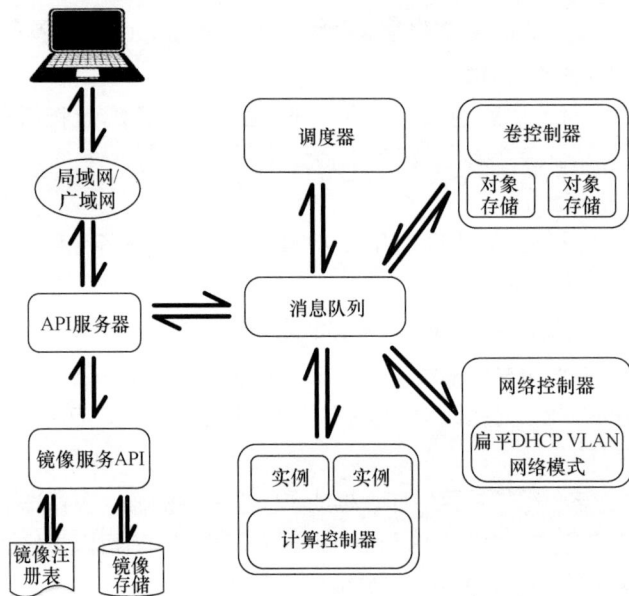

图 3.15　Nova 的逻辑架构

从架构中可以看出，Nova 由 API 服务器（nova-api）、计算控制器（nova-compute）、卷控制器（nova-volume）、网络控制器（nova-network）、消息队列（Queue Server）、调度器（nova-scheduler）等几个重要组件组成。

Nova 的逻辑架构中各个组件的功能如下。

（1）nova-api 组件是 Nova 的核心，它为所有的外部调用提供服务。用户不仅可以使用 OpenStack API，还可以通过 EC2 API 使用和管理云计算资源，包括查询资源状态、初始化大部分部署活动（如运行实例），以及实施一些策略（如配额检查）。

（2）nova-compute 组件负责管理虚拟机实例，包括虚拟机实例的创建、终止、迁移、调整等操作。其实现过程复杂，但基本工作原理简单：从队列中接收请求，并使用一系列系统命令执行这些请求，根据命令执行结果更新数据库的状态。在典型的生产环境部署中，云平台会有许多计算节点，基于调度算法，一个实例可以选择最合适的计算节点进行部署。

（3）nova-volume 组件主要负责映射到计算机实例的卷的创建、附加和取消。

（4）nova-network 组件负责操作和管理网络。它从队列中接收网络任务，并控制虚拟机的网络，包括给虚拟机分配 IP 地址、创建 Bridging Interfaces、改变 IPTables 规则、为对象配置 VLAN、实现安全组和计算节点的网络等。

（5）Queue Server 组件为各个组件的守护进程传递消息，目前使用 RabbitMQ 实现。OpenStack 云控制器和其他 Nova 组件的通信（如 nova-scheduler 和 nova-network）通过 Queue Server 组件进行。Nova 使用异步调用请求响应，一旦收到响应即获得回拨触发。使用异步通信时，没有用户操作会长期处于等待状态。这特别有用，因为对 API 的许多动作调用会比较耗时，如启动一个实例或上传镜像。

（6）nova-scheduler 组件负责调度虚拟机，也就是决定在哪台资源可用的物理服务器上创建新的虚拟机实例。nova-scheduler 组件以插件方式设计。目前其支持的调度算法既有比较简单的，如 Chance（随机主机分配）、Simple（最少负载）和 Zone（一个可用区域中的随机节点），也有比较复杂的，如分布式调度算法和异构主机感知调度算法。

2. 运行架构

Nova 的逻辑架构展示了各个组件之间的分工。接下来介绍各组件之间的协作机制和调用流程。

nova-api 是 Nova 对外的标准化接口。Nova 的各个子模块，如计算资源、存储资源和网络资源等，通过各自的 API 提供服务。各个子模块的 API 可以相互调用。总体来说，计算资源服务（compute-api）调用网络资源服务（network-api）和存储资源服务（volume-api）来提供服务。Nova 子模块的协作运行关系如图 3.16 所示。

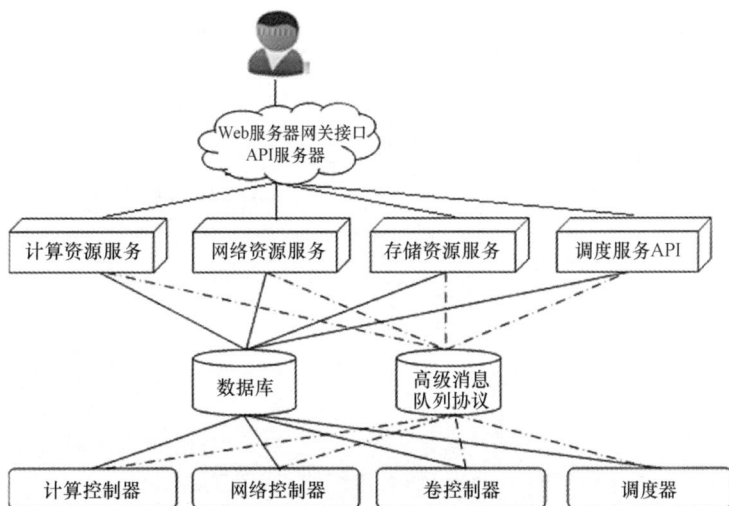

图 3.16　Nova 子模块的协作运行关系

API 使用数据库来维护资源数据模型，并通过消息中间件高级消息队列协议（Advanced Message Queuing Protocol，AMQP）通知相应的守护进程（如 nova-compute、nova-network、nova-volume 等）来实现服务接口。API 与守护进程共享数据库，但守护进程主要维护状态信息，如虚拟机状态、网络资源状态等。守护进程之间不能直接相互调用，而是通过 API 进行调用。例如，nova-compute 在为虚拟机分配网络时，需要调用 network-api，而不是直接调用 nova-network，这样有利于系统解耦。

下面以创建虚拟机为例，分析 Nova 的不同关键子模块之间的调用关系，如图 3.17 所示。

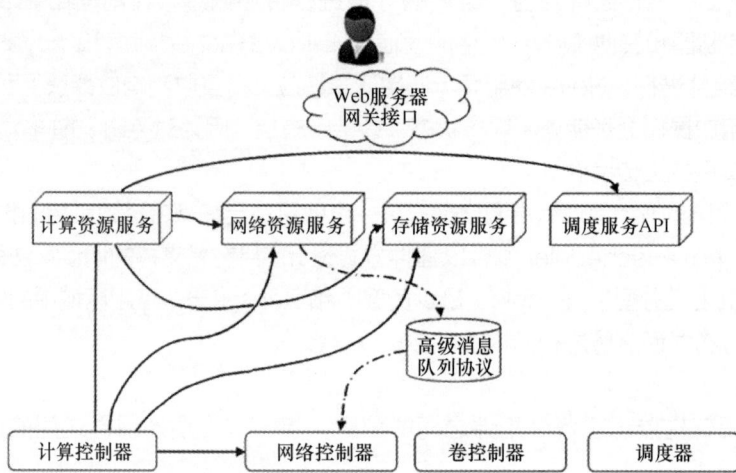

图 3.17 Nova 子模块协作运行的调用关系

创建虚拟机需要涉及 Nova 的各个子模块，如图 3.18 所示。

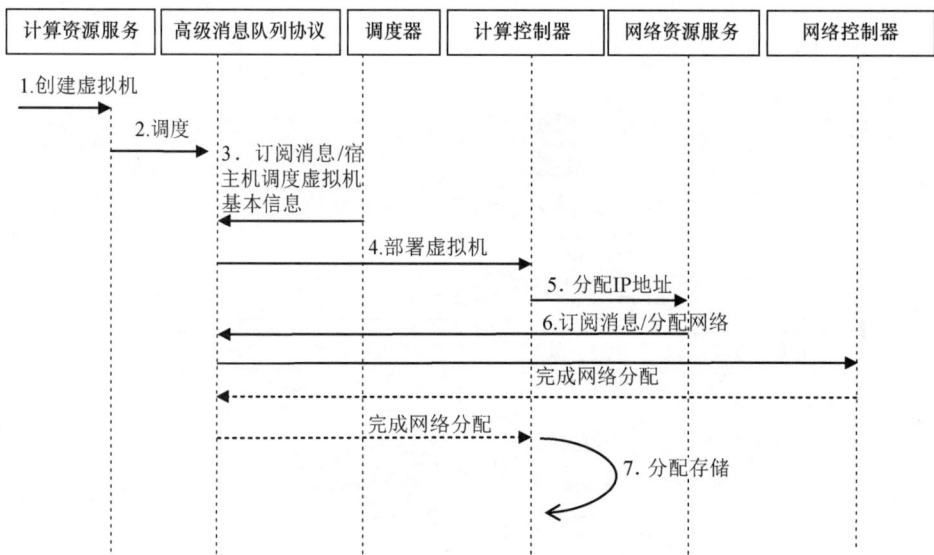

图 3.18 Nova 子模块协作运行机制创建虚拟机实例

（1）创建虚拟机

如果请求是从 Horizon 子系统发起的，则调用 nova-api 创建虚拟机接口。nova-api 对参数进行解析和初步校验后，调用 compute-api 创建虚拟机接口。compute-api 根据虚拟机参数（如 CPU、内存、磁盘、网络、安全组等）的信息，访问数据库，创建虚拟机实例记录的数据模型。

（2）调度

接下来需要调用具体的物理机来实现虚拟机部署，这涉及调度模块 nova-scheduler。

compute-api 通过远程过程调用（Remote Procedure Call，RPC）将创建虚拟机的基础信息封装成消息，发送至消息中间件的指定消息队列 Scheduler。

（3）订阅消息/宿主机调度虚拟机基本信息

nova-scheduler 订阅消息队列 Scheduler 的内容。接收到创建虚拟机的消息后，nova-scheduler 根据当前集群 Zone、计算节点资源利用率等，通过一定的调度算法（如随机算法），选择一台物理主机（如物理主机 A）进行部署。nova-scheduler 将虚拟机的基本信息和所属物理机的信息发送至消息中间件的指定消息队列"compute.物理主机 A"。

（4）部署虚拟机

物理主机 A 上的 nova-compute 守护程序订阅消息队列"compute.物理主机 A"，接收到消息后，根据虚拟机的基本信息开始创建虚拟机。

（5）分配 IP 地址

nova-compute 调用 network-api 分配网络 IP 地址。

（6）订阅消息/分配网络

nova-network 根据内网资源池，结合 DHCP，实现 IP 地址分配和 IP 地址绑定。

（7）分配存储

nova-compute 调用 volume-api 实现存储划分。最后，nova-compute 通过底层虚拟化技术（如通过 Libvirt 调用 KVM）来部署虚拟机，同时维护虚拟机的状态信息。

3. 物理架构

Nova 在设计之初就采用了分布式部署，符合大规模云计算平台建设的要求。由于采用了无共享、基于消息的架构，Nova 的安装非常灵活，可以将每个 nova-service 安装在单独的服务器上，这意味着可以有多种安装方法。多节点分布式部署唯一的相互依赖性是 Dashboard 必须与 nova-api 安装在同一台服务器上。有以下几种部署架构。

（1）单节点

一台服务器运行所有的 nova-service，同时驱动虚拟实例。这种配置只用于尝试使用 OpenStack Compute，或者用于开发目的。

（2）双节点

一个控制（Controller）节点运行除 nova-compute 外的所有 nova-service，一个计算（Compute）节点运行 nova-compute。一台客户端计算机可能需要打包镜像，并与服务器进行交互，但这并不是必需的。这种配置主要用于概念验证和开发环境。

（3）多节点

通过在额外的服务器上简单部署 nova-compute，并将 nova.conf 文件复制到这个新增节点，就能在双节点的基础上添加更多的计算节点，形成多节点分布式部署。在较为复杂的多节点分布式部署中，还能增加一个存储（Volume Controller）和一个网络节点（Network Controller）作为额外的节点。例如，运行多个需要大量处理能力的虚拟机实例至少需要 4 个节点。

Nova 多节点分布式部署实例如图 3.19 所示，其划分为管理网、数据网、存储网、公网等部分。

管理网内，控制节点安装相关 API 服务、Scheduler、Volume、Glance；数据库和消息中间件安装至独立服务器中；监控和界面部署至其他服务器中，以实现负载均衡。根据组件的不同，服务器节点可以划分为表 3.1 所示的几种。

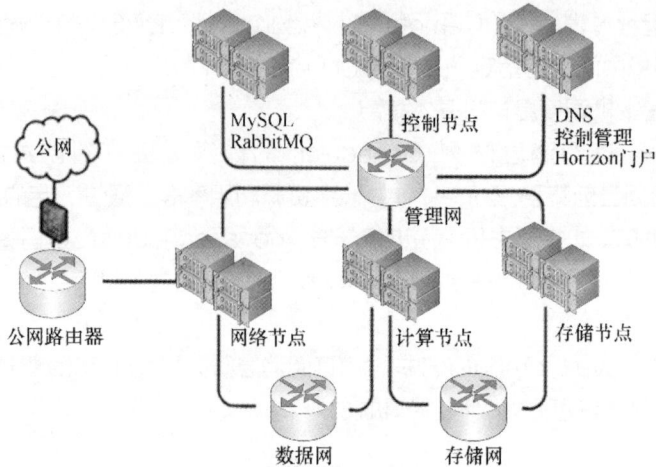

图 3.19　Nova 多节点分布式部署实例

表 3.1　服务器节点的划分

名　　称	用　　途
计算节点	提供 CPU、内存的物理服务器，指安装了 nova-compute 服务的物理机
存储节点	提供存储服务，指安装了 nova-volume 或 cinder-volume 的服务器
网络节点	提供网络服务，指安装了 nova-network 或 neutron server 的服务器
控制节点	指安装了 nova-api、调度等模块的服务器

Nova 的大规模部署如图 3.20 所示，其基本上是标准多节点分布式部署的扩展版。

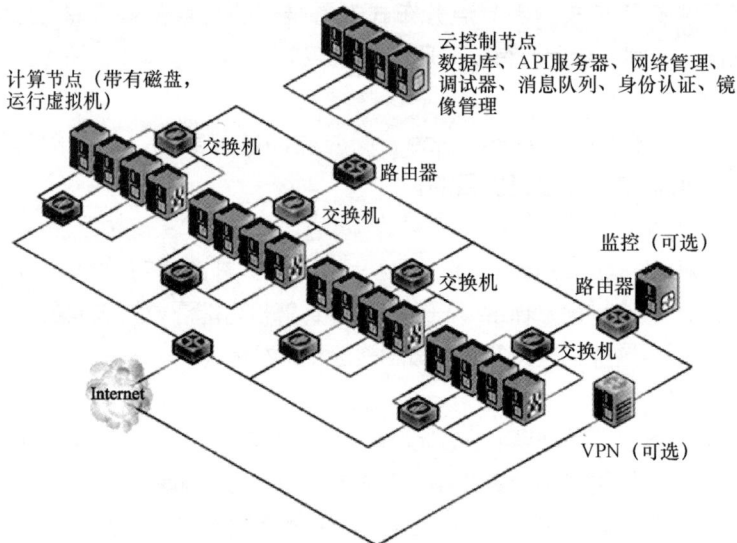

图 3.20　Nova 的大规模部署

3.5.3　Cinder

Cinder 的功能是提供存储服务（见图 3.21），根据实际需要快速为虚拟机提供块存储设备的创建、挂载、回收及快照备份控制等。Cinder 的前身是 nova-volume。在 OpenStack 中，实例是不能持久化的，实现持久化的方法是使用 Volume，即挂载 Volume 之后，在 Volume 中实现持久化。

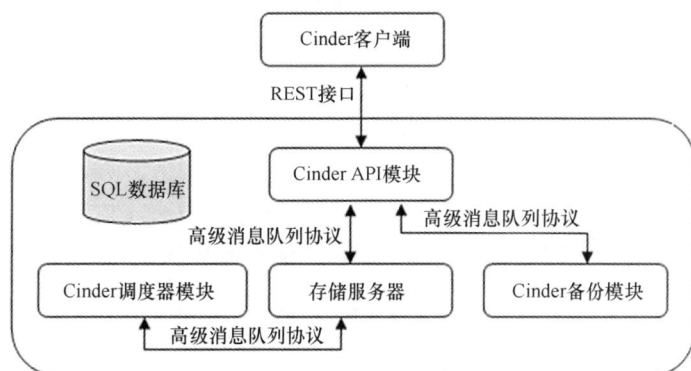

图 3.21　Cinder 的功能

Cinder 的服务主要包括 cinder-api、cinder-scheduler、cinder-volume 和 cinder-backup。cinder-volume 负责实现实际的块存储管理功能，可以部署在多个节点上。调度器 cinder-scheduler 负责调度功能，根据需要选择合适的存储服务器，并将消息发送至 cinder-volume 节点，由 cinder-volume 提供存储服务。cinder-backup 提供卷的备份管理功能，现在一般使用 Swift 作为存储后端。

Cinder 为块数据提供了多种存储管理方式。LVM、NFS 和 iSCSI 这些存储方式都在 cinder/volume/drivers 目录下。要实现特定的存储方式，只需要继承 VolumeDriver 基类或类似的 iSCSIDriver 子类。

Cinder 存储分为本地块存储、存储区域网（Storage Area Network，SAN）存储和分布式存储等多种后端存储类型：

（1）本地块存储：默认通过 LVM 支持 Linux 操作系统。

（2）SAN 存储：通过 NFS 协议支持网络附接存储（Network Attached Storage，NAS），如 NetApp。

（3）分布式存储：支持 Sheepdog、Ceph 和 IBM GPFS 等方案。

3.5.4　Neutron

Neutron 为 OpenStack 提供了更灵活的网络划分能力，能够在多租户环境下为每个租户提供独立的网络环境。Neutron 结合了数据链路层的 VLAN 和网络层的路由服务，它还能为支持的网络提供防火墙、负载均衡以及 IPsec VPN 等扩展功能。

1. OpenStack 的 3 种网络

一个典型的 OpenStack 部署环境下有三种网络：公共网络、数据网络（Data Network）和管理网络，如图 3.22 所示。

（1）公共网络

公共网络（External Network/API Network）是连接外网的网络。无论是用户调用 OpenStack

的 API，还是创建出来的虚拟机要访问外网，或者外网通过安全外壳（Secure Shell，SSH）协议连接到虚拟机，都需要通过公共网络。

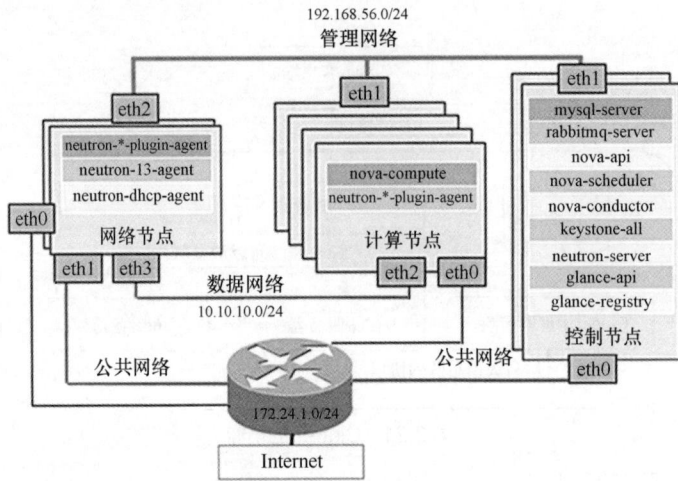

图 3.22　OpenStack 的三种网络

（2）数据网络

虚拟机之间的数据传输通过数据网络（Data Network）进行。例如，一个虚拟机连接到另一个虚拟机，虚拟机连接虚拟路由等都是通过这种网络进行的。

（3）管理网络

OpenStack 各个模块之间的交互、连接数据库、连接消息队列（Message Queue）都是通过管理网络（Management Network）进行的。

将这 3 种网络隔离，一方面是为了安全，在虚拟机中，无论采用什么手段，都只能干扰数据网络，不可能访问到平台的数据库；另一方面是为了分离流量，管理网络的流量一般不大，且通常会得到较有效的使用，而数据网络和公共网络需要有流量控制策略。

2. Neutron 的组成

Neutron 用来创建虚拟网络。所谓虚拟网络，就是在虚拟机启动时，会有一个虚拟网卡，虚拟网卡连接到虚拟交换机，虚拟交换机连接到虚拟路由器，虚拟路由器最终与物理网卡连通，从而实现虚拟网络与物理网络的连通。

从部署的角度来讲，Neutron 有 3 种节点：控制节点、网络节点和计算节点。实现网络服务各个功能的进程分别部署在这 3 种节点上。

（1）控制节点

控制节点的进程是 neutron-server，用于接收 API 请求并创建网络、子网、路由器等。其创建的结果仅仅是在数据库中存储描述这些虚拟网络设备的数据结构。

（2）网络节点

网络节点的进程有以下 3 个。

① neutron-l3-agent：用于创建和管理虚拟路由器。当 neutron-server 将路由器的数据结构创建好后，neutron-l3-agent 调用命令，将虚拟路由器、路由表、命令空间、IPTables 规则全部创建好。

② neutron-dhcp-agent：用于创建和管理虚拟 DHCP Server。每个虚拟网络都会有一个 DHCP Server，这个 DHCP Server 为虚拟网络中的虚拟机提供 IP 地址。

③ neutron-openvswitch-plugin-agent：用于创建二层交换机。在网络节点上，路由器和 DHCP Server 都会连接到二层交换机上。

（3）计算节点

计算节点的进程是 neutron-openvswitch-plugin-agent，用于创建二层交换机。在 Compute 节点上，虚拟机的网卡也连接到二层交换机上。

3. 租户网络创建过程

使用 Neutron，OpenStack 可以为每个租户创建一个网络。如图 3.23 所示，以下是为租户创建网络的流程。

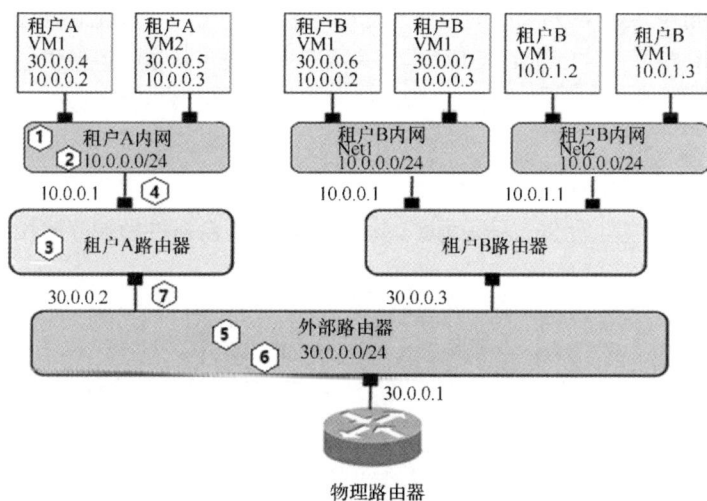

图 3.23　为租户创建网络的流程

（1）创建内网

为这个租户创建一个内网，不同的内网通过 VLAN 标签进行隔离，不同内网之间的广播不会互相影响。这里使用的是 GRE 模式，需要一个类似 VLAN ID 的标签，称为 Segment ID。

（2）创建内网的子网

为内网创建一个子网，子网用于配置 IP 地址网段。对于内网，常用的网段是 192.168.0.0/24。

（3）创建路由器

为这个租户创建一个路由器，虚拟机只有通过路由器才能访问外网。

（4）将内网连接到路由器

将前面创建的内网连接到新创建的路由器上，这样连接到该内网的虚拟机就可以通过该路由器访问外网。

（5）创建外网

创建一个外网，用来与刚刚创建的路由器连接，以便能与连接到同一个路由器的内网相连接。

（6）创建外网的子网

创建一个外网的子网，这个子网逻辑上代表了数据中心的物理网络，通过这个物理网络可以访问外网。因此，PUBLIC_GATEWAY 应设为数据中心的网关，PUBLIC_RANGE 也应与数据中心的物理网络的无类别域间路由选择（Classless Inter-Domain Routing，CIDR）一致，否则网络无法连通。之所以设置 PUBLIC_START 和 PUBLIC_END，是因为数据中心不可能把所有的 IP 地址都分配给 OpenStack 使用。

（7）将路由器连接到外网

将路由器连接到刚才创建的外网上。

经过这个流程，从虚拟网络到物理网络在逻辑上就连通了。此时，虚拟机可以通过路由器连接到外网，通过数据中心的网关访问互联网上的资源。

3.5.5　Glance

OpenStack 的最终目的是为用户创建一定配置的虚拟机，OpenStack 通过镜像来创建和重构虚拟机。因此，为了方便使用，OpenStack 允许用户上传一定数量的镜像供创建虚拟机使用，而镜像的数量由用户相关租户的限额来限定。用户还可以设定该镜像是否可以公开给其他租户的用户使用。

Glance 包括两个主要部分：API Server 和 Registry Server。前者提供 Glance 服务相关的 API，后者负责镜像注册等。另外，Glance 的设计尽可能适合各种后端存储和注册数据库方案。Glance 的整体架构如图 3.24 所示。

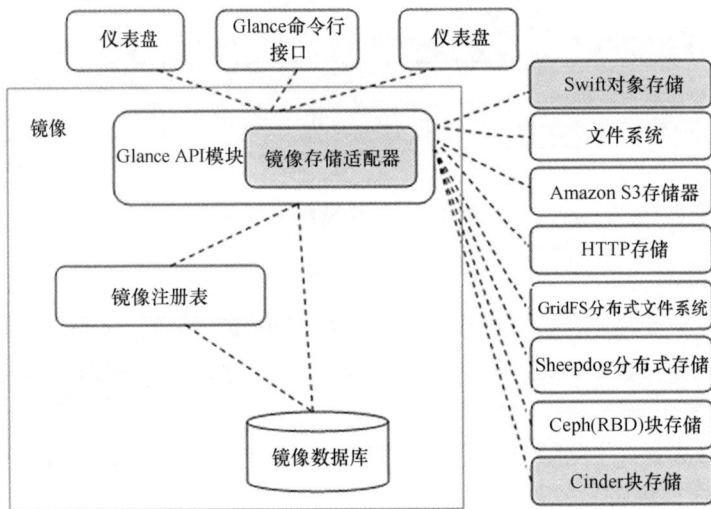

图 3.24　Glance 的整体架构

Glance API 主要负责接收和响应镜像管理命令的请求，分析消息请求信息，并分发其所带的命令（如新增、删除、更新等）。各种各样的客户端、镜像元数据的注册、实际包含虚拟机镜像数据的存储系统，都是通过它进行通信的。API Server 将客户端的请求转发到镜像元数据注册处和它的后端存储。Glance 通过这些机制实际保存上传的虚拟机镜像。

Glance Registry 主要负责接收和响应镜像元数据命令的请求，分析消息请求信息并分发其所带的命令（如获取元数据、更新元数据等）。Glance DB 主要负责与数据库 MySQL 进行交互。

Glance Store Adapter 主要负责存储适配，其支持的后端存储如下：

（1）**Swift**：使用 OpenStack 中高可用的对象存储系统存储虚拟机镜像。

（2）**File System**：存储虚拟机镜像的默认的后端存储是后端文件系统。这个简单的后端存储会将镜像文件写到本地文件系统中。

（3）**Amazon S3**：该后端存储允许 Glance 将虚拟机镜像存储在 Amazon S3 服务中。

（4）**Cinder**：使用 OpenStack 的块存储系统存储虚拟机镜像。

（5）**HTTP**：通过 HTTP 在互联网上读取可用的虚拟机镜像。这种存储方式是只读的。

另外，Glance 还可以使用多种分布式文件系统作为后端存储，如 Ceph、GridFS 等。

3.5.6　Swift

Swift 提供弹性可伸缩、高可用的分布式对象存储服务，适合存储大规模非结构化数据。Swift 使用普通的服务器来构建冗余的、可扩展的分布式对象存储集群，存储容量可达 PB 级，用于长期存储永久性的静态数据，这些数据可以检索、调整，必要时可以进行更新。

1.　基本概念

Swift 的逻辑结构采用层次数据模型，共设 3 层：账户（Account）、容器（Container）和对象（Object），每层节点数没有限制，可以任意扩展，如图 3.25 所示。这里的账户指的是租户，用于顶层隔离机制，可以被多个用户账户共同使用；容器则代表一组对象，类似文件夹或目录；终端节点代表对象，由元数据和内容两部分组成。

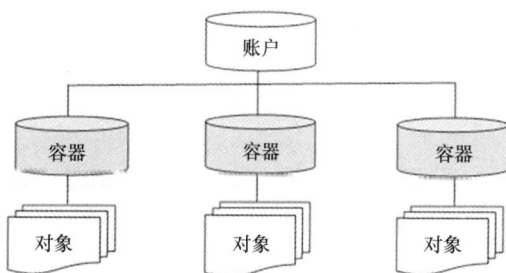

图 3.25　Swift 的逻辑结构

用户可以将数据存储到各个容器中。容器用于将一个账户下的对象分组，类似于文件系统中的目录，对象类似于文件系统中的文件。不过，在 Swift 存储系统中，容器只有一级，不能嵌套。

Swift 存储系统的每个账户都有一个数据库，用来记录该账户包含的所有容器的信息。同样地，每个容器也有一个数据库，记录该容器包含的所有对象的信息。需要注意的是，账户数据库只记录容器的元数据（如名称、创建日期等），而不包含容器的数据。类似地，容器数据库只记录对象的元数据，而不包含对象的数据。

账户数据库可以列出该账户包含的所有容器，而容器数据库可以列出该容器包含的所有对象。但当用户访问容器或对象时，并不需要使用这些数据库，而是直接访问容器或对象。

对象是 Swift 存储系统中实际存储的数据，可以是照片、视频、文档、日志、数据库备份、文件系统快照或其他非结构化数据。此外，对象还可以存储用户定义的元数据，如照片的拍摄地点、场景等。

2.　整体架构

Swift 采用完全对称、面向资源的分布式系统架构设计，所有组件都可扩展，以避免因单点失效而影响整个系统运转；通信方式采用非阻塞式 I/O 模式，提高了系统吞吐量和响应能力。Swift 的整体架构由代理节点、认证节点及多个存储节点组成，如图 3.26 所示。

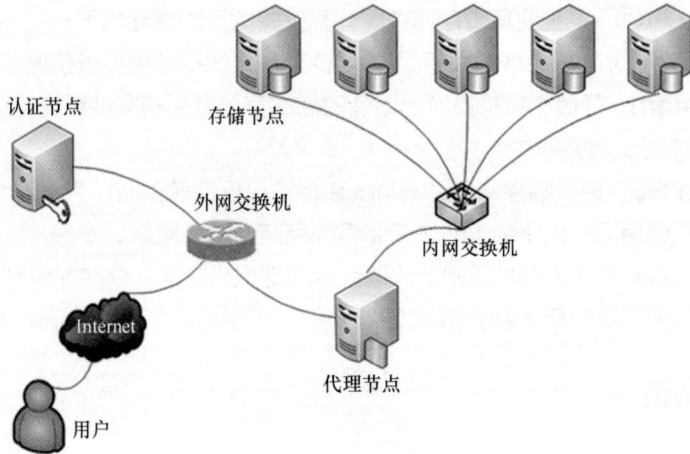

图 3.26　Swift 的整体架构

　　代理节点对外提供对象服务 API，根据请求路径使用环（Ring）机制计算出用户请求应转发给哪个存储节点的相应账户、容器或对象服务进行处理；代理节点采用无状态的 REST 请求协议，因此可以横向扩展以均衡负载。

　　认证节点负责用户身份认证并为用户生成访问令牌（Token），该令牌在一定时间内有效。用户使用 Swift 服务时，认证节点会对每个请求的 Token 及其权限进行验证，以确保只有授权用户才能进行相应操作。Swift 的认证节点作为一个中间件被 proxy-server 使用，可以通过 OpenStack Keystone 实现。

　　存储节点包含三个独立的组件服务：账户服务（Account Server）、容器服务（Container Server）和对象服务（Object Server），分别负责对账户、容器和对象的操作。

　　（1）账户服务：提供账户元数据和统计信息，维护所含容器列表，并处理对账户的 GET、HEAD、PUT、DELETE、UPDATE 请求。每个账户的信息存储在一个 SQLite 数据库中。

　　（2）容器服务：提供容器元数据和统计信息，维护所含对象列表，并处理对容器的 GET、HEAD、PUT、DELETE、UPDATE 请求。容器服务并不知道对象的具体位置，只是知道哪些对象在特定容器中。每个容器的信息存储在一个 SQLite 数据库中，以类似对象的方式在集群中复制，并跟踪统计相关信息，包括对象的总数及容器使用的总存储量。

　　（3）对象服务：提供对象元数据和内容服务，是简单的二进制大对象存储服务器，能存储、检索和删除本地磁盘上的对象。对象以二进制文件形式存放在文件系统中，元数据以文件的扩展属性存放。对象服务负责处理对对象的 GET、HEAD、PUT、POST、DELETE、UPDATE 请求，直接对对象进行操作。

3. 工作原理

　　Swift 存储系统工作原理的核心是虚节点（Partition）、环和复制。虚节点将整个集群的存储空间划分成几百万个存储点，环将虚节点映射到磁盘的物理存储点上，复制则保证数据合理地复制到每个虚节点上。

　　Swift 为账户、容器和对象分别定义了环，其查找过程是相同的。在查询账户、容器和对象的信息时，需要通过相应的环进行。

为了提高数据的可靠性，Swift 的每个分区在集群中默认有 3 个副本。分区的位置存储在环维护的映射中。环还负责确定在失败场景中接替的设备。Swift 使用 Zone 来保证数据的物理隔离。每个分区的副本都确保放在不同的 Zone 中。Zone 是一个抽象概念，可以是一个磁盘、一个服务器、一个机架、一个交换机，甚至是一个数据中心，以提供最高级别的冗余。一般建议至少部署 5 个 Zone。

每个存储节点都安装有一个副本进程（Replicator）。副本进程的设计目的是在面临网络中断或驱动失败等临时错误时，保持系统状态一致。副本进程会比较本地的数据和每个远程的副本，以确保它们都包含最新的版本。对象副本用一个哈希列表快速比较每个分区的片段，而容器和账户副本使用哈希及共享的高水印结合的方法比较每个分区的片段。

每个存储节点中还安装有一个更新器（Updater）。在 Swift 中，有时会因为存储节点出现宕机或负载过高，导致容器或账户的数据不能立即更新。如果一个更新操作失败，该操作会记录在本地文件系统的更新失败队列中，更新器会定时处理该队列中的更新操作，确保更新不会丢失，从而保证数据的最终一致性。例如，当一个新对象刚被成功添加到存储系统中，如果负责该对象所属容器的容器服务器正处于加载阶段，不能立即执行对对象列表的更新操作，那么该更新操作会进入更新失败队列，等待更新器稍后处理。

每个存储节点中都安装了一个审计器（Auditor）。审计器会检查每个对象、容器及账户的完整性。如果发现损坏的文件，会将其隔离，并用完好的副本替换。如果发现其他错误，则会记录在日志中。

4. Swift 物理架构

根据不同的工作负载，代理节点偏向于 CPU 和网络 I/O 密集型任务，而对象服务、容器服务和账户服务偏向于磁盘及网络 I/O 密集型任务。安装时，一般将代理节点放在单独的服务器上，将所有存储服务放在另一台服务器上。因此，可以给代理节点分配 10 GB 的网络带宽，给每个存储服务器分配 1 GB 的网络带宽，从而更好地管理代理服务器的负载。

图 3.27 所示为典型的多存储节点部署架构，其中包含一个代理节点，用于运行代理服务；一个认证节点，用于运行身份认证服务；5 个存储节点，用于存储数据，每个节点运行账户、容器和对象服务。

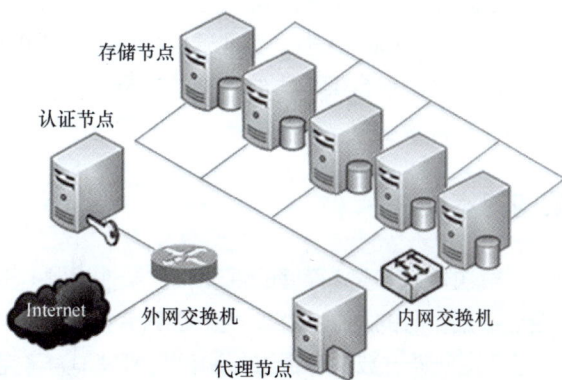

图 3.27　典型的多存储节点部署架构

可以增加更多代理来扩展 API 的吞吐量。如果需要获得更大的账户和容器服务吞吐量，可以将它们部署到单独的服务器上。

在部署 Swift 时，可以选择单节点安装，但这种方式只适用于开发和测试；多服务器安装则能实现分布式对象存储系统所需的高可用性和冗余。

3.5.7　小结

OpenStack 实际上是一个资源的控制、监测和协调平台，并提供了一系列完整的 API 供用户使用和管理资源。互联网厂商和云计算提供商是 OpenStack 的潜在用户，这也为准备部署云计算基础架构的企业提供了一种选择。

本节对 OpenStack 的各核心项目进行了初步介绍，其中，Nova、Cinder、Neutron 及 Glance 可以一起为用户提供虚拟机资源服务，Swift 可以为用户提供存储资源服务。

3.6　超融合架构

超融合架构将虚拟化计算和存储整合到同一个系统平台上。当下，超融合架构已成为许多厂商发力的主要目标，越来越多的企业开始接受超融合架构，并向其转型。本节简单介绍超融合架构，以及如何基于 OpenStack 实现超融合架构。

3.6 超融合架构技术

3.6.1　超融合架构简介

超融合架构是一种集成了虚拟计算资源和存储设备的信息基础架构。在这样的架构环境中，同一套设备不仅具备计算、网络、存储和服务器虚拟化等资源及技术，而且多套设备可以通过网络聚合，实现模块化的无缝横向扩展，形成统一的资源池。

超融合架构以硬件服务器为基础，最大限度实现数据中心的容量可扩展性和数据的可用性。超融合架构以虚拟机为核心，提升集群的运算效能和存储空间，具有简单、高效、高性能、易部署等优势。在成本控制和风险防范方面，它不需要单独采购服务器和存储设备，可节省大量的机柜空间，并且电能消耗较小。系统采用的软件和硬件都是统一的技术接口，且不存在虚拟化环境的资源争抢问题，可以灵活调配资源。在超融合架构模式下，用户使用的虚拟机和存储空间是利用软件构建的，这样使得底层物理设备与用户之间保持隔离状态，实现硬件资源与虚拟化平台的完整融合。用户可以通过堆叠形式添加节点，进而实现超融合架构集群容量的扩展。

超融合技术主要有三大组件：计算虚拟化、存储虚拟化和网络虚拟化。

3.6.2　超融合架构的本质

超融合架构的兴起是为了解决传统 SAN 存储的性能和扩展性问题。SAN 是一种传统的集中存储方式，已无法满足现代企业数据中心的发展需求。麦肯锡研究显示，全球 IT 数据每年以 40% 的速度增加。数据逐渐影响企业，企业通过数据分析进行决策与管理。为了完成快速分析决策和管理，需要借助强大的数据中心。图 3.28 展示了基于传统 SAN 存储的云计算架构。

现代企业的数据量不断增大，应用越来越多，需要更高效地构建计算和存储基础架构，以满足应用的数据访问需求。虚拟化解决了 CPU、内存资源闲置的问题。但随着虚拟化的大规模应用，虚拟机数量增加，虚拟机在传统存储上的运行速度变慢，主要原因是存储的 I/O 性能不足，大量虚拟机和容器同时运行及 I/O 的混合使得随机读写急剧增加，传统存储结构无法承受大量的随机 I/O。

　　超融合架构就是为了解决这个问题而引入虚拟化领域的。超融合架构完全去掉了传统存储结构，利用分布式文件系统提供"不可限量"的性能和容量，在此基础上，通过缓存进行加速，甚至全部使用闪存来构建。

　　如图 3.29 所示，超融合架构不是为了加快单台服务器的存储速度，而是为了在每增加一台服务器时存储性能得到线性提升。这种存储结构不会限制企业业务的运行，并可以保证业务的可靠性。这种扩展性良好的共享存储，使得云平台可以提供更好、更稳定的基础服务，保证运行在云平台上的业务顺畅进行。

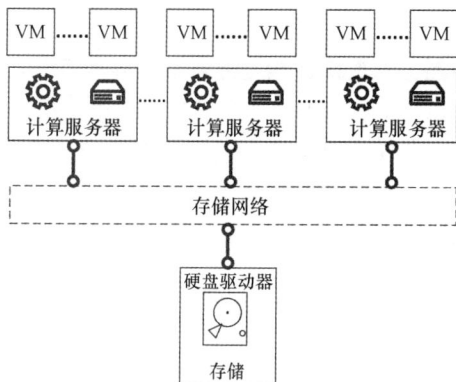

图 3.28　基于传统 SAN 存储的云计算架构

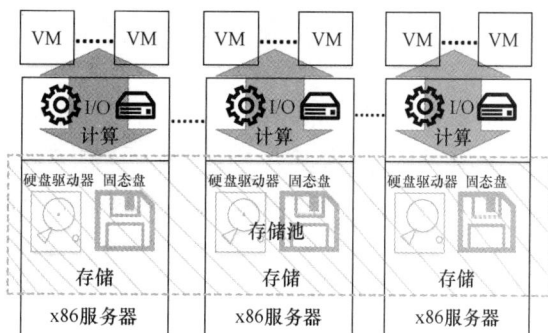

图 3.29　超融合架构

3.6.3　超融合架构的发展动力

　　超融合架构之所以得以快速发展，除了来自商业数字化和互联网化对 IT 资源使用速度及使用要求大幅提升的客户需求外，还与相关技术对架构的市场落地有很大关系。关键因素包括以下几点。

1. CPU 更强大、更廉价

　　CPU 核数越来越多，服务器的内存容量越来越大，这意味着服务器的资源除了运行业务外，还可以预留出足够的 CPU 和内存资源来运行存储软件。将存储软件和业务运行到一起，既减少了设备量和电力使用，又提高了本地读取 I/O 的效率。

2. 网络设备的速度越来越快

　　无论是万兆以太网、40 Gbit/s 以太网，还是无限宽带技术，都能使软件独立地互连存储设备，通过分布式文件系统形成共享的存储池，供上层应用使用。

3. SSD 设备的读写速度越来越快

　　固态盘（Solid State Disk，SSD）对存储架构的影响是巨大的。传统硬盘驱动器（Hard Disk Drive，HDD）的 4KB 随机读写性能和磁盘寻道随机读取速度只有 300 MB/s 左右，而 SSD 的读写速度可以超过 7 万次/s，直接高出传统 HDD 的读写速度两个数量级。同样，SSD 大大减少了事务型存储系统的机架空间，使存储和计算节点的数量更加匹配，这是超融合架构成立的一个重要条件。

4. 虚拟化

　　超融合架构成立的另一个重要条件是虚拟化技术已经被广泛接受。否则，分布式存储不可能和应用共存于一个物理节点上，除非是同一厂商的一体机产品。

3.6.4　超融合架构的优势

超融合架构实现了计算、存储、网络等资源的统一管理和调度，具有更弹性的横向扩展能力，可以为数据中心带来最优的效率、灵活性、规模、成本和数据保护。使用超融合的一体化平台替代传统的虚拟化加集中式存储架构，使得整个架构更清晰、更简单，极大地简化了复杂 IT 系统的设计。相对于传统的 IT 架构，超融合架构具有以下几个方面的优势。

1. 超融合架构的可扩展性更好

超融合架构将存储分散部署到每台服务器上，在服务器上部署快速的闪存盘和大容量传统机械磁盘，多套单元设备可以通过网络聚合，实现模块化的无缝横向扩展，形成统一的资源池。扩展方式变为横向增加节点。而传统架构下的数据中心依据各个设备区块资源的应用状态逐一升级设备，即通过单点的形式购买设备，各设备之间始终未能达到平衡。超融合架构与传统架构的可扩展性的对比如图 3.30 所示。超融合架构在可扩展性方面的优势依旧来源于分布式存储架构。

	超融合架构	传统架构
扩展模式	可扩展硬盘和节点，在同一存储下扩展	增加独立磁盘冗余阵列扩展柜，形成新的存储池
容量和性能扩展	都可在线进行线性扩展	线性扩展能力有限
数据自动负载均衡	支持	不支持
超融合架构的优势	扩展能力强　扩展简单快速　系统复杂度不会随之扩展	

图 3.30　超融合架构与传统架构的可扩展性的对比

2. 超融合架构的部署运维更简单

超融合架构融合了服务器、存储和网络资源，采用开箱即用的部署方式，大大简化了规划、连接、配置等复杂的管理操作。部署完成的交付时间可以从过去的十几天缩短到现在的一两天。超融合架构与传统架构的部署运维的对比，如图 3.31 所示。

	超融合架构	传统架构
存储网配置	简单	划分Zone等复杂操作
规划和划分独立磁盘冗余阵列	无	需要
独立磁盘冗余阵列初始化	无	至少一天
管理界面	多个/一个	多个
硬件	标准、简单	专用、复杂
部署时间	半天	至少一周
硬盘和节点故障	自动恢复	及时更换硬盘或控制器
扩容	简单快速	复杂、手动均衡

（产品维护周期）

图 3.31　超融合架构与传统架构的部署运维的对比

3. 超融合架构的可靠性更高

通过全部功能组件的软件定义，企业级云实现了与硬件无关的分布式架构，硬件故障不会影响业务。衡量架构可靠性的 3 个主要标准如下：系统的冗余度，即最多允许几个硬件损坏；出现故障后是否可以完全自动恢复；恢复速度和时间，因为系统处于降级状态时比较危险，所以故障窗口越小，出现整体故障的可能性越小。超融合架构与传统架构的可靠性的对比，如图 3.32 所示。

	超融合架构	传统架构
数据冗余模式	跨节点 2/3 副本	独立磁盘冗余阵列 5/6
冗余度	最多允许 2 个节点（3副本）损坏	一个控制器
管理的力度	以卷为单位选择 2/3 副本	以独立磁盘冗余阵列组为单位
热度	利用已有空间自动处理	需要热备盘人工更换
数据恢复量	仅恢复写入数据	全盘恢复
恢复速度	多节点读出，多节点写入速度取决于节点数每个节点的数据传输速度为 100 MB/s	多硬盘读出，单硬盘写入 SAN 附接存储盘的数据传输速度为 60 MB/s
超融合架构的优势	故障窗口短，数据丢失风险小，对业务影响时间短自动化程度高，维护简单	

图 3.32　超融合架构与传统架构的可靠性的对比

4. 超融合架构的随机性能更高

超融合架构在性能方面的优势也非常明显，多节点并发和性能扩展来自分布式存储，而数据本地化是超融合架构独有的。尽管传统架构存储也会使用 SSD，但双控无法充分发挥 SSD 的性能。图 3.33 所示为超融合架构与传统架构的随机性能的对比。

	超融合架构	传统架构
性能节点	根据服务器节点数量多节点并发	以双控为主
性能扩展与最大性能	性能可扩展最大可为百万级	一般在十万级，不易扩展高端设备非常昂贵
是否需要占用计算资源	需要	不需要
数据路径	读本地化更高 IOPS 和更低延迟写通过存储网络实现	读写都要通过存储网络实现
SSD 缓存	必选	可选但无法充分发挥其功能
超融合架构的优势	每个节点的随机性能高，延迟低可扩展至更高聚合性能	

图 3.33　超融合架构与传统架构的随机性能的对比

5. 超融合架构的性价比更高

采用超融合架构，用户的整体拥有成本将明显降低。利用超融合设备，可以快速搭建出一个数据中心，同时让客户的搭建过程更方便。客户不需要再调研基础设施，只需了解自己的需求和超融合设备，就能快速实现搭建。在应用方面，大大节省了企业的成本。

3.6.5　基于 OpenStack 的超融合架构

OpenStack 使用 Ceph 作为统一存储方案实现超融合架构。

1. Ceph 系统架构简介

Ceph 是一个可靠、自动重均衡、自动恢复的分布式存储系统，根据场景可分为三大部分：对象存储、块设备存储和文件系统服务。在虚拟化领域中，比较常用的是 Ceph 的块设备存储。在 OpenStack 项目中，Ceph 的块设备存储可以对接 OpenStack 的 Cinder 后端存储、Glance 的镜像存储和虚拟机的数据存储。Ceph 集群可以提供一个 RAW 格式的块存储作为虚拟机实例的硬盘。

如图 3.34 所示，Ceph 的系统架构由 3 个层次组成。底层也是核心部分，是可靠的、自主分布式对象存储（Reliable Autonomic Distributed Object Storage，RADOS）系统。第二层是 Librados 库，用于本地或远程通过网络访问 RADOS 系统。最上层是 Ceph 的 3 种不同形式的存储接口：对象存储接口、块存储接口和文件系统接口。文件系统的元数据服务器（Meta Data Server，MDS）用于访问元数据。数据直接通过 Librados 库进行访问。

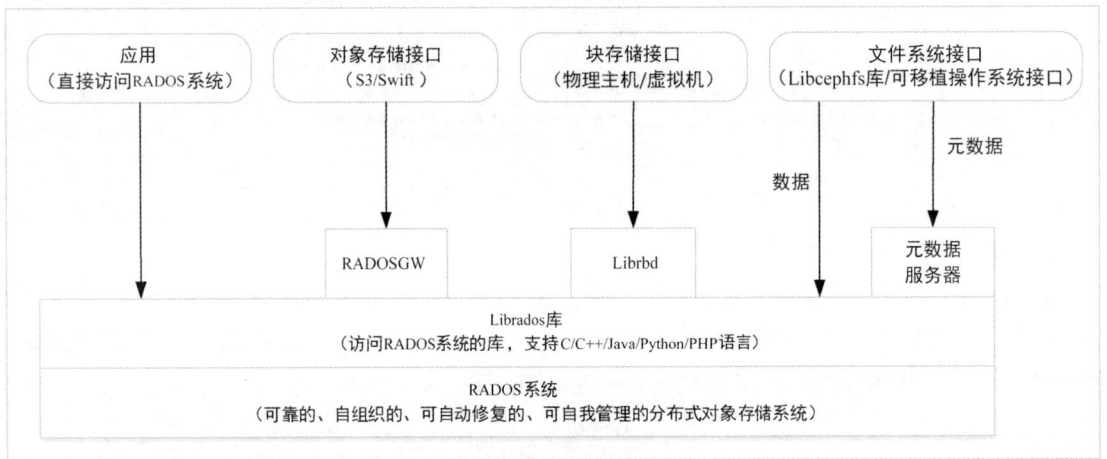

图 3.34　Ceph 的系统架构

RADOS 系统主要由两种节点组成：一种是负责完成数据存储和维护功能的对象存储设备（Object Storage Device，OSD），另一种是若干负责系统状态检测和维护的监控器（Monitor）。RADOS 系统的基本组成如图 3.35 所示。

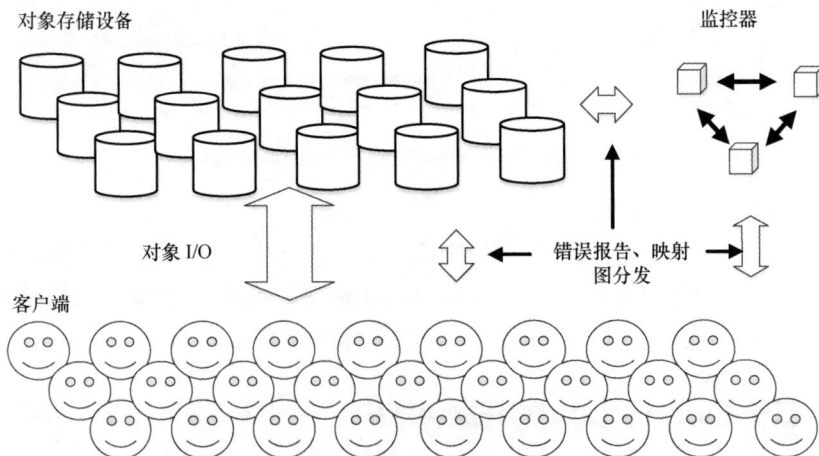

图 3.35　RADOS 系统的基本组成

Ceph OSD 的主要功能是存储数据、复制数据、平衡数据、恢复数据，以及与其他 OSD 间进行心跳检查等，并将一些变化情况上报给 Ceph Monitor。一般情况下，一块硬盘对应一个 OSD，由 OSD 来管理硬盘存储，当然，一个分区也可以成为一个 OSD。

Ceph OSD 的架构实现由物理磁盘驱动器、Linux 文件系统和 OSD 服务组成。伴随 OSD 的另一个概念称为日志盘（Journal），一般写数据到 Ceph 集群中时，是先将数据写入日志盘，隔一段时间（如 5 秒）再将日志盘中的数据刷新到文件系统中。为了使读写时延更小，日志盘通常采用 SSD，一般分配 10 GB 以上空间。Ceph 引入日志盘的概念是因为日志盘允许 OSD 功能迅速进行小的写操作；随机写入操作首先将数据写入连续类型的日志，然后将其刷新到文件系统中，这给文件系统足够的时间来合并写入磁盘。使用 SSD 作为 OSD 的日志盘可以有效缓冲突发负载。

Ceph Monitor 负责监视 Ceph 集群，维护集群的健康状态，以及集群中的各种映射图（Map），如 OSD Map、Monitor Map、PG Map 和 CRUSH Map，这些映射图统称 Cluster Map。Cluster Map 是 RADOS 系统的关键数据结构，用于管理集群中的所有成员、关系、属性等信息以及数据分发。当用户需要存储数据到 Ceph 集群时，OSD 需要先通过 Monitor 获取最新的映射图，再根据映射图和对象 ID 等计算出数据最终存储的位置。

2. Ceph 与 OpenStack 的整合

通过整合，Ceph 作为 OpenStack 的后端存储，可以实现超融合架构。涉及存储的部分主要包括块存储服务模块、对象存储服务模块、镜像管理模块和计算服务模块，对应 OpenStack 中的 Swift、Cinder、Glance 和 Nova 这 4 个项目，如图 3.36 所示。

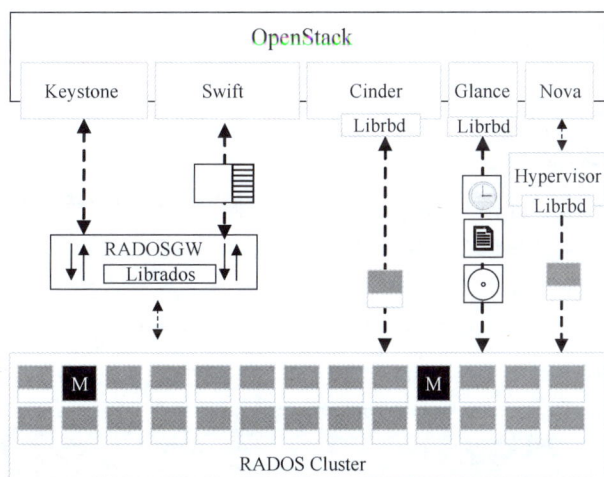

图 3.36　OpenStack 与 Ceph 的整合

Ceph RBD 块存储以独立卷的方式挂接到 OpenStack Cinder 模块，主要用作数据盘。这种方式主要通过 Cinder Driver 实现，删除虚拟机时，卷依然存在。Nova 对接 Ceph 时，Ceph RBD 块存储卷需要与虚拟机绑定，所以删除虚拟机时，卷也被删除，一般用作启动盘。Ceph 还可以和 Glance 对接用于镜像卷。Keystone 作为 OpenStack 对象存储 Swift 的认证模块，支持 Ceph 通过 RADOSGW 认证，为 OpenStack 提供 Swift 存储服务。

3.7 总结

本章首先对云计算的 IaaS 服务模式进行了全面介绍,在讲解 IaaS 服务模式基本概念的基础上,详细讨论了 IaaS 的基本功能,并描述了 IaaS 的 3 层架构;其次,对虚拟化技术进行了初步介绍,并阐述了服务器虚拟化对云计算的重要性;再次,对 OpenStack 平台的核心技术和实现机制进行了讲解;最后对新一代 IaaS 云平台技术——超融合架构的本质、发展动力和优势进行了介绍,并描述了基于 OpenStack 实现超融合架构的方法。

习题

1. 简述 IaaS 的基本功能。
2. IaaS 平台的整体架构分为哪几层? 每层的主要功能是什么?
3. 什么是寄宿虚拟化? 什么是原生虚拟化?
4. 服务器虚拟化的关键特性有哪些?
5. 简述 CPU 虚拟化的实现原理。
6. 什么是内存的逻辑地址、"物理"地址和机器地址?
7. 什么是影子页表法? 什么是页表写入法?
8. 什么是网络虚拟化?
9. 什么是实时迁移? 实时迁移的应用场景有哪些?
10. 简述虚拟化技术与云计算的关系。
11. OpenStack 有哪些核心项目?
12. 描述 Nova 的逻辑架构。
13. 在 OpenStack 中,计算节点、网络节点、存储节点和控制节点的功能分别是什么?
14. 在 OpenStack 中,有哪 3 种网络?
15. 简述 Swift 的整体架构。
16. 什么是超融合架构? 与传统架构相比,超融合架构有哪些优势?
17. 简述 Ceph 存储系统的基本结构与特点。
18. 如何整合 OpenStack 与 Ceph 实现超融合架构?

第4章
PaaS服务模式

04

云计算系统架构的平台层是为应用服务提供开发、运行和管控环境（中间件功能）的层次。基础设施层要解决的是 IT 资源的虚拟化和自动化管理问题，而平台层需要为某一类应用提供一致、易用且自动的运行管理平台及相关的通用服务。在云计算系统架构中，平台层位于基础设施层与应用层之间，为应用提供共享的、按需使用的服务和能力。

平台层的功能以服务的形式提供给用户，可以作为应用开发、测试和运行管理的环境，即 PaaS。PaaS 是云计算平台层的外在表现形式，是云计算平台提供的一类重要功能集合。

本章首先阐述 PaaS 必须满足的基本需求和支持的基本应用类型，从而使读者对 PaaS 的功能特征有清晰的了解。然后介绍实现 PaaS 的重要技术，这些技术是针对 PaaS 的功能和使用方式专门设计的。目前被广泛认可的云平台服务主要针对两类应用形式：一类是 Web 服务，通过快速的请求/响应方式进行交互（称为事务处理类）；另一类是数据分析服务，通常处理大量数据，需要较长的处理时间和巨大的数据空间（称为数据分析类）。最后，通过实例剖析面向这两类应用的 PaaS 实现要点。

【 技能目标及素养目标 】

- 具备理解 Cloud Foundry 工作原理的能力
- 具备理解 HDFS 工作原理的能力
- 掌握运用 MapReduce 框架编写大数据处理的方法

- 培养创新精神
- 培养大数据思维
- 培养专业素质

4.1 PaaS 服务模式概述

在云计算的多层架构中，需要一个层次既屏蔽下层物理设备的多样性，又支持上层应用的多样性。PaaS 平台通过一系列面向应用需求的基本服务和功能提供应用运行管理的基础，同时屏蔽了基础设施层的多样性，可以运行在多样的基础设施层之上。对于大规模不断演化的系统而言，这样的架构选择具有普遍性，既提供一定的稳定性，成为支持演化的内核，又通过模块和层次化为各个子模块的独立演化提供支持。

4.1 PaaS 平台概述

4.1.1 驱动力

PaaS 作为云计算中一类重要的服务模式，有其深刻的商业和技术背景。从商业角度讲，随着

各类网络应用和服务的发展，其规模和复杂度都有了质的变化。这使得应用的快速开发、部署及管理的过程简化和自动化成为必要。从技术角度讲，计算基础设施的发展、SOA和虚拟化技术的广泛应用使得实现集中式、统一的应用运行和管理平台成为可能。

进入21世纪后，基于Web应用的电商平台成为软件开发的主流，运行在企业内部和互联网上的应用，无论是复杂度、类型还是规模，都显著增长。企业越来越需要依赖高效的IT系统和各类应用来支撑其业务。因此，企业必须寻求新的IT系统及应用运作方式，以降低在软件和硬件采购及维护、管理方面的大量成本投入。另外，随着企业业务的发展和创新，快速开发、上线新业务和应用成为保证企业竞争力的重要手段。企业应用的多样性和灵活性，以及对应用高可用性和可靠性的要求，促使企业寻求新的应用开发和运行方式。PaaS为企业在这方面的需求带来了高效的解决方案。

在云计算的架构中，IaaS通过基于共享和虚拟化的服务提供计算能力、存储能力和网络能力。共享和服务的概念也可以适用于应用上，为应用的开发、运行和管理提供统一的环境及平台，这类似于将中间件的概念推广到云计算的架构中。

从分布式计算系统的发展历程来看，中间件技术的出现主要是为了对分布式应用共同面对的通用性问题进行抽象，屏蔽其具体的实现细节，提供标准化的接口供上层应用调用，以简化应用的开发和管理。

同样，在云计算的大框架下，PaaS对以上问题进行了进一步的抽象。通过对云应用进行分类，总结并剥离相关应用的共性问题，由专业人士开发出专业的解决方案，并以服务的方式提供给应用开发者使用。由专业人士开发和维护的中间件与企业自己独立实现的中间件相比，在功能、性能和成本各方面都更好、更节省。因此，在中间件基础上进一步简化开发和管理过程而提供一组服务，即PaaS，可以提高应用的灵活性，降低运行管理的开销。

PaaS包括一系列的平台软件和基本服务。PaaS的提供商在平台软件和基础服务的实现上具有多样性，各自针对用户对平台的一类或几类特定需求和使用方式进行实现。根据所针对的应用类型，PaaS在理念、客户定位和实现方式上也会存在差异。例如，GAE预先定义了应用运行环境，并提供API与应用进行交互，应用通过相应的编程接口来调用平台层的功能，从而实现应用的功能和运行管理。

通常，企业客户维护着大量现存的应用。企业可以考虑将这些应用迁移到云计算的平台层上，或者保持维护现有应用，从而将新的应用运行在云计算的平台层上。对于前一种选择，企业需要考虑向云计算平台迁移转型的成本；对于后一种选择，企业需要考虑如何实现两类系统的有效集成。云计算平台的提供商需要考虑如何有效地平衡用户这两个方面的需求。这两个方面的需求将影响平台层的功能、实现方式和推广模式。PaaS技术的发展将会更加贴近客户的多样化需求。

4.1.2 主流类型

在开发各种基于网络的应用时，通常会将这些应用中的共有部分或所需功能抽离出来作为基础服务，以供系统编写和运行，从而降低应用创建和运维的复杂性。这一系列应用所需的基本功能即平台层提供的服务。

当前，在PaaS上运行的应用主要分为两类：一类是Web服务，其PaaS平台架构如图4.1所示；另一类是数据分析服务，其PaaS平台架构如图4.2所示。前一类应用主要通过浏览器访问，采用请求/响应方式进行交互，称为事务处理类应用。事务处理类应用的要求主要包括快速响应、高可用性、高并发等。后一类应用主要对大量的数据进行分析处理，称为数据分析类应用。数据分析类应用的主要要求包括强大的计算能力和存储能力，对实时性要求不高，数据处理完毕，任务即结束。针对这两类应用，PaaS 根据应用特点有专门的设计，这将在后面详细介绍。

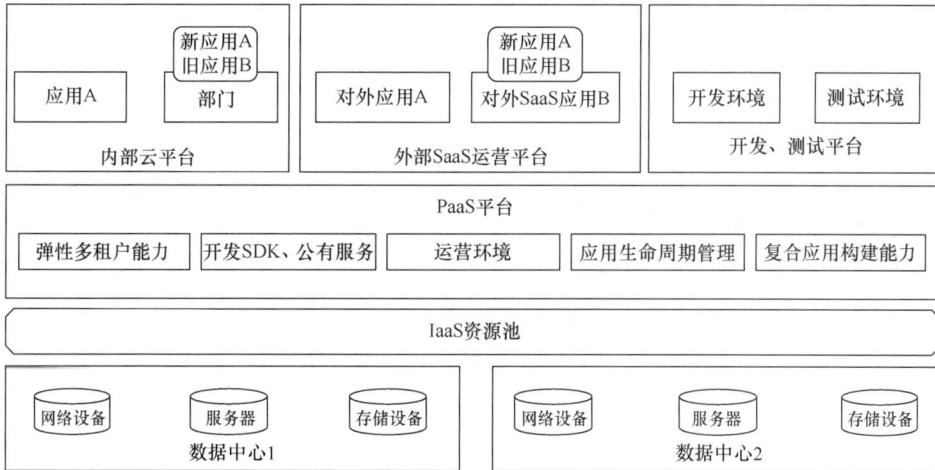

图 4.1　Web 服务类的 PaaS 平台架构

　　根据应用类型，PaaS 通过编程模型和接口与应用进行交互。针对事务处理类应用，PaaS 既支持标准编程模型，又支持自定义编程模型。基于标准编程模型可以降低用户的使用门槛，使得已有应用系统更容易迁移到云平台上，例如，在 GAE 中，可以直接使用 J2EE 模型进行 Web 编程。某些 PaaS 为了更好地解决云计算中的某类特殊问题而采用了自定义编程模型，例如，Force.com 为了更好地支持多租户技术，自定义了 Apex 编程模型。对于数据分析类应用，PaaS 支持通用的 MapReduce 模型。

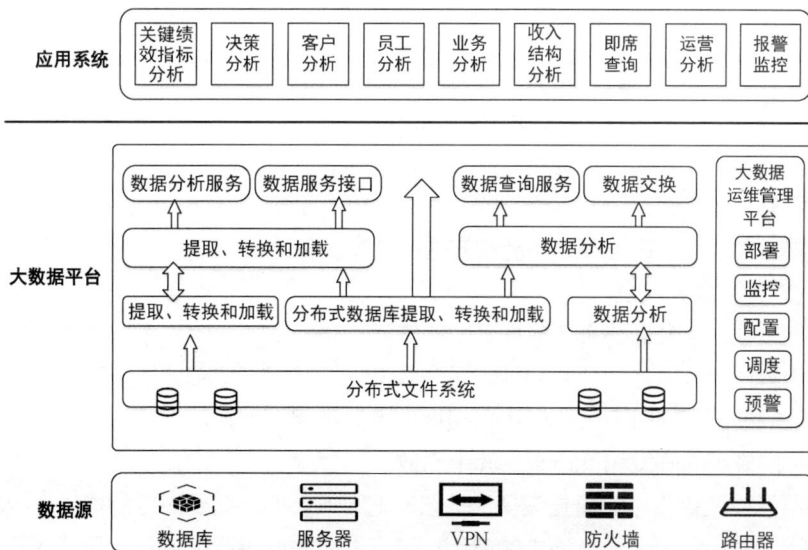

图 4.2　数据分析服务类的 PaaS 平台架构

作为支持某种类型应用的通用基础功能的集合，PaaS 的类型及功能也会随着应用的发展而变化。例如，支持大规模网络游戏的基础平台、支持社交网络的平台，或面向大规模数据存取操作的半结构化数据存储和非关系型数据查询平台，都可能或正在发展形成新型的 PaaS 类型。可以预见，随着市场规模的扩大和市场细分的深化，PaaS 的种类及提供 PaaS 的厂商将会不断增加。这会进一步丰富云应用的类型和开发实现方式。

4.1.3　功能角色

1. 共享的中间件平台

在架构层次上，为了有效支撑大量应用实例的运行管理，平台层作为中间件平台，将应用运行所需的资源和服务集中并共享。在传统中间件环境中，考虑到应用的性能和可靠性，通常用户需要为每个应用维护一套单独的环境，除了硬件平台外，还需要有专门的运营团队来选型、部署和配置中间件等。此外，为了保证应用的可靠性和应对突发负载，往往需要准备额外的软件和硬件资源。

PaaS 将这种传统的静态、独享中间件平台转变为动态、共享的中间件平台。每个应用将在云平台上进行统一管理和运行。平台层不仅提高了资源利用率，还通过共享应用和平台的概念及功能，进一步简化了应用与平台的运营和管理，如图 4.3 所示。

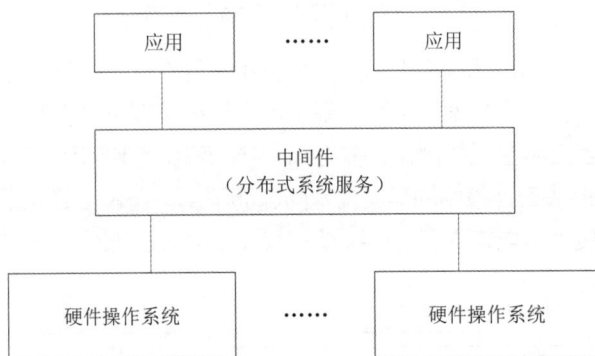

图 4.3　PaaS 作为共享的中间件平台

PaaS 将"共享"扩展到更大的范围。与基础设施层共享的对象不同，PaaS 共享的是应用运行所需的资源和基础功能。PaaS 通过动态资源调度实现计算资源在不同应用之间的共享和按需供给；通过基础服务（如流量平衡器、专门的消息服务机制）实现不同应用之间的基础功能共享；通过统一的管理平台实现应用运维管理功能和方法的共享。

2. 集成的软件和服务平台

从功能特征来看，平台层整合了各种不同的软件和硬件资源，向应用提供统一的资源和功能。通过整合，应用运行所需的各种资源和基础功能以统一的编程模型和调用接口提供给应用使用，应用无须关注底层的细节。同时，PaaS 平台根据支持的应用类型，可以精心选择和优化提供给应用的资源及服务，使应用的开发和运行更为简单高效。

如图 4.4 所示，PaaS 可能建立在多个基础设施服务之上，需要对应用提供一致的、单一的基础设施视图。PaaS 还需要为云环境中的应用提供开发、测试和运行过程中所需的基础服务。平台层除了提供 Web 服务器、应用服务器、消息服务器等传统中间件外，还需要提供其他相关的管理支撑服务，如应用部署、性能管理、使用计量和计费等。此外，云应用本身可能会集成来自不同云服务提供商的功能或服务，这些也需要平台层提供相应的跨平台使用服务的支持。

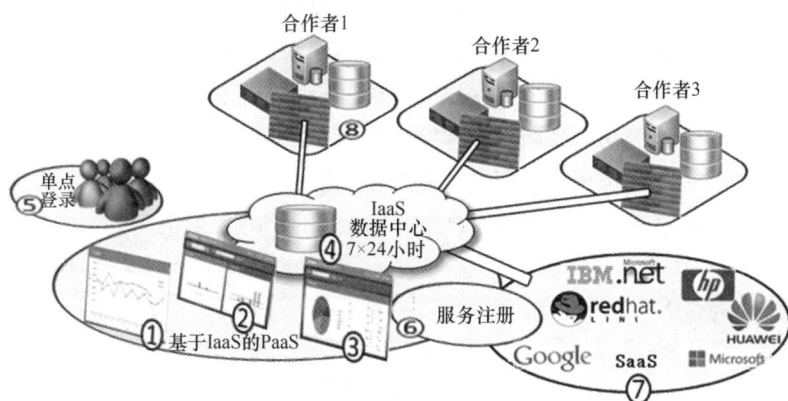

图 4.4　PaaS 作为集成的软件和服务平台

例如，一个企业可能将其应用运行在企业内部建设的 PaaS 上，将客户信息保存在企业内部数据库中，将非敏感信息（如产品手册和图片等文件）直接存储在 Amazon S3 上，以节省存储服务器的采购成本。为了方便与客户交流，该应用甚至可能直接集成 Microsoft Live 服务。为了支持这些功能需求，PaaS 应该提供一致的访问接口和编程模型，使应用通过简单的接口调用即可获得相应功能，无须单独与各服务交互。例如，上层应用通过 PaaS 提供的统一接口对本 PaaS 内部的数据和存储在 Amazon S3 中的数据进行透明访问。

3. 虚拟的应用平台

从使用模式来看，作为应用运行管理环境，PaaS 突破了物理资源的限制。在应用看来，PaaS 是一个按需索取、无限可扩展的虚拟平台，如图 4.5 所示。PaaS 作为云应用的运行环境，云应用通过 PaaS 提供的 API 按需获取运行所需的各种虚拟资源和能力。一般来说，资源的获取是动态且即时的。例如，平台层根据应用的负载起伏，动态估算所需的计算和存储资源，并按照 SLA 按需提供资源。从自动化角度来看，PaaS 的基本目标是使应用专注于用户的功能需求，而平台自动满足应用的非功能性需求及管理需要，如负载均衡、自动扩展等。

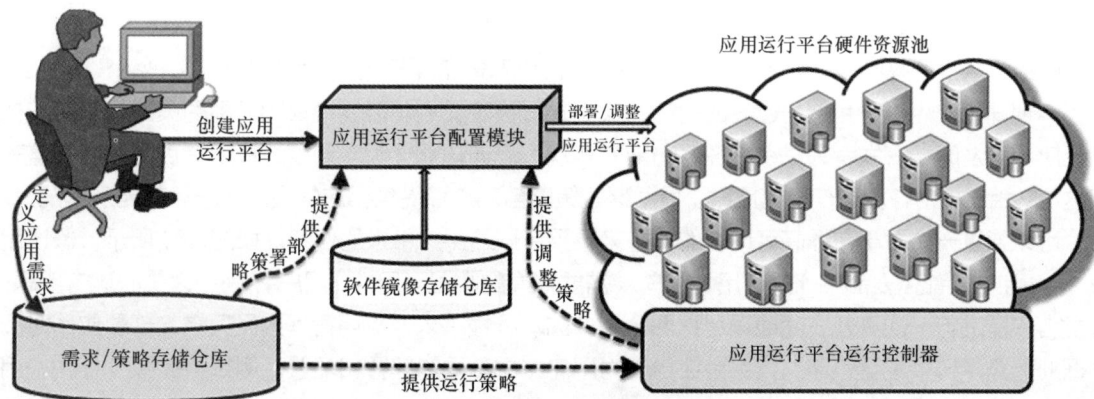

图 4.5　PaaS 作为虚拟的应用平台

在传统应用开发中，用户需要花费大量时间和精力进行中间件的选型、定制和部署。在 PaaS 平台上，这部分工作将由 PaaS 平台根据应用的需求和特点自动完成。例如，在 GAE 和 Force.com 这样的 PaaS 平台上，用户不再需要手动选择 Web 容器和数据库产品，以及选择和扩展所需的管理功能。用户更多的是根据应用特点，指定和配置应用参数，如服务质量（Quality of Service，QoS）需求、伸缩策略或部署方式等。平台层可以根据应用的相关配置自动提供支撑应用的软件和硬件资源，并在运行时进行自动负载均衡、伸缩控制和 SLA 优化等。

总之，PaaS 平台针对的是有效并自动管理大量应用的需求。PaaS 平台的功能和结构设计必须满足这些需求。下面将从功能和技术角度介绍平台层如何满足这些需求。

4.2 核心系统

一般来说，一个平台只能高效、方便地支持某类应用。在当前的 IT 实践中，存在大量不同类型的应用，因此，从用户的观点来看，不同的 PaaS 平台之间也存在巨大的不同。然而，在实现 PaaS 平台的过程中，会发现 PaaS 平台作为一个系统，其中的功能和模块大致分为两类：一类是 PaaS 平台的核心系统，包含 PaaS 平台的一系列本质特征，各种 PaaS 平台中都有这些特征的实现；另一类是 PaaS 平台的扩展系统，主要包含针对其支持的应用类型所需要的功能，如 GAE 作为支持事务型 Web 应用的 PaaS 平台，就包含了数据访问和缓存的相应模块。本节讨论 PaaS 平台的核心系统。

4.2.1 简化的应用开发和部署模型

IT 应用的需求一般分为两个方面：与业务相关的功能性需求，以及诸如安全性、可靠性及服务质量等非功能性需求。应用的开发阶段主要考虑功能性需求，运行阶段主要关注非功能性需求。不同的应用在非功能性需求方面具有一定的相似性，为了满足这些非功能性需求，人们通常会总结出一定的功能模块和模式。例如，在不同 Web 2.0 应用的高性能方案中，一般能发现诸如负载均衡、反向代理及数据缓存等模块。这些模块和模式是 PaaS 平台支持应用运行的基本方式。PaaS 平台的一个重要目标就是把业界在过去多年来在分布式应用中获得的经验总结起来作为服务提供给用户，使用户能够将更多的精力放到与业务相关的功能性需求上。

PaaS 平台的基本目的是进一步简化大量应用的开发、部署和运行管理过程。在 PaaS 平台上，为了实现简化应用开发和部署过程的目的，应用一般被定义为功能性模块和一系列策略的组合。在进行应用开发时，开发者只需考虑业务功能的实现；而非功能性需求通过选择所提供的策略配置来表达。PaaS 平台在具体部署应用时，根据这些策略自动选择提供相应的资源、服务功能及其配置。

可以通过一个关于数据高可用性的例子来看平台层给用户带来的便利。如图 4.6 所示，假设用户 A 和用户 B 都需要 CRM 的应用，用户 A 需要很高的数据可用性，用户 B 则不太关心这个问题。开发者只需进行一次开发，就能满足这两个用户的功能性需求，应用管理人员只需在部署应用时，根据业务需求选择配置策略，云平台会自动为用户生成不同的部署和配置。例如，在图 4.6 中，用户 A 的高可用性需求通过主从方式的商业数据库来满足，而用户 B 的数据可用性配置为开源数据库的定期备份。

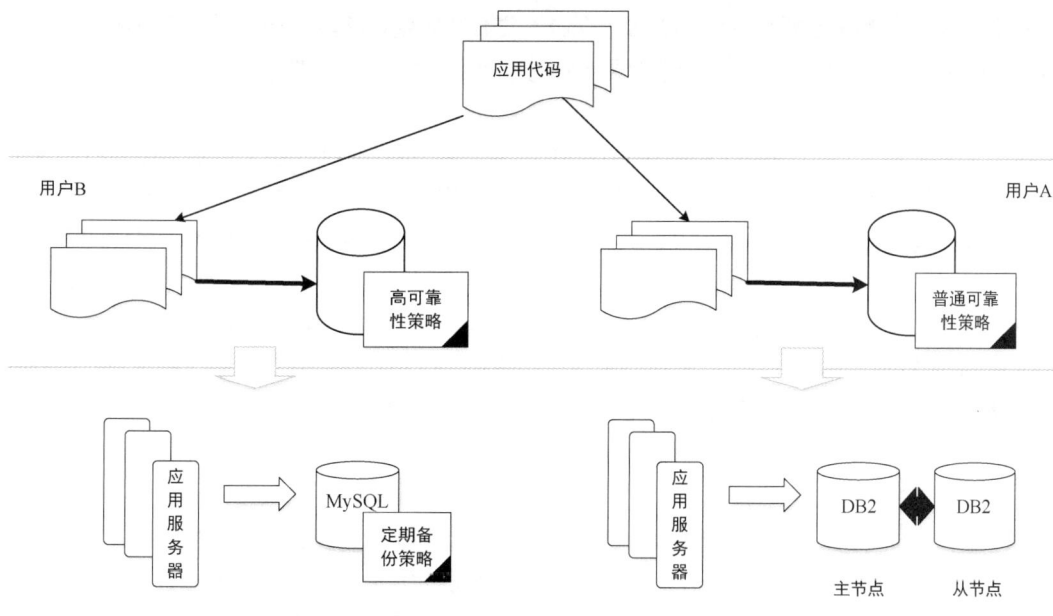

图 4.6　实现数据高可用性的 PaaS 平台

　　一般来说，传统的中间件能够提供连接性，并在一定程度上支持功能性与非功能性需求的分离。在 PaaS 平台上，这种分离变得更为彻底、更为智能化。应用管理无须考虑应用的资源容量需求，而仅需配置所需的服务性能策略；应用需要的资源由 PaaS 平台自动按需供给，无须预先准备好。这实际上是 PaaS 平台充分利用 IaaS 平台提供的无限虚拟资源和动态资源调度特性带来的优势。进一步来说，应用所需资源策略的实现还可以随着时间推移不断改进，这些改进可以提高应用的性能和资源利用率，但应用无须感知策略实现的内部变化，也不需要做任何改变。

　　总之，PaaS 平台在传统功能性需求和非功能性需求分离的基础上，将非功能性需求的实现以服务的方式提供给应用开发者使用，并且利用 IaaS 平台的功能实现应用资源的自动按需供给。因此，PaaS 平台使得应用开发更加简单，应用运行更加自动化。

4.2.2　自动资源获取和应用激活

　　为了支持应用运行，平台层需要为应用分配相应的资源，包括计算资源、网络资源和存储资源。PaaS 平台可以建立在 IaaS 平台之上，通过调用 IaaS 平台的功能和接口获得相应资源并分配给应用，也可以直接实现基础设施管理功能，而无须抽象出单独的 IaaS 平台。

　　PaaS 平台对应用所需资源的管理分为两个方面：在应用部署上线时进行初始资源的分配，以及在应用运行过程中根据性能要求动态调整资源。前者根据应用的初始配置元数据决定资源的种类和数量；后者则根据应用的运行负载变动和性能目标采用动态模型计算所需资源的种类和数量。

　　提交给 PaaS 平台的应用分为满足功能性需求的代码模块和满足非功能性需求的策略两个方面。PaaS 平台首先根据应用这两个方面的需求计算出支持该应用所需的资源类型、配置模式和数量，如虚拟机数量及其 CPU、内存配置，以及所需的各类中间件、功能软件、网络连接和存储空间等。具体而言，就是为应用创建虚拟服务器，包括服务器上的软件栈和相应配置。

配置好运行所需的各类资源后，PaaS 平台需要激活应用，使其运行并提供正常运行的功能。应用激活包括配置与激活 IaaS 平台的资源、配置与激活 PaaS 平台的功能和服务，以及启动应用层的功能和配置。

为了激活应用，PaaS 平台首先需要解析并支持资源之间的依赖关系。在定义应用时，无须考虑下层资源和基础服务的关系与结构，以及这些资源和服务实例的具体配置。应用涉及的各功能模块之间一般通过逻辑关系连接。PaaS 平台在激活应用时，需要将这些逻辑连接与具体实现实例的细节和配置相关联。例如，PaaS 平台的应用在定义时，指定功能模块 A 与功能模块 B 分别访问不同的数据库，以逻辑名数据源 A 和数据源 B 表示。在资源分配过程中，PaaS 平台将数据源 A 和数据源 B 分别实例化为不同的虚拟机及数据库。在应用激活过程中，PaaS 平台分别配置功能模块 A 和功能模块 B，使应用服务器与数据库服务器之间使用不同的数据连接实例、数据源 IP 地址和名称等。

在应用部署过程中，可能未指定某些在应用实例化时必须存在的功能模块。例如，一个应用服务器从单个变为多个时，需要在前端添加负载均衡器，或在配置数据高可用性时，需要多个数据库实例并配置为主从关系。这些根据应用部署情景即时添加的模块是应用激活时需要关注的。

除了解析并实现资源之间的依赖关系外，在应用正式运行前，还需要对资源进行一系列配置和初始化工作。一般而言，在资源分配阶段建立的软件栈中，各软件资源都只包含默认配置。而不同的应用需要不同的软件配置，如针对不同性能需求配置不同大小的连接池，或指定不同的缓存失效时间等。此外，平台层还需对某些软件资源进行一系列初始化工作，如在数据库服务器实例上为应用创建相应的数据库和表格，或从其他数据源导入数据等。

PaaS 平台的一个基本特点是资源分配和应用激活的自动化操作。应用管理人员提交应用并指明所需配置策略后，PaaS 平台能够自动解析应用配置，将其转化为对应的资源分配和配置选项，并通过调用 IaaS 平台接口实现资源分配，通过其自身或应用提供的配置工具实现应用从虚拟服务器到中间件再到应用自身的配置和启动。

4.2.3 自动的应用运行管理

在传统中间件环境中，需要专门的应用运营管理团队进行部署、配置和运维管理。这个过程通常比较长，需要选择数据中心、规划网络连接、购买服务器、安装操作系统和中间件，并根据应用需求进行配置等。如果应用需求发生变化，无论是应用升级，还是根据性能要求等非功能性需求更改应用部署和配置，都需要复杂的计划和实施过程。这一过程涉及软件和硬件的多个层次，因此需要相关人员具备大量专业技能和知识。应用运维管理是企业 IT 支出中非常重要的一部分，许多企业需要设置专门的团队来负责这项任务。因此，简化应用的运维管理是 PaaS 的基本要求之一。

实际上，从应用的角度来看，企业关注的是应用功能及其正常运行。为了保障应用正常运行，企业需要管理好应用运行的整个软件和硬件环境。而 PaaS 提供了应用运行环境和应用自身的分离，应用运行所需的资源、基础服务和管理操作都由 PaaS 平台负责，并通过一系列技术实现自动化操作。在 PaaS 平台上，企业只需关心应用功能，监控应用运行是否达到要求，而无须关心如何准备各种资源和条件来确保其正常运行，这些由 PaaS 平台负责。

为了实现以应用为中心的管理模式，PaaS 平台为用户提供以应用为中心的逻辑视图，即展示应用逻辑层次上的功能模块，以及通过属性和策略表达的非功能性约束。用户通过应用逻辑视图管理应用，如监视应用性能、更改应用属性和策略等。PaaS 平台则动态调整应用所需的资源和管理策略，以保证达到应用管理人员设定的性能及其他要求。以应用为中心的管理方式是 PaaS 简化应用管理的基本思路。通过逻辑性策略表达用户的非功能性需求，消除了用户对特定中间件的技能需求，进一步简化了应用部署和管理工作，降低了成本。

可以通过比较应用运行时的可靠性和伸缩性来体现 PaaS 相较于传统中间件环境中管理方式的优势。在传统中间件环境中，为了保证应用运行时的可靠性和伸缩性，除了在部署阶段对应用进行支持（如数据库的主从配置）外，还需要在应用运行时付出大量人力。一般来说，在传统中间件环境中，应用的运行状态（如中间件实例的数量、每个实例的具体配置）对于管理人员来说都是可见的。管理人员需要随时监视应用（及中间件）的运行状态，判断是否存在节点失效或负载过高等异常情况。一旦异常发生，管理人员需要根据事先制定的工作流程启动备用服务器，运行相应的管理脚本进行配置和初始化等。在这个过程中，应用可能会受到一定影响，如系统扩容可能需要停机维护。

在 PaaS 平台中，这一系列工作由 PaaS 自动完成。用户在部署应用时，只需指定相应的可靠性和自动伸缩策略，PaaS 平台会自动跟踪和管理应用运行状态，并调整资源供给以满足策略要求。例如，当 Web 服务器负载过高时，PaaS 平台会从 IaaS 平台申请新的虚拟机运行 Web 服务器实例，并根据应用属性进行相应配置。这些动态变化在应用逻辑视图上对管理人员来说是完全透明的。

除了向应用管理人员提供应用逻辑视图外，PaaS 还在逻辑视图上加载了适当的管理操作接口，形成一致的集成管理视图。集成管理视图既展示了应用运行信息，又提供了管理人员可以使用的管理操作，使以应用为中心的管理更为直观和简化。一方面，管理人员可以在同一个管理控制台中获取来自不同层面的管理信息；另一方面，这些应用运行信息通过以应用为中心的方式展现，如整个应用的并发请求数量或平均响应时间等，而不是某个具体中间件实例的负载状况。在传统中间件环境中，管理人员直接使用不同中间件和系统管理工具，直接管理每个中间件实例及对应的运行环境，这往往是一个手动使用分散管理工具和人力介入决策的过程。在 PaaS 平台中，管理人员可以将精力集中在与应用相关的监控和管理上。

在实际运行中，PaaS 平台会收集基础设施层和平台层上的各种运行状态信息，如每个虚拟机的 CPU 和内存使用情况、每个中间件实例的运行状态，以及每个应用的访问量和消息服务响应时间等。PaaS 平台对这些原始信息进行处理，以实现以应用为中心展示数据，并根据这些数据和应用配置策略进行相应的资源调整操作。当 PaaS 平台运行在不同 IaaS 平台上时，这些 IaaS 平台的差异也会被 PaaS 平台屏蔽，向应用管理人员展示一致的应用运行管理视图。

在传统中间件环境中，策略的实施往往针对某类资源单独进行，如网络配置或某类中间件的设置等。PaaS 平台提供了更加灵活的策略组合和集成的策略实施。根据应用运行动态，PaaS 平台可以实时调整提供给应用的各类资源。例如，在高负载情况下，为保证应用响应时间，通常需要在应用服务器和数据之间配置缓存查询数据，而这类缓存往往会提高应用运行成本。因此，管理人员可以配置 PaaS 平台根据应用性能和当前访问量自动启动或停止类似的数据缓存服务，以降低应用运行成本。

4.2.4 平台级优化

在 PaaS 平台中，优化工作分为两个层次：应用层次和平台层次。在应用层次上，PaaS 平台根据应用的性能和配置策略，动态调整应用使用的资源，确保在满足应用要求的前提下，提高资源利用率，降低运行费用。在平台层次上，PaaS 平台在保证各应用正常运行的基础上，通过资源共享和复用降低平台运行开销，提高运行效率。这两个层次的优化在目标、范围、手段和实施者等方面各不相同。

应用运行在 PaaS 平台上后，应用所有者不再拥有单独的软件和硬件平台，因此针对软件和硬件平台的优化工作也由 PaaS 平台来进行。在传统环境中，通常需要有经验的管理人员通过大量分析和观测才能形成合理的优化方案，实施优化也需要大量操作和时间。在 PaaS 平台上，这一系列工作都被简化了。PaaS 平台可以自动发现优化模式，并通过虚拟化能力自动、快速地实施优化，而不影响应用的运行。

同时，PaaS 平台在执行优化工作时，需要调用所依赖的层次（如 IaaS 平台）的功能和服务。PaaS 平台可以根据应用的策略及运行情况自动进行跨层次（PaaS 平台与 IaaS 平台）的优化和调整。例如，PaaS 平台可以根据应用不同组件之间的消息传递情况，将通信量高的组件通过迁移技术调整到物理上靠近的位置，甚至调整到同一台物理服务器上，以提高 I/O 效率。PaaS 平台还可以根据基础设施层提供的资源性能和价格差异，将应用部署或调整到相应的资源上，以优化应用的运行性能和成本。

PaaS 平台上运行着大量应用，平台对应用的规模和自动化程序的要求，使其优化工作面临巨大挑战。这是未来大规模分布式系统研究和实践的重要方面。

4.3 Cloud Foundry

Cloud Foundry 提供了云、开发者框架和应用服务，使构建、测试、发布和大规模部署应用变得更快、更容易。它是一个开源项目，可通过各种私有云发行版和公有云实例获得。Cloud Foundry 最初由 VMware 发起，得到了业界的广泛支持，使开发者能够更快和更容易地开发、测试、部署和扩展应用。

4.3 Cloud Foundry
介绍

4.3.1 Cloud Foundry 简介

Cloud Foundry 是 VMware 推出的业界第一个开源 PaaS 云平台，它支持多种框架、语言、运行时环境、云平台及应用服务，使开发者能够在几秒内部署和扩展应用，无须担心基础架构问题。从初始开发阶段到测试阶段再到部署阶段，Cloud Foundry 支持应用开发的完整生命周期，因此其作为持续交付的解决方案广受推崇。

Cloud Foundry 专注于为应用开发者和操作人员提供服务，集中了两项互补的开源技术：CF Application Runtime 和 CF Container Runtime，同时包括众多对这两项技术提供支持和扩展的项目。

CF Application Runtime 是一项以代码为中心的技术。它简化了整个开发生命周期，帮助开发者通过云原生应用实现业务现代化，超过 1/2 的世界 500 强企业在使用它。

CF Container Runtime 使容器的部署、管理和集成变得容易。它将最佳的容器编配器 Kubernetes 与 CF BOSH 的强大功能相结合，使得统一对高可用的 Kubernetes 集群进行实例化、部署和管理成为可能。

CF Application Runtime 和 CF Container Runtime 让用户拥有了强大的灵活性，使用户可以在选择的云上运行由任何语言或框架创建的应用，并为适当的任务选择适当的工具。凭借 Open Service Broker API，这一灵活性也扩展至服务，无论是使用 CF Application Runtime，还是通过 CF Container Runtime 使用与 BOSH 相结合的 Kubernetes 集群，用户都可以轻松集成应用运行所需的服务。

4.3.2　Cloud Foundry 的特点

Cloud Foundry 为开发者构建了具有足够选择性的 PaaS 云平台，使开发者只需关注创建应用，而非创建应用平台，从而免去为应用配置基础架构的成本和复杂过程。Cloud Foundry 可以方便地与其他云计算技术集成，满足开发者当前及未来的开发平台需求，支持灵活选择多种开发框架、编程语言、应用服务以及多种云部署环境，如图 4.7 所示。

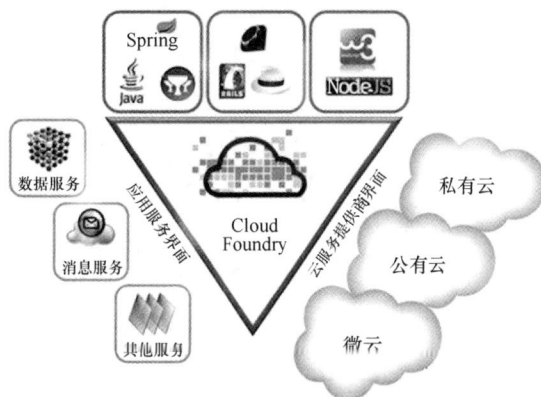

图 4.7　Cloud Foundry PaaS 平台

1. 任何应用程序

Cloud Foundry 基于容器架构，可运行任何编程语言的应用。开发者可以使用现有工具将应用部署到 Cloud Foundry，无须修改代码。可以在任何云上使用 Cloud Foundry BOSH 实例化、部署和管理高可用的 Kubernetes 集群。

2. 任何开发平台

随着云原生技术使用频率的增加，Cloud Foundry 具有很强的适应性，可以方便地与其他云计算技术协作运行，如容器、无服务器架构等。Cloud Foundry 能够承受技术的变化，用户可以随时采用新工具、新语言或新平台。

3. 任何云

由于应用与基础结构分离，用户可以自行决定在何处管理工作负载，如私有云、公有云或托管基础结构，并可以在几分钟内根据需要在这些环境中迁移，而无须对应用进行任何更改。用户可以方便、快速地将应用从一个云平台迁移到另一个云平台。

4. 获取服务

部署到 Cloud Foundry 的应用通过 Open Service Broker API 即可访问外部资源。

5. 集成

Cloud Foundry 不会中断用户当前的工作流，可兼容用户现有的技术和工具。无论是 AWS、Docker、Kubernetes、Java 还是.NET，Cloud Foundry 都可以兼容。

4.3.3 Cloud Foundry 的逻辑结构

Cloud Foundry 组件包括自服务的应用执行引擎、用于应用部署和生命周期管理的自动化引擎、CLI，以及与开发工具的集成以简化部署过程。Cloud Foundry 具有开放架构，包含用于添加框架的 Buildpack 机制、应用服务接口和云服务提供商接口（CPI）。Cloud Foundry 整体逻辑结构如图 4.8 所示。

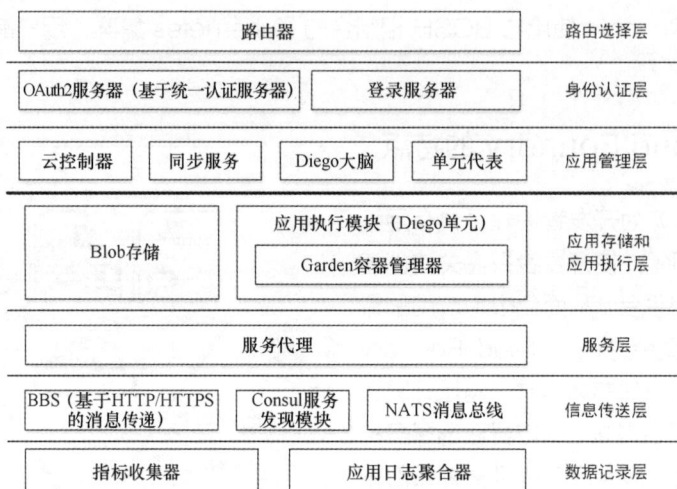

图 4.8 Cloud Foundry 整体逻辑结构

1. 路由选择层

路由器（Router）将传入的流量路由到适当的组件上，即云控制器（Cloud Controller，CC）组件或在 Diego 单元（Cell）上运行的托管应用。

路由器定期查询 Diego 电子公告板系统（Bulletin Board System，BBS），以确定每个应用当前运行的 Cell 和容器。使用这些信息后，Router 根据每个 Cell 所在虚拟机的 IP 地址和容器的主机端口号重新计算新的路由表。

2. 身份认证层

用户账户和认证（User Account and Authentication，UAA）是 OAuth2 开源方案的一个 Java 项目。OAuth2 服务器（基于统一认证服务器）和登录服务器一起提供用户身份管理。

3. 应用管理层

（1）**Cloud Controller 和 Diego 大脑（Brain）**。Cloud Controller 用于指导应用的部署。要将应用发布到 Cloud Foundry 上，首先需要确定 Cloud Controller，然后 Cloud Controller 通过 Cloud Controller Bridge（CC-Bridge）组件引导 Diego Brain 协调各个 Diego Cell 来划分和运行应用。

（2）**同步服务（nsync）和单元代表（Cell Reps）**。为了使应用可用，云部署必须不断监控其状态，将其与预期状态进行协调，并根据需要启动和停止进程。

Nsync 与 Cell Reps 组件一起工作，以保持应用的运行。用户扩展应用时，nsync 从 Cloud Controller 上收到消息，将实例数量写入 BBS 数据库的 DesiredLRP 中。

BBS 使用其 convergence 进程监控 DesiredLRP 和 ActualLRP 的值，启动或停止应用实例，

以确保 ActualLRP 数量与 DesiredLRP 数量匹配。Cell Reps 监视容器并提供 ActualLRP 值。

4. 应用存储和应用执行层

（1）**Blob 存储（Blobstore）**：这是大型二进制文件的存储库，如应用代码包、Buildpacks、Droplets 等。可以将 Blobstore 配置为内部服务器或外部 S3 或与 S3 兼容的端点。

（2）**Diego 执行单元（Cell）**：应用实例、应用任务和 staging 任务在 Diego Cell VM 上作为 Garden 容器运行。Diego Cell Reps 组件管理这些容器的生命周期，在其中运行进程，报告状态给 BBS，并将日志和指标发送给日志聚合器（Loggregator）。

5. 服务代理

服务代理（Service Brokers）应用通常依赖于数据库或第三方 SaaS 提供商等服务。当开发者提供服务并将其绑定到应用时，Service Brokers 负责提供服务实例。

6. 信息传送层

Cloud Foundry 组件在虚拟机内部通过 HTTP 和 HTTPS 通信，共享存储在两个位置的临时消息和数据。

（1）**Consul 服务**：用于存储较长期的控制数据，如组件 IP 地址和分布式锁，这些锁可防止组件复制操作。

（2）**BBS（Bulletin Board System）**：作为信息传送层的重要组件，BBS 负责存储和协调需要频繁更新的状态数据，如 DesiredLRP 与 ActualLRP、未分配任务和心跳消息等。BBS 使用 MySQL 数据库存储这些数据，并通过 convergence 进程定期比对 DesiredLRP 与 ActualLRP，确保两者一致。Cell Reps 会向 BBS 上报容器的运行状态。

（3）**NATS 消息总线**：将最新的路由表广播到 Router 的路径。

7. 数据记录层

（1）**应用日志聚合器（App Log Aggregator）**：将应用日志发送给开发者。

（2）**指标收集器（Metrics Collector）**：从组件收集指标和统计信息，操作人员可使用这些信息来监控 Cloud Foundry 的部署。

Cloud Foundry 使用 GitHub 上的 git 系统实现对源代码、buildpack、文档和其他资源的版本控制。平台上的开发者也可以使用 GitHub 进行自己的应用开发、自定义配置和其他资源管理。为了存储大型二进制文件（如 Droplets），Cloud Foundry 维护了一个内部或外部的 Blobstore。为了存储和共享临时信息（如内部组件状态），Cloud Foundry 使用 MySQL、Consul 和 etcd。

4.3.4 Cloud Foundry 的整体架构

Cloud Foundry 采用 Diego 架构来管理应用的容器。Diego 各组件承担来自 Cloud Controller 的应用调度和管理职责。图 4.9 展示了 Cloud Foundry 的整体架构。

Diego 是一个自愈的容器管理系统，通过保证运行任务和长进程（Long-Running Process，LRP）的虚拟机数量来保障系统的高可用性。Cloud Foundry 有两种类型的虚拟机：一种是 Cloud Foundry 组件虚拟机，另一种是运行应用的虚拟机。

在 Cloud Foundry 上部署应用时，Diego 的处理流程如下：

（1）Cloud Controller 将 staging 和 running 应用的请求发送给 Cloud Controller Bridge

（CC-Bridge）。

（2）Cloud Controller Bridge 将 staging 和 running 请求转换为 Task 和 LRP，并通过 HTTP 上的 API 将其提交给 BBS。

（3）BBS 将 Task 和 LRP 提交给 Auctioneer（Diego Brain 的一部分）。

（4）Auctioneer 通过 Auction 将这些 Task 和 LRP 分配给 Cell。Diego Brain 使用 SSL/TLS 协议和 Cell 进行通信。

（5）只要 Auctioneer 将某个 Task 或 LRP 分配给 Cell，in-process Executor 就会在 Cell 中创建一个 Garden 容器。Task 或 LRP 运行在该容器中。

（6）BBS 跟踪 DesiredLRP、运行时 LRP 实例和 in-flight Task。它还定期对这些信息进行分析，并纠正错误，以确保 ActualLRP 和 DesiredLRP 数量之间的一致性。

（7）作为 Cell 的一部分，Metron Agent 将应用日志、错误和指标转发给 Loggregator。

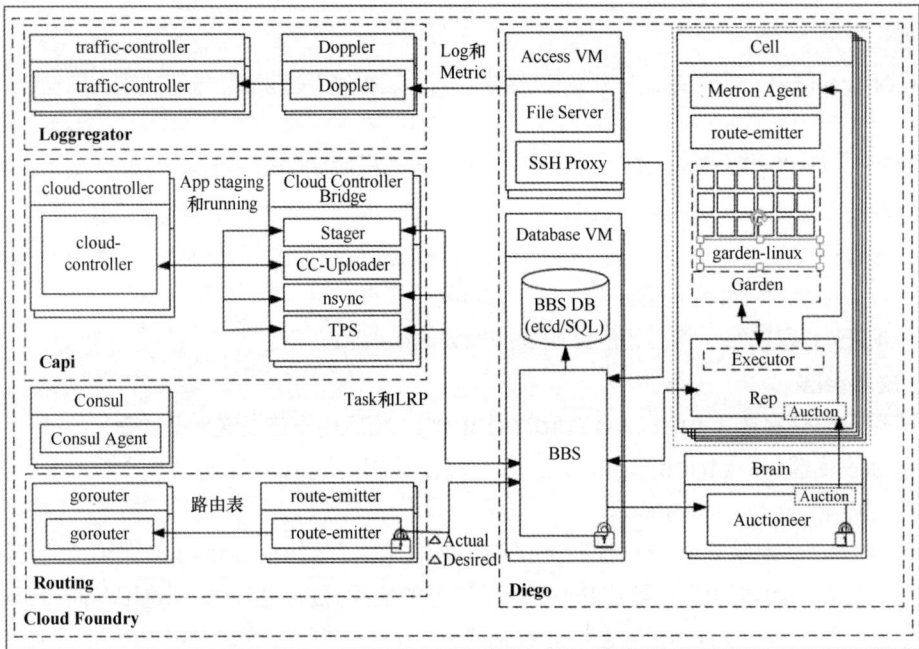

图 4.9　Cloud Foundry 的整体架构

4.3.5　Cloud Foundry 的核心组件

Cloud Foundry 的整体架构主要包括 Diego 核心组件、Cloud Controller Bridge 组件、平台特定组件及路由组件等。

1. Diego 核心组件

Diego 核心组件运行并监控 Task 和 LRP。核心组件主要包括 Diego Brain、Auctioneer、Diego Cell、Rep、Executor、Garden、Metron Agent、Database VM 和 Access VM。

（1）Diego Brain

Diego Brain 组件将 Task 和 LRP 分配给 Diego Cell，并纠正 ActualLRP 与 DesiredLRP 之

间的差异，以确保容错和长期的一致性。Diego Brain 由 Auctioneer 组成。

（2）Auctioneer

该组件的主要用途如下。

- 利用 Auction 包来运行 Task 和 LRP 的 Diego Auctions。
- 通过 SSL/TLS 与 Cell Reps 进行通信。
- 在 BBS 上维护一个锁，以限制每次只能对一个 Auctioneer 进行 Auction。

（3）Diego Cell

Diego Cell 组件负责管理和维护 Task 和 LRP。

（4）Rep

该组件的主要用途如下。

- 代表 Task 和 LRP 的 Diego Auctions 中的 Cell。
- 保证中间 Cell 和 BBS 之间的所有通信。
- 确保 BBS 中的 Task 和 LRP 与 Cell 容器保持同步。
- 保持 BBS 中的 Cell 存在。
- 使用 in-process Executor 创建容器，使用 RunAction 运行 Task 和 LRP。

（5）Executor

该组件的主要用途如下。

- 在 Rep 中作为逻辑进程运行。
- 实现详细的通用 Executor 操作。
- 将 STDOUT 和 STDERR 传输到运行在 Cell 上的 Metron Agent 中。

（6）Garden

该组件的主要用途如下。

- 提供独立于平台的服务器和客户端来管理 Garden 容器。
- 定义容器实现的 Garden-runC 接口。

（7）Metron Agent

Metron Agent 组件用于将应用日志、错误和应用程序以及 Diego 指标转发给 Loggregator Doppler 组件。

（8）Database VM

该组件的主要用途如下。

- Diego BBS：维护 Diego 集群状态的实时表示，包括所有 DesiredLRP、运行时的 LRP 实例和 in-flight Task；通过 HTTP 为 Diego 核心组件和外部客户端提供 RPC 风格的 API，包括 SSH Proxy、Cloud Controller Bridge 和 route-emitter；对所需状态（存储在数据库中）与实际状态（来自运行实例）进行比较来确保 Task 和 LRP 的一致性和容错性；通过以下方式保持 DesiredLRP 计数和 ActualLRP 计数的同步，即如果 DesiredLRP 计数超过 ActualLRP 计数，则要求 Auctioneer 开始 Auction，如果 ActualLRP 计数超过 DesiredLRP 计数，则向托管实例的 Cell 的 Rep 发送停止消息；监控潜在错过的消息，若有必要则重新发送。
- MySQL：为 Diego 提供一致的键值数据存储。

（9）Access VM

该组件的主要用途如下。

- File Server：Blobstore 提供静态资产，可以包含通用应用生命周期二进制文件和应用特定的 droplets 和 build 工件。

- SSH Proxy：实例容器中运行的 SSH 客户端和 SSH 服务器之间的连接。

- Consul：通过 DNS 解析提供动态服务注册和负载均衡，为维护分布式锁和组件提供统一的键值存储。

- Go MySQL 驱动：Diego BBS 将数据存储在 MySQL 中。Diego 使用 Go MySQL 驱动程序与 MySQL 通信。

2. Cloud Controller Bridge 组件

Cloud Controller Bridge 组件将应用特定的请求从 Cloud Controller 转换到 BBS。这些组件包括 Stager、CC-Uploader、nsync、TPS。

（1）Stager

- 将 Cloud Controller 的 staging 请求转换为通用 Task 和 LRP。

- 当 Task 完成时，向 Cloud Controller 发送响应。

（2）CC-Uploader

- 将来自 Executor 的请求上传到 Cloud Controller 上。

- 将来自 Executor 的简单 HTTP POST 请求转换为 Cloud Controller 的复杂多部分表单上传。

（3）nsync

- 监听应用请求来更新 DesiredLRP 计数和通过 BBS 更新 DesiredLRP。

- 定期对每个应用进行 Cloud Controller 轮询，以确保 Diego 保持准确的 DesiredLRP 计数。

（4）TPS

- 为 Cloud Controller 提供有关当前运行的 LRP 的响应 cf apps 请求和 cf app APP_NAME 请求的信息。

- 监控 ActualLRP 崩溃活动并向 Cloud Controller 报告。

3. 平台特定组件

（1）Garden 后台

Garden 包含一组针对平台的每个后台所必须实现的接口。

（2）应用生命周期二进制文件

以下 3 个平台特定的二进制文件用于部署应用并管理其生命周期。

- Builder 构建 Cloud Foundry 应用。在每次构建请求时，Cloud Controller Bridge 运行 Builder 并将其作为一个 Task。Builder 用对应代码执行静态分析，并在应用首次运行之前进行所有必要的预处理。

- Launcher 运行 Cloud Foundry 应用。Cloud Controller Bridge 将 Launcher 设置为应用的 DesiredLRP 的 Action。Launcher 使用正确的系统上下文来执行 start 命令，包括工作目录和环境变量。

- Healthcheck 对容器中运行的 Cloud Foundry 应用进行状态检查。Cloud Controller Bridge 将 Healthcheck 设置为应用的 DesiredLRP 的 Monitor Action。

（3）具体实现

- buildpack 应用生命周期实现了 Cloud Foundry 基于 buildpack 的部署策略。
- Docker 应用生命周期实现了 Docker 部署策略。

4. 路由组件

- 作为每个 Diego Cell 上的一个全局 route-emitter 或本地 route-emitter。
- 监控 DesiredLRP 和 ActualLRP 状态，当检测到变化时，向 Cloud Foundry 的 Router 发出路由注册和注销信息。
- 定期将整个路由表发送到 Cloud Foundry 的 Router 中。

4.4 Hadoop

4.3 节介绍了 Web 应用服务类的 PaaS 平台 Cloud Foundry，本节介绍数据分析类的 PaaS 平台 Hadoop。

4.4 Hadoop 平台介绍

4.4.1 Hadoop 概述

在过去几年中，数据的存储、管理和处理方式发生了巨大的变化。各公司存储的数据比以往更多，数据来源更加多样，数据格式也更加丰富。处理这些数据并从中挖掘有用信息已成为现代商业组织日常运营的重要任务。

数据的存储和处理存在困难，这并不是新问题。在过去的几十年里，无论是商业金融机构防欺诈、运营机构发现异常，还是广告组织做统计分析，都需要存储和处理大量数据。然而，近年来，数据的容量、处理速度和数据种类正在发生变化，某些情况更是加剧了这些变化，并促进了算法的发展。例如，电商平台的产品推荐系统需要展示产品列表，以满足消费者需求。那么，如何向消费者展示最合适的产品？基于他们的浏览记录来展示可能比较有意义。如果知道他们已经购买过的产品，如某个品牌的计算机，那么他们可能对相关配件或升级产品更感兴趣。一种常用技术是通过相似行为（如购买模式）对消费者进行分类，并推荐同类人群购买过的产品。无论哪种解决方案，背后的推荐算法都必须处理大量数据，对问题空间了解得越多，就越容易得出更好的结论，从而提高消费者满意度和商家利润，减少欺诈行为，创造更健康、安全的网络环境。

Hadoop 为大数据应用提供了一个可编程、经济且可伸缩的平台。这个分布式系统由 HDFS 和计算框架（MapReduce）组成。Hadoop 是一个开源项目，能为大规模数据集提供批量数据处理能力。Hadoop 能够容忍软件和硬件的不可靠性，并为应用开发者提供一个便于开发分布式应用的平台。Hadoop 使用普通服务器构建一个逻辑上可存储大量数据、进行并发计算的集群，这个集群可以被许多组织和个人共享。Hadoop MapReduce 计算框架提供并行自动计算，隐藏了复杂的同步和网络通信，向开发者呈现简单的、抽象的接口。与其他分布式数据处理系统不同，Hadoop 在数据存储的主机上运行用户提供的数据处理逻辑，而不是通过网络传输数据，从而显著提高系统性能。

4.4.2 Hadoop 简史

Hadoop 基于 Google 的两篇论文发展而来，当时许多公司都面临密集型数据的处理问题，

Google 也不例外。2003 年发表的一篇论文描述了一个用于存储海量数据、可编程、可伸缩的分布式文件系统，称为 Google 文件系统（Google File System，GFS）。GFS 不仅支持数据存储，还支持大规模密集型数据的分布式处理应用。2004 年，另一篇论文《MapReduce：大集群中一种简单的数据处理框架》发表，文中定义了一种编程模型及其相关框架，能够大规模地以单一任务处理上千台主机的百太字节数据，提供自动并行计算和容错能力。GFS 和 MapReduce 相互协同，可在相对便宜的商用主机上构建大数据处理集群。

与此同时，道·卡廷（Doug Cutting）正在研究开源的网页搜索引擎 Nutch。Google 的两篇论文引起了他的强烈共鸣，他开始着手实现这些系统，不久之后，Hadoop 诞生了。Hadoop 早期作为 Lucene 子项目出现，不久成为 Apache 开源基金会的顶级项目。因此，从本质上讲，Hadoop 是一个实现了 MapReduce 和 GFS 的开源平台，可以在由低成本硬件组成的集群上处理极大规模的数据集。

2006 年，雅虎（Yahoo）雇用了道·卡廷，并迅速成为 Hadoop 项目的重要支持者之一。除了经常推广一些全球大规模的 Hadoop 部署外，Yahoo 允许道·卡廷和其他工程师在受雇期间致力于 Hadoop 的开发工作，同时贡献了一些公司内部开发的 Hadoop 改进和扩展程序。

4.4.3 Hadoop 的组成部分

作为一个顶级项目，Hadoop 包含许多子项目，其中两个主要的子项目分别为 HDFS 和 MapReduce。这两个子项目是对 Google 特有的 GFS 和 MapReduce 的直接实现，它们是一对相互独立又互补的技术。

HDFS 是一个可以存储极大数据集的文件系统，通过向外扩展的方式构建主机集群。HDFS 具有独特的设计和性能特点，优化了吞吐量并通过副本代替物理冗余来实现高可靠性。

MapReduce 是一个数据处理模式，规范了数据在 Map 和 Reduce 两个处理阶段的输入和输出，并应用于任意规模的大数据集。MapReduce 与 HDFS 紧密结合，确保 MapReduce 任务在存储所需数据的 HDFS 节点上运行。

4.4.4 HDFS

1. HDFS 的特点

HDFS 是一个分布式文件系统，运行在商用硬件上。HDFS 与现有分布式文件系统相似，但也具备明显的差异性。例如，HDFS 是高度容错的，可运行在廉价硬件上；HDFS 能为应用提供高吞吐量的数据访问，适合大数据集的应用。HDFS 在可移植操作系统接口（Portable Operating System Interface，POSIX）规范上进行了修改，使其能对文件系统数据进行流式访问，适用于批量数据处理。HDFS 采用"一次写多次读"的访问模型，可以简化数据一致性问题，实现高吞吐量数据访问，一些 MapReduce 应用和网页抓取程序在这种访问模型下表现非常好。

在大数据集情况下，距离数据越近，计算越有效。HDFS 提出了"移动计算能力比移动数据更廉价"的设计理念，将计算迁移到数据附近，而不是将数据移动到应用运行的位置。HDFS 提供了这种迁移应用的 API。

2. HDFS 架构

HDFS 采用 NameNode/DataNode 架构，并支持高可用（HA）模式，如图 4.10 所示。主服务器即图 4.10 中的命名节点（NameNode），用于管理文件系统命名空间和客户端访问，具体操作包括打开、关闭或重命名文件，并负责数据块到数据节点之间的映射。此外，存在一组数据节点（DataNode），负责管理挂载在节点上的存储设备，并响应客户端的读写请求。HDFS 将文件系统命名空间呈现给客户端，并将用户数据存放到数据节点上。每个文件被分成一个或多个数据块，这些数据块被存放到一组数据节点上，数据节点根据命名节点的指示执行数据块的创建、删除和复制操作。

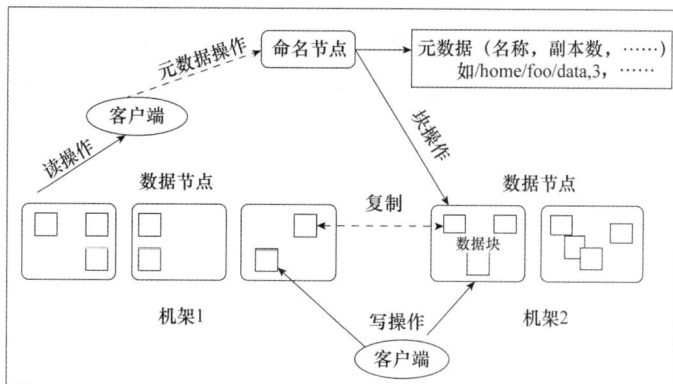

图 4.10　HDFS 架构

3. HDFS 设计目标

大量低成本商用计算机具有较高的失效率，因此失效检测和快速高效恢复是 HDFS 的主要设计目标。HDFS 适用于批量流式数据存取应用，而不是交互较多的小 I/O 应用，关注系统整体吞吐量而非响应时间。HDFS 适合存储大文件（文件容量最好是 64 MB 的倍数），使用简单的一致性协议，针对写一次但读多次的应用。HDFS 为应用提供接口，确保处理过程尽量靠近数据位置，减少中间数据传输开销。

4. HDFS 容错机制

HDFS 通过副本处理故障，而不是通过磁盘阵列中的物理冗余。每个文件的数据块存储在集群中的多个节点上，NameNode 不断监视各个 DataNode 发来的报告，以确保发生故障时，任意数据块的副本数量不少于配置的复制因子，否则 NameNode 会在集群中调度新增一个副本。

HDFS 设计用于可靠地保存大文件，使用一组顺序块保存文件。块大小和文件的副本数依赖于每个文件的配置。NameNode 周期性地收到每个 DataNode 的心跳和块报告，前者表示节点正常，后者包括节点上所有数据块的列表。具备机架感知的副本放置策略保障了 HDFS 的性能和可靠性，默认冗余度为 3，两个数据副本在同一机架上，另一个在其他机架上。用户访问文件时，HDFS 将离用户最近的副本数据传递给用户使用。

5. HDFS 命名空间

HDFS 命名空间存放在 NameNode 上，为保证访问效率，NameNode 在内存中保存整个文件系统的命名空间和文件块映射图。NameNode 使用事务日志（EditLog）记录文件系统元数据的任何改变。文件系统命名空间包括文件和块的映射关系及文件系统属性，存放在 FsImage 文件中。EditLog 和 FsImage 都保存在主节点的本地文件系统中，NameNode 通过 EditLog 和 FsImage 保证在主节点宕机时，文件系统命名空间和文件块映射信息不会丢失。

6. HDFS 通信协议

HDFS 的所有通信协议都建立在传输控制协议/互联网协议（TCP/IP）之上，在客户端和 NameNode 之间建立客户端协议，文件系统客户端通过一个端口连接到主节点，通过客户端协议与主节点交换数据；在 DataNode 和 NameNode 之间建立 DataNode 协议。这两种协议都封装在 RPC 协议中。一般情况下，NameNode 不会主动发起 RPC，只响应来自客户端和 DataNode 的 RPC 请求。

7. HDFS 数据均衡策略

HDFS 提出了数据均衡方案，如果某个 DataNode 上的空闲空间低于特定临界点，会启动计划将数据自动迁移到空闲节点。当某个文件请求突然增加时，也可能启动计划创建新副本，并分布到集群中，以满足应用需求。副本技术在增强均衡性的同时增加了系统可用性。

文件创建时，HDFS 不会马上分配空间，而是在客户端的缓冲数据达到一个块大小时才通知主节点分配存储空间，确认后将数据写到相应的 DataNode 的块中。当客户端写数据到 HDFS 文件时，本地缓冲数据形成一个块后，DataNode 从 NameNode 中获取副本列表，客户端将数据写到第一个 DataNode 中，第一个 DataNode 将数据传递给第二个 DataNode，以此类推，形成流水线式更新操作。

删除文件时，文件不会立即被删除，而是重命名后放到/trash 目录，直到配置的过期时间到了，才删除文件。

文件系统建立在 DataNode 集群上，每个 DataNode 提供基于块的数据传输。浏览器客户端也可以使用 HTTP 存取所有数据内容。DataNode 之间相互通信以平衡数据、移动副本，保持数据高冗余度。

4.4.5 MapReduce

虽然 MapReduce 技术相对较新，但它建立在数学和计算机科学的众多基础工作之上，尤其是适用于每个数据元素的数据操作的描述方法。实际上，map()函数和 reduce()函数的概念直接来自函数式编程语言。在函数式编程语言中，map()函数和 reduce()函数用于对输入数据列表进行操作。

MapReduce 的一个关键概念是"分而治之"。这个概念的基本原则是将单个任务分解成多个独立的子任务。如果多个子任务能够并行执行，则 MapReduce 技术将更加高效。在理想情况下，一个需要运行 1000 分钟的任务可以分解成 1000 个并行的子任务，那么这个任务在 1 分钟内即可完成。MapReduce 的计算框架如图 4.11 所示。

MapReduce 是一种基于上述原理的处理模式，它实现了从源数据集到结果数据集的一系列转换。在最简单的情况下，作业的输入数据作为 map()函数的输入，得到的临时数据作为 reduce()函数的输入。开发者只需定义数据转换形式，Hadoop 的 MapReduce 作业负责并行地对集群中的数据实施所需转换。尽管整体思想并不新颖，但 Hadoop 的主要贡献是将这些想法变成了一个精心设计的可用平台。

传统的关系数据库适用于符合定义模式的结构化数据，而 MapReduce 和 Hadoop 在处理半结构化或非结构化数据上表现更佳。与符合刚性模式的数据不同，MapReduce 和 Hadoop 仅要求将数据以键值对的形式提供给 map()函数。map()函数的输出是另一个键值对集合，reduce()函数用于汇总最终的结果数据集。

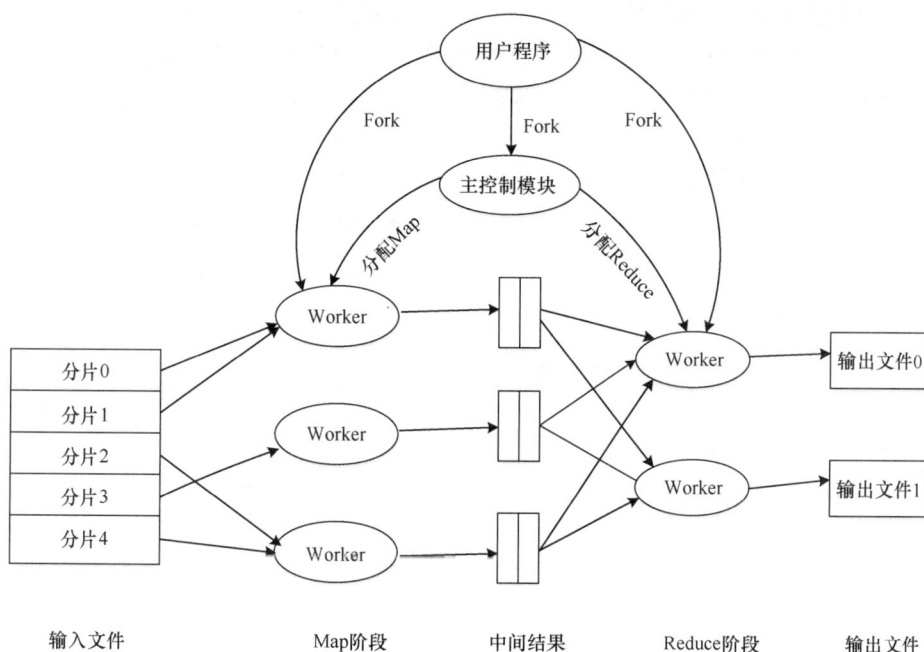

图 4.11　MapReduce 的计算框架

Hadoop 为 map()函数和 reduce()函数提供了一个标准接口，这些接口的具体实现通常称为 mapper 和 reducer。一个典型的 MapReduce 作业包括多个 mapper 和 reducer，开发者将精力集中于表达从数据源到结果数据集的转换，而 Hadoop 框架则管理任务执行的各个方面，如并行处理和协调配合。

Hadoop 平台负责数据处理的各个方面。用户定义任务的关键参数后，其余工作由系统负责。更重要的是，从数据规模的角度来看，同一个 MapReduce 作业适用于存储在任意规模集群上的任意大小的数据集。如果要处理单台主机上的 1 GB 数据，Hadoop 会相应地安排处理过程。即便处理托管在超过 1000 台主机上的 1 PB 数据，Hadoop 仍能高效工作，确定如何高效利用所有主机。从用户角度来看，数据和集群的规模是透明的，除了处理作业时间受影响外，它们不会改变用户与 Hadoop 的交互方式。

4.4.6　MapReduce 计算举例

本节通过一个简单的例子来说明使用 MapReduce 进行数据处理的步骤。编写 MapReduce 程序的步骤如下。

（1）把问题转化为 MapReduce 模型。

（2）设置运行的参数。

（3）编写 map()函数。

（4）编写 reduce()函数。

下面使用 MapReduce 统计单词数。假定有多个文件，需要统计每个单词在这些文件中出现的次数。

　　完成这个计算的主要思想是先将这些文件分成多个数据片，再将每个数据片交给一个map()函数来统计该数据片上每个单词出现的次数，最后将每个map()函数统计的结果交给reduce()函数进行合并，从而得到每个单词在所有文件中出现的次数。如果有足够多的map()函数进行并行处理，则可以大大提高统计的速度。

　　应用开发者的主要任务是编写map()函数和reduce()函数。MapReduce计算框架已经提供了分布式并行框架，负责数据传输、并发控制、分布式调用和故障处理等工作，因此，应用开发者只需要编写线性的map()函数和reduce()函数。map()函数和reduce()函数的伪代码如下。

```
1.  // map()函数
2.  // key 表示字符串偏移量;value 表示一行字符串的内容
3.  map(String key,String value) :
4.      // 将字符串分割成单词
5.      words = SplitIntoTokens(value);
6.      for each word w in words:
7.          EmitIntermediate(w,"1");
8.
9.  // reduce()函数
10. // key 表示一个单词;values 表示该单词出现次数的列表
11. reduce(String key,Iterator values):
12.     int result = 0;
13.     for each v in values:
14.         result += StringToInt(v);
15.     Emit(key,IntToString(result));
```

　　应用开发者编写完MapReduce程序后，按照一定的规则指定程序的输入和输出目录，并将其提交到Hadoop集群中。以下是该程序在Hadoop中的执行过程。

　　首先，将要统计单词数的文件拆分成多个数据片（SplitS），这里把每个文件作为一个数据片，并将文件按行分割成键值对，其中key的值表示行偏移量，包括回车键所占的字符数。这个工作由MapReduce框架自动完成，如图4.12所示。

　　其次，将分割好的键值对交给用户定义的map()函数处理，生成新的键值对，其处理过程如图4.13所示。

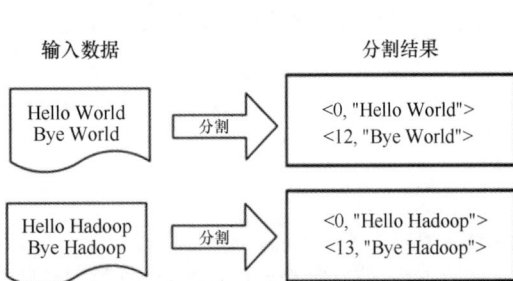

图4.12　数据分割过程

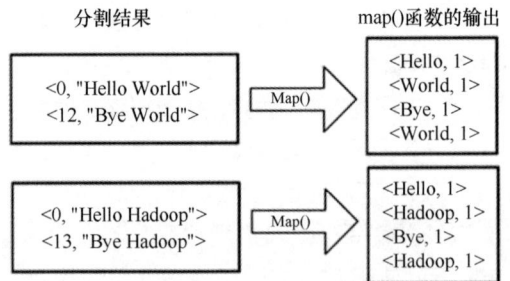

图4.13　Map过程

再次，得到 map() 函数输出的键值对后，Map 框架会将它们按照 key 值排序，并执行 Combine 过程，将 key 值相同的 value 值累加，得到 map() 函数的最终输出结果，如图 4.14 所示。

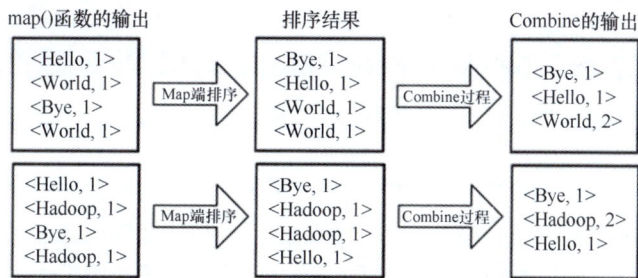

图 4.14　Combine 过程

最后，Map 框架把各个 map() 函数的处理结果传输给 reduce() 函数。Reduce 框架先对从 Map 框架接收到的数据进行排序，再交给用户自定义的 reduce() 方法处理，得到新的键值对，并将其作为 Reduce 的输出结果，如图 4.15 所示。

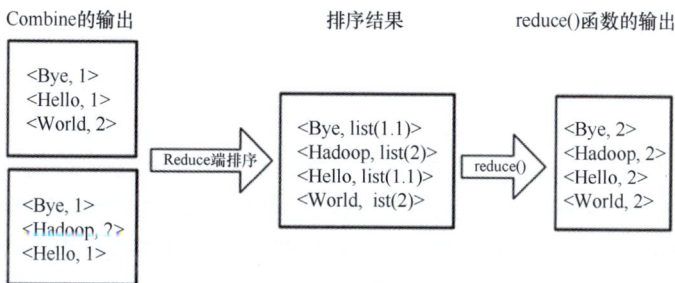

图 4.15　Reduce 过程

4.4.7　HDFS 与 MapReduce 组合

4.4.4 节和 4.4.5 节介绍了 HDFS 和 MapReduce 各自的价值，当它们组合使用时，功能更为强大。作为一个大规模数据存储平台，HDFS 并非必须与 MapReduce 配套使用。尽管 MapReduce 可以从 HDFS 之外的数据源读取数据，并对这些数据执行处理操作，但截至目前，将 HDFS 和 MapReduce 组合使用是最为常见的情况。

在执行 MapReduce 作业时，Hadoop 需要决定在哪台主机上执行代码才能高效地处理数据集。如果 MapReduce 集群中的所有主机都从单个存储主机或存储阵列获取数据，那么在哪台主机上执行代码并不重要，因为存储系统是一个会引发竞争的共享系统。但如果使用 HDFS 作为存储系统，则基于移动数据处理程序比迁移数据本身成本更低的原则，MapReduce 可以在目标数据的存储节点上执行数据处理过程。

常见的 Hadoop 部署模型是将 HDFS 和 MapReduce 集群部署在同一组服务器上。这些服务器不仅承载待处理数据及管理这些数据的 HDFS 组件，还承载调度和执行数据处理过程的 MapReduce 组件。Hadoop 接收到作业后，会尽可能地对驻留在主机上的数据进行调度优化，以达到网络流量最小化和性能最大化的目标。

4.4.8 MapReduce 的优势与劣势

Hadoop MapReduce 诞生于搜索领域，主要解决搜索引擎面临的海量数据处理扩展性差的问题。其实现很大程度上借鉴了 Google 中 MapReduce 的设计思想，包括简化编程接口和提高系统容错性。Hadoop MapReduce 的优势主要有以下几点。

1. 易于编程

传统的分布式程序设计非常复杂，用户需要关注许多细节，如数据分片、数据传输、节点间通信等，设计分布式程序的门槛很高。Hadoop 简化了分布式程序设计过程，将并行程序需要关注的设计细节抽象成公共模块并交由系统实现，用户只需专注于应用逻辑的实现，从而提高了开发效率。

2. 良好的扩展性

随着公司业务的发展，数据量（如搜索公司的网页量）会越来越大。当数据量增加到一定程度后，现有集群的计算和存储能力可能无法满足需求。此时，管理员可以通过添加主机来线性扩展集群的能力。

3. 高容错性

在分布式环境下，随着集群规模的增加，集群中的故障率（如磁盘损坏、主机宕机、节点间通信失败等）会显著增加。Hadoop 通过计算迁移或数据迁移等策略提高集群的可用性与容错性。

Hadoop 的体系架构使其成为一个灵活且可扩展的数据处理平台。然而，与选择大多数架构或设计类似，每个设计都会带来相应的问题。Hadoop 的主要问题是它是一个批量处理系统。当对一个大数据集执行作业时，Hadoop 会不断进行数据转换直到生成最终结果。尽管采用大规模集群能够相对快速地生成结果，但其结果生成速度仍不足以满足缺乏耐心的用户的需求。因此，单独的 Hadoop 不适用于低时延查询，如网站、实时系统或类似查询。

在处理大数据集时，安排作业、确定每个节点上运行的任务及其他内务管理活动的时间开销在整个作业执行时间中微不足道。但对于小数据集而言，上述执行开销意味着，即使是简单的 MapReduce 作业，都可能花费至少 10 秒的时间。

4.5 总结

本章介绍了两类 PaaS 平台：一类是 Web 应用服务类，通过快速的请求/响应方式进行交互（称为事务处理类）；另一类是数据分析类，通常用于处理大量数据，需要较长的处理时间和巨大的数据空间（称为数据分析类）。

PaaS 平台作为一个系统，其功能和模块大致分为两类：一类是 PaaS 平台的核心系统，包含一系列本质特征，即使在不同的 PaaS 平台中也有这些特征的实现；另一类是 PaaS 平台的扩展系统，主要包含针对其支持的应用类型所需的功能。本章介绍了 PaaS 平台核心系统的本质特征，包括简化的应用开发和部署模型、自动资源获取和应用激活、自动的应用运行管理和平台级优化。

本章最后通过 Cloud Foundry 和 Hadoop 实例剖析了面向两大类应用的 PaaS 平台的实现要点。

习题

1. PaaS 平台的主要驱动力有哪些?
2. 描述 PaaS 平台的主要功能。
3. PaaS 平台有哪两大类? 它们各自的功能是什么?
4. PaaS 平台的功能角色有哪些?
5. PaaS 平台的核心系统有哪些特征?
6. 总结 Cloud Foundry 的主要特点。
7. 描述 Cloud Foundry 的逻辑架构。
8. 描述 HDFS 的架构。
9. 描述 MapReduce 模型的原理,并用图举例描述思路。

第5章
SaaS服务模式

05

SaaS 是一种新型的软件交付模式。用户无须购买和在本地计算机上安装软件，而是通过互联网远程租用运行在云数据中心的软件。SaaS 的主要功能是为用户提供丰富多样的应用，帮助企业和机构简化 IT 流程，提高个人用户在日常生活中的各种效率。

与 IaaS 平台和 PaaS 平台不同，SaaS 平台为用户提供各种应用。每一个成功的应用都具备独特的优势和满足用户需求的新创意。然而，这些应用也有共同点，即能够在云端运行的技术。经过多年的实践，业界对这些技术和功能进行了总结和概括，定义了 SaaS 平台。开发者可以方便地使用 SaaS 平台提供的常用功能，减少应用开发的复杂性和时间，专注于业务本身及其创新。

本章首先介绍 SaaS 平台应遵循的架构设计和关键技术，然后介绍一些典型的 SaaS 应用，并讨论它们的特征和分类。

【技能目标及素养目标】

- 具备理解典型 SaaS 应用场景的能力
- 掌握运用 SaaS 平台部署应用的方法
- 掌握使用 SaaS 应用的方法

- 培养创新精神
- 培养互联网思维
- 培养专业素质

5.1 SaaS 简介

5.1 SaaS 简介

SaaS 随着互联网技术的发展和软件的成熟而兴起，并成为一种新型的软件交付模式。软件服务商将软件统一部署在自己的服务器上，用户根据实际需求，通过互联网向软件服务商订购所需的软件服务，按订购的服务数量和时间支付费用，并通过互联网获得服务。在这种模式下，用户不再需要像传统模式那样花费大量资金用于软件、硬件和人员的投入，而只需支付一定的租赁服务费用，即可通过互联网享受相应的软件、硬件和维护服务，拥有软件使用权和持续升级的权利。公司开发新产品也不再需要花费大量时间来部署系统，只需进行简单的配置即可使用。这也是网络应用最具效益的运营模式。

5.1.1 SaaS 的特征

SaaS 服务模式与传统服务模式有很大的不同，其是管理应用的未来发展趋势。与传统服务模

式相比，SaaS 服务模式具有许多独特之处。

1. 多租户特性

SaaS 通常基于一套标准应用系统为成百上干的不同用户提供服务。这要求 SaaS 能够支持不同用户之间数据和配置的隔离，从而保证每个用户数据的安全性与隐私性，并满足用户对界面、业务逻辑、数据结构等的个性化需求。

2. 互联网特性

SaaS 通过互联网为用户提供服务，具备典型的互联网技术特点，同时极大地缩短了用户与 SaaS 提供商之间的时空距离，使不同地域的用户能够享受同等质量的服务，而不受时间限制。

3. 服务特性

由于 SaaS 以互联网为载体向用户提供服务，需考虑服务合约的签订、服务使用的计量、在线服务质量的保证和服务费用的收取等问题，这些问题通常是传统应用未涉及的。

4. 按需付费

SaaS 提供商通常按照用户所租用的应用模块收费，用户可以根据需求订购应用服务。SaaS 提供商负责系统的部署、升级和维护，而传统应用通常需要用户一次性支付高额费用才能正式启动。

5. 成本低

SaaS 不仅减少或取消了传统的应用授权费用，而且由于应用部署在统一的服务器上，免除了最终用户在服务器硬件、网络安全设备和应用升级维护方面的支出。用户只需支付个人计算机和互联网服务的费用，即可通过互联网获得所需的应用服务。此外，大量新技术的应用使 SaaS 更加简单、灵活和实用。

6. 开放性

SaaS 平台提供应用功能的集成、数据接口的集成和组件的集成，使其具备良好的开放性。

5.1.2 SaaS 的发展历程

SaaS 的概念并不是新兴产物。早在 2000 年左右，SaaS 作为一种能够帮助用户降低成本、快速获得价值的应用交付模式被提出。在十多年的发展中，SaaS 的理念不断丰富，应用范围不断扩展。随着云计算的兴起，SaaS 作为一种最契合云端的应用交付模式，成了焦点。在由索格塔克技术（Saugatuck Technologies）公司撰写的分析报告《三波变革：越过临界点的 SaaS》（*Three Waves of Change: SaaS Beyond the Tipping Point*）中，SaaS 的发展被分为三个连续且有重叠的阶段。

第一个阶段（2001—2006 年）：有成本效益的应用交付。

在这一阶段，SaaS 主要解决如何降低应用使用者在应用部署、维护和使用上的成本。据 IDC 统计，在商业环境中，IT 预算的 80% 被消耗在硬件、人员和技术支持上，只有 20% 用于购买应用功能。这个阶段的 SaaS 应用在一定程度上解决了这些问题，但仍然存在局限性，例如，尽管 SaaS 应用具有多租户支持能力，但它仍是一个封闭且孤立的应用，无法与企业现有系统和业务整合。

第二个阶段（2005—2010 年）：整合的业务解决方案。

在这一阶段，SaaS 理念被更广泛接受，并在企业 IT 系统中扮演越来越重要的角色。如何将 SaaS 应用与企业既有的业务流程和业务数据整合成为这一阶段的主题。SaaS 应用逐渐成熟，进入主流商业应用领域；SaaS 应用的生态系统逐步形成，提供应用整合的平台厂商也开始出现。

第三个阶段（2008—2013 年）：工作流使能的业务转型。

在这一阶段，SaaS 应用的生态系统逐渐成熟，成为企业整体 IT 战略的关键部分。SaaS 应用与企业的传统应用已完成整合，企业间的数据与业务整合成为主流。SaaS 从"被整合"的角色转变为"整合者"，不仅能够使企业既有业务流程更加有效运转，还实现了在系统中增加新业务的能力。

云计算的出现为正处于由第二阶段向第三阶段过渡的 SaaS 赋予了新的内涵。云计算具有按需使用 IT 能力的特性，这种特性增强了 SaaS 作为应用交付模式的灵活性。云计算使 IT 资源由第三方提供，进一步降低了 SaaS 提供者和使用者的成本；同时，云计算实现了资源的聚集和服务的平台化，加快了 SaaS 应用间的整合步伐。

5.1.3　SaaS 应用的实现层次

不同的 SaaS 应用在功能上存在共性，为了简化 SaaS 应用的开发过程，需要将这些共性功能以平台方式实现，使所有 SaaS 应用可以直接使用，而不需要重复开发。实现这些功能的系统就是 SaaS 平台。

如图 5.1 所示，SaaS 平台基于 IaaS 平台和 PaaS 平台。SaaS 平台主要为 SaaS 应用提供通用的运行环境或系统部件，如多租户支持、认证和安全、定价和计费等功能，使 SaaS 平台提供商能够专注于用户所需业务的开发。

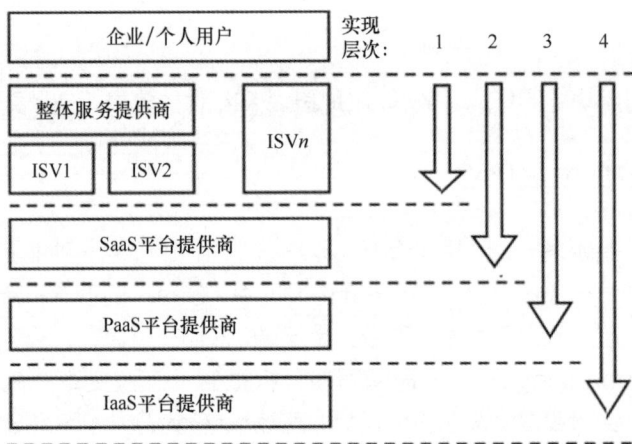

图 5.1　SaaS 应用的实现层次

SaaS 平台的直接使用者是独立软件提供商（Independent Software Vendor，ISV）。他们基于 SaaS 平台提供的功能快速满足用户需求，并以 SaaS 模式交付软件功能。整合是每个 ISV 都将面对的问题，因此也将出现专业的整合服务提供商。SaaS 的最终消费者为企业用户和个人用户。

在现实中，不同的 SaaS 应用提供商可以选择不同层次向用户交付软件功能，如图 5.1 右侧所示。

在第一类实现层次中，应用提供商依靠 SaaS 平台实现应用交付，专注于用户需求。这种方式会牺牲一定的系统灵活性和性能，但能够以较低投入快速满足用户需求，适用于规模较小或正在起步的公司。

在第二类实现层次中，应用提供商使用 PaaS 平台提供的应用环境进行 SaaS 应用的开发、测试和部署。这种方式对应用提供商要求更高，但赋予其更强的控制能力，能够针对应用类型优化 SaaS 基础功能，适用于规模较大、相对成熟的公司。

在第三类实现层次中，应用提供商只使用云提供的基础设施服务，因此需要满足 SaaS 应用的功能需求，还需满足安全、数据隔离、用户认证、计费等非功能性需求，并负责应用的部署和维护。采用这种层次的公司不仅需要具备应用开发能力，还需具备丰富的平台应用开发能力。

在第四类实现层次中，应用提供商不依赖任何云计算下层服务，而是在自有硬件资源和运行环境中提供 SaaS 应用。应用提供商不仅要负责应用和平台功能的开发、部署，还需提供和维护硬件资源。采用这种层次的公司通常具有雄厚的资金和技术实力，不仅可以为最终消费者提供服务，还可以作为运营商为其他层次实现 SaaS 的公司提供平台服务。

5.2 SaaS 支撑平台

5.2 SaaS 支撑平台

5.2.1 支撑平台的类型

SaaS 平台的应用类型多样，功能各异，实现方式也各不相同。提供 SaaS 的应用架构由应用类型、服务用户数量、对资源的消耗等因素决定。一般来说，SaaS 平台的应用架构有四种类型，如图 5.2 所示。

这四种类型由是否支持可定制、可扩展和多租户三个方面的组合决定。一般而言，同时支持这三个方面表明应用的灵活性和可用性更强，因此也更成熟。所以，图 5.2 所示的四种架构也称 SaaS 平台四级成熟度模型。

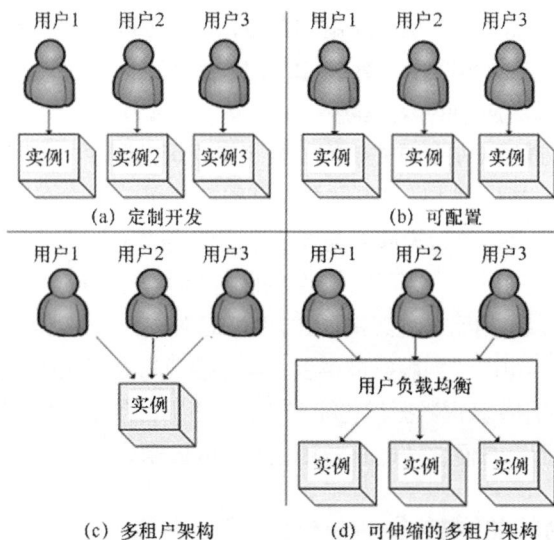

图 5.2　SaaS 平台的应用架构类型

1. 第一级：定制开发

定制开发类型如图 5.2（a）所示，是最简单的提供 SaaS 的类型。在这种类型中，SaaS 提供商为每个用户定制并部署一套应用。每个用户使用一个独立的数据库实例和应用服务器实例。数据库中的数据结构和应用代码可能都根据用户需求进行了定制化修改。这种架构适用于快速开发的小众应用，但在开发过程中没有过多地考虑可定制、可扩展等因素。

2. 第二级：可配置

可配置类型如图 5.2（b）所示，通过不同的配置满足不同用户的需求，而不需要为每个用户特别定制，以降低开发成本。为了增强应用的可定制性，实现应用功能共享，可以将应用中可配置的部分抽取出来，通过配置文件或接口的方式开发。当一个用户需要这样的应用时，提供者可以修改配置，定制成用户需要的样式。在运行时，提供者为每个用户运行一个应用实例，不同用户的应用实例共享相同的代码，仅在配置元数据方面不同。可配置类型适用于那些多次使用，但用户对于与其他用户共享实例和数据存储存在担忧的应用，例如，用户希望自己的数据与其他用户的数据在存储上是隔离的，应用服务性能不受其他用户负载的影响，或需要遵循法规要求等。

3. 第三级：多租户架构

多租户架构类型如图 5.2（c）所示，通过运行一个应用实例，为不同租户提供服务，并通过可配置的元数据，为不同租户提供不同的功能和用户体验。这是真正意义上的 SaaS 架构，可以有效降低 SaaS 应用的硬件及运行维护成本，最大化地发挥 SaaS 应用的规模效应。在多租户架构中，每个租户都有一套自己的特定配置。不同租户访问的应用看起来适应自身特定需求，与其他租户的应用不同，但实际上这些租户访问的是同一个运行实例，只是通过多租户技术实现了用户的配置和数据存储的隔离。

4. 第四级：可伸缩的多租户架构

可伸缩的多租户架构类型如图 5.2（d）所示，通过多个运行实例分担大量用户的访问，使应用实现近似无限的水平扩展。也就是说，SaaS 应用的运行实例使用的下层资源与当前的工作负载相适应，运行实例的规模随工作负载的变化动态伸缩。在可伸缩的多租户架构中，运行实例的规模可以动态变化。运行实例的前端有一个租户流量均衡器，该均衡器除了平衡流量外，还需了解服务请求所属的租户，按照租户的不同实现服务请求的地址聚合和派发，从而实现在租户粒度上的 SLA 管理。租户流量均衡器的后端是应用的运行实例。

由于 SaaS 应用大多通过 Web 方式访问，为了实现可扩展性，应用的架构可以采用 Web 应用模式的三层架构，即前端是处理 HTTP 请求的 HTTP 服务器，中间是处理应用逻辑的应用服务器，后端是实现数据存储和交换的数据库服务器。三层架构的 Web 应用实现了传输协议、应用逻辑和数据的分离，每层所需的下层资源可以灵活伸缩，从而实现了整个应用的可伸缩性。

开发 SaaS 应用还可以采用另一种架构形式，即 SOA。在 SOA 架构下，SaaS 应用之间可以互相通信：一个 SaaS 应用可以作为服务提供者，通过接口将数据或功能暴露给其他应用；也可以作为服务请求者，从其他应用中获得数据和功能。在 SaaS 平台存在大量 SaaS 应用的情况下，SOA 可以使开发者利用已有应用，方便快捷地开发和生成新的应用。

5.2.2 支撑平台的关键技术

为了实现 SaaS 平台架构，SaaS 平台开发者需要设计和实现一系列功能特性，以提供多租户、可扩展、可整合、信息安全、计费和审计等功能，这些功能组成了 SaaS 平台的关键技术集。下面先介绍 SaaS 平台的设计要点，然后围绕设计要点介绍其关键技术。

1. 设计要点

如图 5.3 所示，SaaS 平台构建在软件资源（如操作系统和中间件）及硬件资源（如计算、存储和网络）之上，为最终使用者提供具体的应用功能。这些软件资源和硬件资源可以由 SaaS 应用提供商自己建设和维护，也可以基于前面章节介绍的云计算中的 IaaS 和 PaaS 实现。

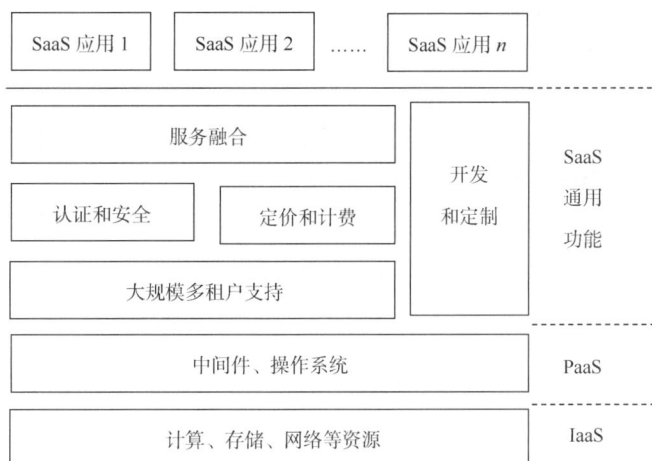

图 5.3　SaaS 平台的架构

在云计算的层次架构体系中，各个层次都有不同的分工和职能。IaaS 负责提供基础设施资源，包括计算资源、存储资源和网络资源，并保证这些资源的可用性。PaaS 负责应用运行环境的部署和维护，进行性能优化和动态扩展。各层自卜而上隐藏实现细节，提供功能服务。作为最接近应用使用者的 SaaS，在承接了由下层提供的功能的基础上，仍需要关注以下设计要点。

（1）设计要点 1：大规模多租户支持

大规模多租户支持是使 SaaS 成为可能的基础。SaaS 改变了传统应用用户购买许可证、本地安装副本、自行运行和维护的使用模式，向在线订阅、按需付费、无须维护的模式发展，这就要求运行在应用提供者或平台运营者端的 SaaS 能够同时服务于多个组织和使用者，而多租户技术是使该模式成为可能的基础。

（2）设计要点 2：认证和安全

认证和安全是支持多租户的必要条件，它改变了以往资源非共享、数据自有的应用运行模式。当应用操作请求到来时，其发起者的身份需要认证，其操作的安全性需要监控。虽然诸如数据与环境隔离等基础功能是由多租户技术本身保证的，但作为应用的前端，认证和安全仍是 SaaS 安全的第一道防线。

（3）设计要点 3：定价和计费

定价和计费是 SaaS 的客观要求。SaaS 直接服务于最终消费者，具有服务对象分散、需求多样、选择多的特点，因此一组合理、灵活、具体而便于用户选择的定价策略成为 SaaS 成功的关键。此外，SaaS 较多采用在线订阅的方式销售，如何将 SaaS 的定价以一种清晰、直观而便于用户理解的方式呈现也至关重要。而计费是保证整个生态系统能够良性运转和发展的关键经济环节，也需要技术层面的有力支持。

（4）设计要点 4：服务整合

服务整合是 SaaS 长期发展的动力。SaaS 应用提供商通常规模较小，难以独立提供用户（尤其是商业用户）需要的完整产品线，因此需要依靠与其他产品的整合来提供整套解决方案。这种整合包括两种类型：与用户现有的应用整合，以及与其他 SaaS 应用整合。只有通过整合和共同发展，才能营造云中良好的 SaaS 生态系统。

（5）设计要点 5：开发和定制

开发和定制是服务整合的内在需要。虽然 SaaS 提供的应用已经具有完善的功能，但为了便于与其他应用产品整合，SaaS 应用需要具有一定的二次开发功能，如公开 API 和提供沙盒、脚本运行环境等。此外，为了应对来自上层不同应用的需求和来自下层不同运行环境的约束，SaaS 应具有可定制的能力来适应这些因素。

以上 5 个要点是设计 SaaS 平台必须实现的通用功能。这些功能可以由 SaaS 应用提供商自行实现，也可以由专业的 SaaS 平台提供商提供，使应用提供商能够专注于用户需求的实现。下面将深入讨论大规模多租户支持、认证和安全、定价和计费、服务整合、开发和定制这 5 部分。

2. 大规模多租户支持

传统的应用运行和维护模式要求应用部署在用户购买或租用的数据中心中。这些应用大多服务于特定的个人用户或企业用户。在云计算环境中，更多的应用以 SaaS 的方式发布，并且通常提供给成千上万的企业用户共享使用，以降低每个企业用户的成本，同时支持大量企业用户来取得长尾效应。与传统的应用运行和维护模式相比，云计算要求软件资源和硬件资源能够更好地共享，具有良好的可伸缩性，任何一个企业用户都能够按照自己的需求对 SaaS 应用进行客户化配置，而不影响其他用户的使用。多租户技术就是目前云计算环境中能够满足上述需求的关键技术。

（1）多租户的基本概念

多租户这个概念实际上已经存在很久。简单而言，多租户指的是一个单独的应用实例可以为多个组织服务。一款支持多租户的应用需要在设计上对其数据和配置信息进行虚拟分区，使每个使用这款应用的组织都能使用一个单独的虚拟实例，并且可以对这个虚拟实例进行定制。每个租户代表一个企业，租户内部有多个用户。作为一项平台技术，多租户需要提供一层抽象层，将原来在应用中考虑的多租户技术问题抽象到平台级别来支持，涉及安全隔离、可定制性、异构服务质量、可扩展性及编程透明性等方面。此外，还需要考虑应用在各个层面（用户界面、业务逻辑、数据）可能涉及的各种资源。

（2）多租户与虚拟化的差别

IT 人员经常需要在虚拟化技术和多租户技术之间进行选择。虚拟化后的每个应用或服务单独储存在一个虚拟机中，不同虚拟机之间实现了逻辑隔离，一个虚拟机感知不到其他虚拟机。而在多租户环境中，多个应用实际上运行在同一个逻辑环境下，需要通过其他手段（如应用或服务本身的特殊设计）来保证多个用户之间的隔离。

多租户技术也具有虚拟化技术的一部分优点，如简化管理、提高服务器利用率、节省开支等。从技术实现难度来看，虚拟化技术已经相对成熟，并得到了大量厂商的支持，而多租户技术还在发展阶段，不同厂商对多租户技术的定义和实现还有很多分歧。当然，多租户技术有其存在的必然性及应用场景。在面对大量用户使用同一类型应用时，如果每个用户的应用都运行在单独的虚拟机上，就可能需要成千上万台虚拟机，这样会占用大量资源，增加管理难度和性能开销。在这种场景下，多租户技术作为一种相对经济的技术便显得尤为重要。

（3）多租户 SaaS 的特征

普遍认为，采用多租户技术的 SaaS 应用需要具备两项基本特征：第一，SaaS 应用是基于万维网（Web）的，能够服务于大量租户并且可以非常容易地伸缩；第二，在此基础上要求 SaaS 平台提供附加的业务逻辑，使租户能够扩展 SaaS 平台本身，从而满足特定需求。多租户技术面临的技术难点包括数据隔离、客户化配置、架构扩展和性能定制。

① 数据隔离

传统应用中每个用户的设备是独立的，数据绝对隔离，应用也相对独立。而对于 SaaS 应用，应用部分不再是独立的，数据设备也可能不再是独立的，至少对用户来说是不可预知的。因此，必须采用数据隔离的方法来保证用户数据的安全性。数据隔离指多个租户使用同一系统时，租户的业务数据相互隔离存储，不同租户的业务数据处理不会相互干扰，从而确保各用户数据的完整性和保密性。数据隔离方案一般有三种：独立数据库、数据模式隔离和共享模式。

独立数据库：每个用户使用一个独立数据库，用户数据的隔离级别最高，安全性最好，但成本也最高。

数据模式隔离：多个或所有用户共享一个数据库，但每个用户单独使用一种模式，提供了一定程度的逻辑数据隔离，成本较低，但管理复杂。

共享模式：多个用户共享一个数据库，并通过用户 ID 来实现数据隔离。其共享程度最高，隔离级别最低，成本最低，但增加了开发工作量，数据备份和恢复较困难。

② 客户化配置

客户化配置指 SaaS 应用能够支持不同租户定制 SaaS 应用的配置，如定制界面显示风格等。根本要求是一个租户的客户化操作不会影响其他租户。这要求多租户系统能够描述和存储同一 SaaS 应用实例不同租户的配置，并在租户登录 SaaS 应用时，根据该租户的客户化配置呈现相应的 SaaS 应用。在传统企业运行模式中，每个企业用户都拥有一个独立的应用实例，因此可以容易地存储和加载任何客户化配置。但在多租户场景下，成千上万的租户共享同一个应用实例，因此需要解决独立客户化配置的问题。

③ 架构扩展

架构扩展指多租户技术能够提供灵活的、高可伸缩性的基础架构，保证在不同负载下多租户平台的性能。在典型的多租户场景中，多租户平台需要支持大规模租户同时访问，因此平台的可伸缩性至关重要。简单的方法是初始阶段分配大量资源，但这会造成巨大的计算资源和能源浪费，增加运营成本。因此，多租户平台应具有灵活可伸缩的基础架构，能够根据负载变化按需伸缩。

④ 性能定制

性能定制是多租户技术面临的另一个挑战。不同用户对性能的要求不同，有些用户愿意支付更多费用以获取更好的性能，而另一些用户则只需满足基本需求。在传统应用模式中，每个用户拥有独立资源，性能定制较容易实现。而在多租户环境中，所有租户共享同一套资源，如何灵活配置性能是一个难点。

3. 认证和安全

（1）SaaS 的部署模式

在传统应用中，应用服务器、数据库设备和网络都部署在用户自己的企业中，系统维护由用户自行掌握，每个用户的数据自然是完全独立互不干扰的，这样用户会觉得很安全。传统应用部署模式如图 5.4（a）所示。

而在 SaaS 应用中，应用服务器和数据库设备不再由用户管理，而是部署在云端，系统维护也不再由用户负责。另外，SaaS 应用完全基于互联网使用，用户所有的交互和数据都需要通过互联网传输。SaaS 应用服务提供方式如图 5.4（b）所示。在 SaaS 部署模式下，用户会担心数据的安全性和保密性、用户之间的使用是否会冲突、数据传输是否安全以及是否会受到黑客攻击等。因此，SaaS 平台需要重视平台的安全问题，并采用可靠的安全技术和手段来保证数据的完整性和保密性。

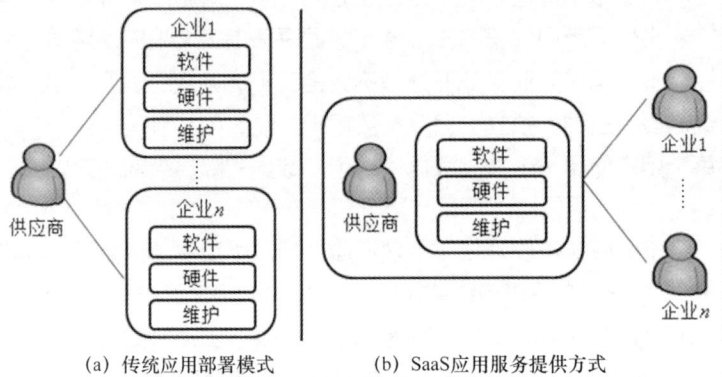

（a）传统应用部署模式   （b）SaaS应用服务提供方式

图 5.4   应用部署模式

（2）SaaS 安全模块的设计要点

图 5.5 展示了 SaaS 平台认证和安全模块的设计要点。首先，向 SaaS 发起的应用请求可能来自不同的实体，如用户使用的掌上设备、台式计算机或笔记本计算机，以及云中其他应用的调用。针对这种差异化的请求，该模块需要具有不同的响应方式，主要是指针对访问实体的属性采用不同的认证方式。

值得注意的是，差异化的认证方式需要配合预定义的终端策略来完成。例如，对于来自台式计算机的请求，采用用户输入密码的方式认证；对于具有生物信息识别能力的手机请求，采用用户扫描指纹等方式认证；对于来自云中其他应用的请求，通过核对用户令牌或通行证的方式认证。前端响应模块根据不同的认证方式渲染登录界面，准备接收用户的输入。

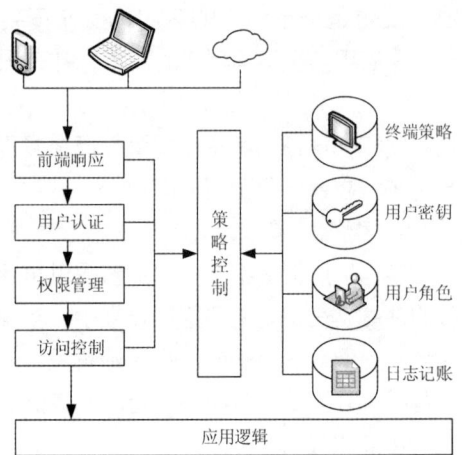

图 5.5   SaaS 平台认证和安全模块的设计要点

当用户输入登录信息后，认证和安全模块需要确认用户的合法性，并核对该用户的身份，赋予其合法权限。这个过程需要用户认证模块和权限管理模块相互配合完成。用户认证模块通过核对密钥确认用户合法性，权限管理模块查阅用户角色目录确定其访问的服务和数据。最后，当用户身份和角色确定后，访问控制模块将用户请求路由至目标应用，并在会话建立和销毁的整个过程中监控访问情况，隔离潜在的恶意行为。

（3）SaaS 的用户认证方式

用户认证是识别和验证用户身份的过程，是保证系统应用安全的基础。通过严格的身份认证，可以防止非法用户使用系统或伪装成其他用户使用系统。目前常用的身份认证方式有集中认证、非集中认证和混合认证三种。

集中认证：由 SaaS 应用系统提供一个统一的用户认证中心。所有用户都到这个中心管理和维护各自的身份数据，SaaS 应用直接到统一的认证中心校验用户身份。

非集中认证：每个企业都有自己的认证机制，自行处理认证请求。

混合认证：结合集中认证和非集中认证，有些企业提供自己的认证机制，有些企业使用统一的认证机制。

集中认证在用户身份安全性上更容易得到保障。因为大多数中小型用户没有专门的身份认证中心，所以大多数中小型 SaaS 应用采用集中认证比较合适。非集中认证的安全性相对较低，容易被攻击者破解。

用户的登录、访问和使用行为需要记录下来，这就是日志记账模块的主要功能。如果用户在系统中做了错误操作导致数据丢失或出错，用户可能会怀疑是 SaaS 的问题或是由其他用户的操作造成的。日志记录用户在系统中的操作行为和数据，以便查证，保证用户行为是不可伪造、不可销毁、不可否认的。SaaS 应用可以通过操作日志和数据日志两个方面实现这一功能。

① 操作日志：操作日志是辨别用户在系统中行为的重要依据，对于系统使用和系统运用分开的 SaaS 尤为重要。操作日志记录用户在系统中访问的每一个页面、在各页面中进行的每一个行为，以及用户的身份和操作行为的时间。操作日志记录采用的是面向页面的方案，例如，通过使用过滤器或拦截器，对所有页面请求和页面提交行为进行拦截，然后将其记录在日志文件中。

② 数据日志：数据日志记录用户在系统中操作的数据、数据的变更过程及历史。这在多人操作同一数据的系统中尤为重要。日志记录是查证用户在系统中行为的依据，用来跟踪和保障系统安全。日志本身的安全也很关键，因此对日志记录的处理应使其只读，并加上时间戳，防止人为修改或伪造；日志记录必须进行加密处理；日志只对管理员用户开放，普通用户只能查询自己的日志记录。

（4）SaaS 的数据加密

在传统应用中，通常只加密用户身份密码，很少加密用户的业务数据。但在 SaaS 应用中，数据库由运营商管理，对于用户来说，运营商及数据库管理员不是完全值得信任的。因此，必须对一些敏感数据（如用户密码、财务数据、关键用户数据等）进行加密，以保证数据安全。

用户身份密码：采用不可逆的加密算法（如 MD5）。

其他敏感业务数据：采用可逆的对称加密算法或非对称加密算法。由于数据密码对用户来说是透明的，密码可以在创建用户时由系统自动生成，生成后用管理员的密码明文进行加密并与身份数据一起存储。每个用户都需要用其身份密码明文对数据密码使用高级加密标准（Advanced Encryption Standard，AES）进行加密。为了防止数据密码泄露，加密后的数据密码密文和用户身份数据一起存储。

SaaS 应用完全基于互联网使用，如果采用明文传输，很容易受到网络攻击，导致数据保密性和完整性难以保障，应用安全性也难以实现。因此，对于 SaaS 应用中敏感数据的传输建议采用 HTTPS，而普通 Web 界面则直接采用 HTTP 传输。

由于用户通过互联网使用 SaaS 应用，部分内容必然部署在公网上。为了保证系统安全，暴露在公网上的内容应尽量减少。SaaS 应用应对系统进行分层设计和部署，只将系统界面层（Web）部署在公网，而将应用服务器和数据库服务器部署在防火墙内。

4. 定价和计费

对于 SaaS 来说，服务定价策略的制定是一项重要工作，因为价格的高低和计费是否符合用户的使用模式都会影响用户对服务的选择。由于 SaaS 平台功能多样，可选性较大，制定 SaaS 平台的定价策略需要具体而细致的考虑。制定 SaaS 平台的定价策略需要综合考虑以下两个因素。

（1）SaaS 应用的核心价值

一个 SaaS 应用通常提供针对用户需求的主要功能。为了有效地交付这些功能，通常还需要一系列辅助功能的配合。辅助功能并不是用户必须拥有的，或者用户可以通过其他途径获得。因此，SaaS 服务的价格应主要根据其为用户提供的核心价值，而不是功能的数量来衡量。

（2）定价体系的清晰性和灵活性

SaaS 的定价体系必须清晰，使用户可以明确了解应用的核心功能和辅助功能的计费标准，避免用户误解。同时，要为用户提供灵活的功能选择，功能的不同组合或使用情况需要如实反映在价格和费用中。

定价策略的制定直接关系到用户体验和满意度，同时影响着 SaaS 应用提供商的收益。一个好的定价策略能够促进应用提供商与消费者有效沟通，帮助用户在互联网中快速找到符合预期和预算的服务，提升用户忠诚度和黏性。

图 5.6 所示的 SaaS 平台的定价和计费参考模型可以帮助用户理解 SaaS 平台的定价方法，并制定结合以上因素的定价策略。为了达到定价的灵活性，该模型设计了三个不同层次的计费方式，分别是按功能计费、按计划计费、按账户计费。

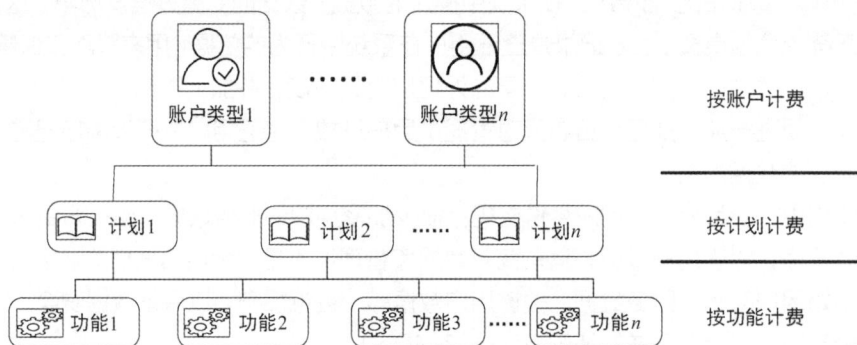

图 5.6　SaaS 平台的定价和计费参考模型

按功能计费的对象是 SaaS 应用提供的一项功能或一组功能，其计费依据是这些功能的使用情况。例如，在线文档处理应用中的一款 PPT 模板可以作为一个计费对象，其使用次数可以作为计费依据。按功能计费虽然灵活性高，但计费方式分散零碎、难以管理，不利于提高用户黏性。

按计划计费相对简单一些。一个计划通常包含一个或若干功能，并基于这些功能的使用情况进行计费。按计划计费引入了时间概念，也可以通过差异化来细分市场，便于用户选择。例如，在线文档处理应用可以提供两个计划：一个计划允许用户在一个月内无限次使用基本 PPT 模板和特色模板；另一个计划仅允许用户无限次使用基本模板，特色模板仍需按次付费。

按账户计费的灵活性最小，但能为用户提供最便捷的整套解决方案。一个账户往往包含多个计划，根据账户的不同需求组合多种计划。例如，在线文档处理应用不仅提供 PPT 模板的计划，还提供图标的计划。可以设计两种账户类型：全能账户类型，它可以同时使用 PPT 模板和图标的计划；普通账户类型，仅可使用 PPT 模板的计划。

在这个定价参考模型中，层次越高，用户选择的灵活性越小，但选择的便捷程度越高，对应用户的使用黏性也会提高。SaaS 应用提供商可以参考以上定价模型选择合适的层次进行定价。

此外，SaaS 应用的定价可以根据应用的成熟程度进行调整。例如，在应用上线初期，为提高知名度，应用提供商可以采用按功能计费的定价策略；随着应用成熟和用户增多，应用提供商可以逐渐提高定价策略的层次，并在更高层次设置价格折扣或增强功能，以吸引用户向高层次发展。这样，SaaS 应用才能走上用户稳定、不断发展的良性道路。

5. 服务整合

从 SaaS 的发展历程可以看出，SaaS 的发展伴随着其整合能力的提高。早期的 SaaS 应用是独立而封闭的，现在的 SaaS 应用已经与企业现有数据和流程深度整合。一个典型的具有高度整合能力的 SaaS 例子是 Salesforce CRM。它可以帮助企业实现从营销到签单的销售环节自动化，并为现有客户提供服务。因此，这套系统需要获得企业财务系统中的销售数据，以及 ERP 系统中的订单数据。因此，一个 SaaS 应用需要与其他应用配合才能完成既定工作。整合的对象既有可能是企业现有 IT 系统中的应用，也有可能是企业订阅的其他 SaaS 应用。

如图 5.7 所示，服务整合自上而下分为三个层次。

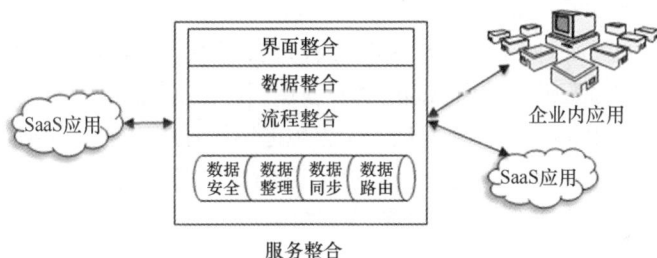

图 5.7　SaaS 服务整合层次

（1）界面整合

作为应用的前端，界面整合就是将来自不同应用的数据和信息组合在一起，以一种自然的方式展现在用户面前，不至于给用户带来割裂感和陌生感。

（2）数据整合

作为应用的基础，数据整合需要对已有的业务数据进行验证、整理和必要的转换，使它们能够在不同应用间传递。

数据的传递是服务整合的关键，这个过程在逻辑上通常以"管道"的方式实现，如图 5.7 所示。数据在管道中流动，管道的不同部分对数据进行管理和加工。管道的长短和功能的组合由数据的特性决定。但以下四个模块往往是不可或缺的，它们分别是数据安全模块、数据整理模块、数据同步模块和数据路由模块。

- **数据安全模块**：负责对进入管道的数据进行来源认证、完整性检查，保证数据是可信且未被篡改的。该模块还可以对数据进行加密，并辅助进行访问控制和病毒防范。
- **数据整理模块**：负责识别数据的格式，剔除重复、过时或不符合要求的数据，或对问题数据进行格式转换。该模块还可以组合多个不同来源的数据，以辅助业务逻辑整合。

- **数据同步模块**：负责根据业务的规则和流程来控制数据的流动，确定数据的传递和更新次序，避免中间环节出现异常而造成错误更新和不同步。
- **数据路由模块**：是管道的出口，负责将每一份数据投递到目标应用。投递的规则可以来自数据外部（如被识别的数据源），也可以来自数据内部（如某一字段的具体数值）。

（3）流程整合

作为应用的逻辑，流程整合不仅需要沟通各个业务环节，还应具有一定的灵活可变性，使流程能够根据实际情况动态调整。

服务整合往往是 SaaS 应用提供商提供解决方案的一部分。整合的功能可以由应用提供商自行提供，也可以由第三方的专业公司提供。后一种方式正逐渐成为主流，成功的云整合/整合服务提供商不断出现。这是因为整合工作除了需要技术功底（如数据管理、网络传输和界面开发）外，还需要对被整合对象有深刻理解和丰富的经验。专业的整合服务提供商可以在为 SaaS 提供者和使用者服务的同时，积累相应经验，形成现成可用的模板，加速整合进度。可见，现今的 SaaS 已经形成了一套"生态系统"，理解这个系统并寻找自己的位置是 SaaS 应用提供商成功的基础。

6. 开发和定制

开发和定制是 SaaS 平台为终端用户、独立应用开发商、服务集成商提供的通用功能。开发和定制的核心技术要求是，SaaS 应用能够以标准、简单的方式提供开放接口，并为用户、开发者和集成者提供一个易用、安全的测试环境。

开放接口技术伴随着互联网的发展已经被各种开发商接受。最先是国际著名电子商务网站 Amazon、eBay 等提供了查询网站商品信息的开放接口，目的是使用户通过更多途径访问网站，并进行二次开发。随后，Yahoo、Google 等搜索引擎也提供了开放的搜索和查询接口。后来，Google Maps 开放接口的推出使得大量基于地理位置的第三方定制应用成为可能。现在，开放接口技术已经涉及应用业务流程的各方面，包括信息查询、状态更新和用户认证等。

（1）简单对象访问协议

目前主流的开放接口实现技术是简单对象访问协议（Simple Object Access Protocol，SOAP）和 REST。SOAP 是一种交换数据的协议规范，是一种轻量的、简单的、基于 XML 的协议，设计用于在 Web 上交换结构化和固化的信息。SOAP 可以与 HTTP、简单邮件传送协议（Simple Mail Transfer Protocol，SMTP）、RPC 等应用层传输协议搭配使用，完成协商、消息通信、数据传递的任务。当前主流的应用服务器，从企业级的 WebSphere Application Server 到开源的 Apache Tomcat，都对 SOAP 有良好的支持。

一个典型的 SOAP 使用场景如下：SaaS 平台在应用服务器上提供一个 SOAP 服务，用户通过客户端使用 HTTP 发送一个 SOAP 消息包，也就是一条 HTTP POST 消息，消息的主体部分是 SOAP 消息。SaaS 平台收到 SOAP 请求后，解析消息包的内容，查询本地数据库或进行相应操作，然后把查询结果或操作结果封装在一条 HTTP RESPONSE 消息中，以 SOAP 消息包的形式返回给用户。SOAP 的优点如下：它可以与许多现有传输协议搭配工作，易于推广。然而，SOAP 被设计用于 Web 服务，而 Web 服务的需求使得 SOAP 需要做很多高级扩展，导致 SOAP 的学习难度较大，操作相对复杂，性能也会受到影响。

（2）REST

REST 是一种针对网络、分布式应用的软件架构理念和风格。具体来说，REST 指的是一组架构约束条件和原则。满足这些约束条件和原则的应用或设计就是 RESTful。

Web 应用重要的 REST 原则是客户端和服务器之间的交互在请求之间是无状态的。每个请求都必须包含理解请求所需的信息。如果服务器在请求之间的任何时间点重启，客户端不会得到通知。此外，无状态请求可以由任何可用服务器回答，这适用于云计算环境。客户端还可以缓存数据以增加性能。

在服务器端，应用状态和功能可以分为各种资源。资源是一个概念实体，它向客户端公开。资源的例子有应用对象、数据库记录、算法等。每个资源都使用统一资源标识符（Uniform Resource Identifier，URI）得到一个唯一一地址。所有资源共享统一界面，以便在客户端和服务器之间传输状态。其使用的是标准 HTTP 方法，如 GET、PUT、POST 和 DELETE。

另一个重要的 REST 原则是分层系统，这表示组件无法了解其与之交互的中间层以外的组件。将系统知识限制在单个层中，可以限制系统的复杂性，促进底层的独立性。

当 REST 的约束条件作为一个整体应用时，将生成一个可以扩展到大量客户端的应用。它还降低了客户端和服务器之间的交互延迟。统一界面简化了系统架构，改进了子系统之间交互的可见性。REST 简化了客户端和服务器的实现过程。

REST 规范清晰，学习、使用简单，开发者只需了解 HTTP、XML、JSON 等基础知识即可进行开发。由于 REST 实际上规范了资源的查询、修改、添加、删除操作，接口名称就是 HTTP，这大大提升了开放接口的通用性，开发者不再需要阅读大量不通用的接口文档。目前，提供 REST 风格的接口已成为所有服务提供者的共识。在工程上，服务器端只需在应用服务器上增加 Restlet、Apache Wink 等扩展包，就可以支持 REST。

（3）测试环境

与开放接口技术同等重要的定制和开发相关技术是测试环境，即沙盒（Sandbox）。沙盒是一个隔离的测试环境，模拟生产环境和实际系统状况。开发者可以在沙盒中测试代码，寻找功能和性能问题，而不会影响实际系统的功能和数据。沙盒可以有不同的模拟级别，例如，它可以只模拟实际系统的最小功能集，也可以模拟实际系统的软件和硬件环境，甚至可以提供与实际系统类似的数据集或数据库。模拟级别越高，实现成本也越高。在具体使用中，沙盒的模拟级别可以根据开发阶段调整：在功能测试时使用最简环境；在上线前的最终测试时，使用模拟了数据库、软件和硬件环境的环境。此外，沙盒还需要能够从技术上支持测试代码向生产环境迁移，例如，内嵌代码版本控制（CVS、SVN 等）、开发测试文档、日志等的支持。

5.2.3　支撑平台的参考实现

综合 5.2.2 小节介绍的设计要点和关键技术，下面给出 SaaS 平台的参考架构，如图 5.8 所示。值得注意的是，该参考架构的目标实现者是 SaaS 平台提供商。SaaS 平台的作用是为 SaaS ISV 提供应用所需的通用功能部件。

从图 5.8 中可以看到应用安全、应用定制、应用整合、应用隔离等功能部件。它们对应了 5.2.2 小节介绍的关键技术部分，在此不复述。此外，应用定制、应用隔离等功能部件是实现多租户平台的基石。值得注意的是，应用定制不仅针对界面，还可以针对流程等方面进行深入定制。同样，应用隔离不仅包括计算隔离，还包括界面隔离、流程隔离以及资源隔离。这些能力使平台能够为应用开发者提供强大的功能支持，使他们可以专注于业务开发。

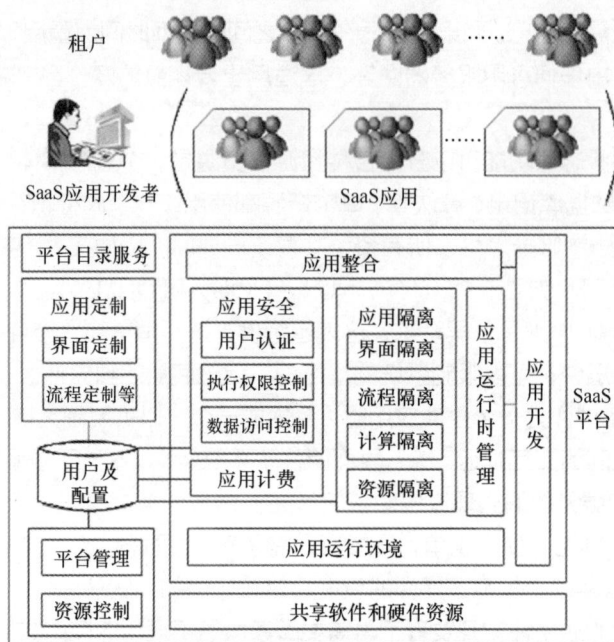

图 5.8　SaaS 平台的参考架构

　　除此之外，该平台还具有应用运行环境，并且能够对其进行运行时管理。应用运行环境负责协调底层的共享软件和硬件资源，使它们能够为应用所用；此外，该部件还提供应用的上线、运行时管理、离线维护和下线等功能，并配合应用隔离部件和应用开发部件。应用运行环境能够实现对应用的能力管理，该服务使应用开发商能够根据业务负载选择资源消耗。这里的资源既包括共享的软件和硬件资源，也包括 SaaS 平台的功能。例如，应用运行环境具有数据缓存能力，在数据持久化层和业务逻辑层之间加入缓存，提高数据读写效率，提升应用性能。应用开发商可以根据自身情况决定是否需要该功能。能力管理服务将根据用户选择保证资源合理使用，并通过应用计费部件向应用开发商综合收费。

　　除了以上 SaaS 应用必需的平台功能外，该参考架构还提供了诸如平台目录服务等为应用开发商提供的增值服务。应用开发商可以将其开发的应用产品注册入平台目录，由 SaaS 平台统一负责推广。如果 SaaS 平台具有较大的影响力和较好的声誉，这无疑可以为应用的流行提供有利条件。此外，SaaS 平台应具有对其本身运行进行监控和管理的能力。在这里，对底层资源消耗的监控尤为重要，尤其在 SaaS 平台本身不维护底层资源，而依靠云中其他平台提供服务的场景下。

5.3　SaaS 应用

　　本节首先讨论 SaaS 应用的三大类型，然后介绍每种类型的一些典型应用案例。

5.3.1　SaaS 应用的分类

　　SaaS 应用是运行在云端的应用集合。每一个应用都对应一个业务需求,实现一组特定的业务逻辑,并通过服务接口与用户交互。用户无须关心应用在哪里运行,也无须关心采用何种技术开发,更无须在本地安装这些应用,只需关心如何访问这些应用。总的来说,SaaS 应用可以分为以下三大类。

5.3 SaaS 应用

1.　标准应用

　　标准应用面向大众,采用多租户技术为大量用户提供相互隔离的操作空间,提供标准且一致的服务。用户除了界面上的个性化设定外,无法进行更深入的自定义。标准应用可以看作是常用应用的云上版本。可以预见,常用的桌面应用将陆续出现其云上版本,并最终向云上迁移。标准应用的典型代表有 Google 的文档服务 Google Docs、IBM 的协作服务 LotusLive 和 Microsoft 的 Office Online 等。

2.　客户应用

　　客户应用为某个特定领域的客户专门开发,具有标准功能模块,允许用户进行不限于界面的深度定制。与面向最终用户的标准应用不同,客户应用一般针对企业级用户,SaaS 提供商通常提供 API 或集成工具,支持企业级客户进行自定义和二次开发。客户应用是传统企业 IT 解决方案的云上版本。客户应用的典型代表有 Salesforce CRM 应用和 NetSuite ERP 应用。

3.　多元应用

　　多元应用通常是由独立应用开发商或开发团队在公有云平台上搭建,满足用户某一特定需求的创新型应用。不同于标准应用满足大多数用户日常需求的服务,多元应用满足特定用户的多样化需求。例如,Mutiny 为旧金山地区的用户提供地铁和公交时刻表服务;The Option Lab 为投资者提供期权交易策略制定、风险分析、收益预期等方案;Fitness Chart 帮助健身用户记录体重、脂肪率等数据,跟踪健身计划,评估效果。这样的多元化应用不胜枚举,涉及生活的方方面面,满足不同人群的各种需求。

　　公有云平台的出现推动了互联网应用的创新和发展。这些平台降低了 SaaS 应用的开发、运营和维护成本。从基础设施到必备应用,从应用的可伸缩性到运行时的服务质量保障,这些都由云平台处理。对于 SaaS 应用提供商,尤其是多元应用提供商,一个 SaaS 应用的诞生甚至可以实现零初始投入的目标,其唯一需要的是富有创意的思路和敏捷而简单的开发。

　　SaaS 应用划分为三种类型,这三种类型的划分可以使用“长尾理论”来诠释。在图 5.9 所示的长尾模型中,横轴是 SaaS 应用按流行程度的排序,纵轴是 SaaS 应用的流行程度。少量的标准应用具有最高流行程度,成为长尾模型的“头”。中等规模的客户应用具有中等流行程度,成为长尾模型的“肩”。大量的多元应用具有较低流行程度,成为长尾模型的“尾”。

　　标准应用是人们日常生活中不可或缺的服务,如文档处理、电子邮件和日程管理等。这些应用提供的功能是人们熟悉的,绝大多数云应用使用者会使用它们处理日常事务。标准应用类型有限,它们必须具备的功能和用户交互方式在一定程度上已经形成业界标准。标准应用的提供商往往是具有雄厚实力的 IT 行业巨头。

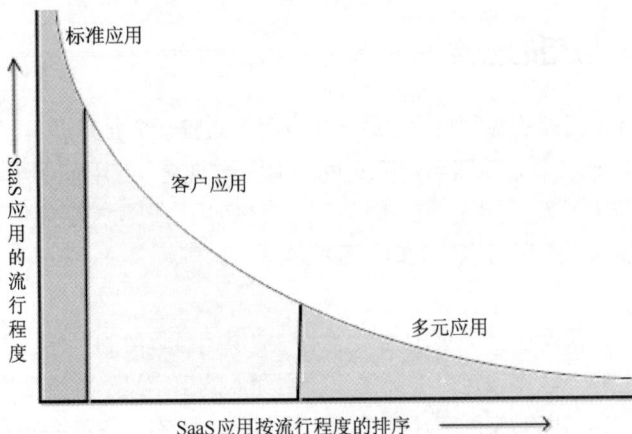

图 5.9　SaaS 应用的长尾模型

客户应用针对具有普遍性的某种需求，如 CRM 和 ERP 等。这样的应用可以为不同客户定制，供大量用户群使用。客户应用类型较丰富，但集中在若干通用业务需求上。客户应用的提供商可以是规模较小的专业公司。

多元应用满足的是小部分用户群体的个性化需求，如某个城市的居民或健身用户。这样的应用追求新颖和快速，虽然用户群体可能有限，但对目标群体有巨大价值。多元应用种类繁多，千变万化，提供者可以是小型开发团队，甚至是个人。"长尾理论"的核心思想是，即使是微小的需求，一旦满足，也可创造价值。这些微小需求的集合就是长尾模型的"尾"，聚合起来具有巨大潜力。在云应用的"生态系统"中，客户应用和多元应用落在长尾模型的肩部和尾部。在传统信息产业模式中，这部分空间蕴藏的价值没有被很好地挖掘。各大 IT 厂商主要关注长尾模型的头部，而忽视了相对较难把握的个性化需求。云计算的出现显著降低了应用开发和维护成本，拉近了初创型公司和行业巨头的技术差距，使具有创新精神和独到眼光的团队可以快速将构想化为现实。可以说，云计算为 IT 行业创造了新的增长空间，也为互联网用户提供了更加丰富的选择。

5.3.2　云应用的典型示例

1. 标准应用示例

在线文档服务是标准应用的一个典型示例，如 Google Docs。Google Docs 允许用户在线创建文档、协同编辑、实时共享，并提供多种布局模板。Google Docs 是完全基于浏览器的 SaaS，用户无须在本地安装任何程序，只需通过浏览器登录服务器，即可随时随地获得工作环境。在用户体验上，该服务尽量符合用户的使用习惯，不论是页面布局、按钮菜单设置还是操作方法，都与用户熟悉的本地文档处理应用（如 Microsoft Office 和 OpenOffice 等）相似。

用户可以从零开始创建新文档，也可以将现有文档上传到服务器端，利用 Google Docs 的处理功能继续编辑。编辑完成后，用户可以将文档下载到本地保存，或保存在服务器端。将文档保存在服务器端的好处是，用户可以方便地利用共享功能与预设的合作者共同创作，或邀请审阅者在线审阅文档。Google Docs 还支持将编辑好的文档发布到互联网，用户可以设定访问权限，让全世界的互联网用户或指定用户像浏览网页一样浏览发布的文档。

标准应用的一个重要特点是代码运行在云端，而非用户的本地主机上。随着云计算的发展，越来越多原本运行在本地的复杂应用将被迁移到云端，并由用户通过浏览器执行。这需要在网页中提供与本地窗口应用同样丰富的功能集合，并在服务质量（如响应速度）上与本地应用差别不大。然而，使用网页实现 SaaS 应用的开发难度较大，这类 SaaS 应用在功能上往往与先前本地版本有所差异。HTML5 的成熟在一定程度上缓解了这一问题。Google Web Toolkit（GWT）正是朝这一方向的尝试，它使开发者可以使用 Java 语言开发支持异步 JavaScript 和 XML 技术（Asynchronous JavaScript and XML，AJAX）的 Web 应用，从而简化开发的复杂度。

2. 客户应用示例

Salesforce CRM 是客户应用的典型代表。其关键点在于采用了多租户架构，使所有用户和应用共享一个实例，同时能够按需满足不同客户的要求。多租户架构分离了应用的逻辑和数据，企业用户可以通过元数据定义自己的行为和属性，定制化后的应用不会影响其他企业用户。此外，Salesforce 还推出了自己的编程语言 Apex，这是一种易用的、多租户的编程语言，在一定程度上解决了 SaaS 平台在模型开发复杂度方面的问题。用户可以通过 Apex 语言创建自己的组件，修改 Salesforce 提供的现有代码。Apex 语言使编写的应用天生符合网络服务的要求，可以通过 SOAP 方式访问，方便第三方 ISV 进行应用开发。

开发结束后，应用可以有效地部署在运行平台上，并激活至可用状态。对于用户来说，应用达到可用状态不是唯一目标，还需要具有一定的互操作性。互操作性一方面要考虑如何将现有应用迁移到云中，另一方面要考虑 SaaS 应用是否可以从一个云服务提供商迁移到另一个云服务提供商。前者的问题类似于传统意义上的互操作性，涉及应用从一个操作系统迁移到另一个操作系统，或从一个运行平台迁移到另一个运行平台。后者的问题主要是由于目前云计算缺乏一整套开放标准，使 SaaS 应用和整个云计算缺乏统一的数据描述模型及通信标准等规范。

如果 SaaS 应用不能迁移，当用户选择另一个云服务提供商作为服务平台时，意味着先前的投入无法有效再利用。更为致命的是，用户的数据将无法从一个云服务平台导出并导入另一个云服务平台。这无疑会使用户，尤其是拥有大量历史数据的企业和机构用户，对云计算望而却步，这对云计算本身的发展极为不利。互操作性的解决依赖于云计算开放标准的建立，这需要众多 IT 公司的共同推动。

3. 多元应用示例

多元应用是 SaaS 平台中较为丰富多彩的一类应用，涉及个人、公司、团体，与工作、生活等方方面面相关，并跨越多种平台和接入设备。下面介绍几个典型的多元应用。

（1）Mutiny 公交系统时刻表应用

在传统的个人计算机平台上，为旧金山地区用户提供实时、随处可用的公交系统时刻表服务的 Mutiny 是多元应用的典型代表之一。用户可以随时通过便携设备登录 Mutiny 网站，获知自己所处位置附近所有的公共汽车、地铁线路和停靠站点，以及下一班车的进站时间。Mutiny 获取移动设备上的全球定位系统（Global Positioning System，GPS）坐标，利用该坐标信息访问 Google Map 的 API，得到使用者目前所处的街道位置，以及附近所有的公交站、地铁站信息。用户选择任意一个站点，就会得到该站点下一班车的到站时间，该到站信息是从旧金山地区公交系统的网站上获得的。Mutiny 巧妙地整合了网络上的数据资源，利用云平台为特定用户群（旧金山地区的居民）提供了便捷的服务。

123

这种设计方式称为 Mashup，它追求的是便捷而快速的整合，通常使用数据源提供的开放应用程序接口（Open API）来实现。Mashup 应用架构由两部分组成：数据内容/Open API 提供者和 Mashup 站点。这两部分在逻辑和物理上都是相互分离的。数据内容/Open API 提供者是被融合的内容提供者。在 Mutiny 中，该提供者是 Google Map 和旧金山地区的公交系统网站，为方便检索数据，数据源通常会将内容通过 Web 协议对外提供。Mashup 站点是数据融合发生的地方，既可以在服务器端完成，也可以在浏览器端完成。若在服务器端完成，则 Mashup 直接使用服务器端动态内容生成技术实现，为用户提供整合后的最终页面；若在浏览器端完成，则需通过客户端脚本（如 JavaScript）或 Applet 来完成。

（2）App Store 应用商店

随着移动设备、智能终端（手机、平板计算机）的普及，移动设备平台上的应用变得越来越丰富。目前使用最多的两个应用平台是 Apple 公司的 App Store 和 Google 的 Android Market。下面重点介绍 App Store 及其中的典型应用。

App Store 是 Apple 公司于 2008 年推出的应用开发、上传、下载、更新、计费平台。它提供了 SDK，应用开发者可使用 SDK 开发自己的应用，并可以注册 App Store 的开发者账户，将自己的应用发布到 App Store 上，设置应用为免费下载或收取一定费用后下载。普通用户可以在平台上看到所有应用，并根据喜好将应用下载到计算机、iPhone、iPad 上使用。如果是收费应用，用户会支付费用给 App Store，App Store 从费用中提取管理费后，将剩余部分交给应用开发者。

这种模式形成了良性循环，保证了平台各方的多赢：应用开发者可以自由定价，通过应用收费获得收入，保证生活甚至创建公司；用户可以选择免费或收费应用，通过各种应用获得便利；同时，App Store 为 Apple 公司带来了稳定的平台收入，并直接带动了 Apple 公司 iPhone、iPad 等终端设备的销售，使 Apple 公司成为发展势头强劲的 IT 公司之一。

根据 Apple 公司 2020 年 1 月公布的数据，自 2008 年推出 App Store 以来，App Store 不仅成了较为安全的应用市场，还为 Apple 公司和应用开发者带来了巨大收入。应用开发者在 App Store 上获得的收入已超过 1550 亿美元，其中超过四分之一的收入来自 2019 年。据分析，这意味着 App Store 在 2019 年的总销售额最高可达 500 亿美元。假设应用开发者获得应用销售额的 70%，Apple 公司获得 30%，那么 Apple 公司创造了约 150 亿美元的收入。目前，App Store 每周访问量超过 5 亿，有超过 200 万款应用在 App Store 上架。

（3）"飞常准"航班时刻表应用

"飞常准"是 App Store 上一个非常受欢迎的多元应用，适用于经常坐飞机的商旅人士。它可以为用户显示航班时刻表，用户输入即将乘坐或关注的航班，程序获取网络上由航空公司、机场、空管部门提供的信息，汇总处理后显示给用户。用户可以看到航班当前的状态，是否取消、晚点出发、晚点到达，甚至可以看到前序航班目前飞行到哪里。用户还可以查询登机口，查看航班对应飞机的座位图，以及若航班取消，是否有合适的替代航班等。

5.4 SaaS 的发展趋势

SaaS 在应用市场中已经呈现出飞速发展的趋势。在欧美等 IT 发达地区，SaaS 已经取得了良好的发展，用户也开始给予它高度认同。SaaS 在我国已迅速发展十余年，并得到了业界的高度关注。SaaS 在我国有很大的应用市场，数量众多的中小企业是一个庞大的消费群体。目前，这些中小企业信息化普及率不高的主要原因是 IT 投入少、缺少专业的 IT 技术支持。因此，中小企业急需专业的技术人员来提升管理质量和降低运营成本，以提高企业的核心竞争力。SaaS 的出现正好可以解决中小企业的这些需求。使用 SaaS，用户可以根据自己的应用需求指定相应的服务，并且这些应用服务的技术支持和专业维护由提供 SaaS 的专业人员承担，既可以满足中小企业的技术要求，又可以降低其成本，因此 SaaS 在中小企业中有很好的发展前景。

SaaS 不仅可以为客户大幅度降低 IT 运维成本，还可以给应用提供商带来巨大的潜在市场。SaaS 的出现，使得那些之前因为成本太高而没有实施信息化的用户成为潜在用户。此外，SaaS 降低了应用提供商的开发成本和维护开销，增加了差异化的竞争优势，使新产品或服务进入市场的步伐加快，并且大大降低了营销成本。

SaaS 的发展将会出现普及化、平台化和集中化等趋势，主要包括以下几点。

（1）所有规模的企业都可以从 SaaS 发展中获利。一些大型企业为了增加竞争优势，将局部应用外包。在 SaaS 应用的发展满足大企业的局部应用需求之后，这一模式将逐步普及到中小企业。

（2）应用架构要求提供商能够提供元数据建模，让应用变得更加适合业务扩展。因此，由模型驱动的 SaaS 平台是未来开发的必然方向，其目标是实现可定制化、可配置化、可管理化和可模型化。

（3）SaaS 无法完全取代传统的套装管理应用，应用领域存在一定局限。SaaS 更适合 CRM、HR、E-mail、分销管理等应用，而一些涉及企业核心商业机密及对应用稳定性要求高的应用很难对 SaaS 有大量需求。

应用提供商一般比较擅长做应用，对自己的应用非常了解，但对底层资源的整合运用不一定熟悉。SaaS 则是将应用和平台分开，让做平台的专注于做平台，做应用的专注于做应用。云计算的这种方式使得 SaaS 企业可以专注于自己所了解的业务，为用户提供更好的服务应用。因此，云计算将应用和资源分离后，SaaS 企业能够更好地找到自己的生存空间，解决了 SaaS 企业的发展问题。

5.5 总结

云应用是指运行在云中、以 SaaS 形式提供给客户的应用，用户通过浏览器或开放接口访问应用，按需付费，不需要一次性投入，并使用整合的多种应用来提高效率，获得新创价值。

本章首先介绍了 SaaS 生态系统及应用提供商可以选择的市场定位，回顾了 SaaS 的发展历程，总结了其在云计算时代的特征，从平台和应用的角度对 SaaS 平台进行了深入剖析。其次介绍了 SaaS 平台，讲解了 SaaS 平台的架构，分析了 SaaS 平台的设计要点和关键技术，分别从大规模多租户支持、认证和安全、定价和计费、服务整合、开发和定制五个方面深入展开，并给出了 SaaS 平台系统的参考模型。然后介绍了 SaaS 应用部分，总结了云应用的特征，将云计算中的应用归纳为标准应用、客户应用和多元应用三大类，并给出了每一类的典型示例。最后对 SaaS 的发展做了展望。

习题

1. SaaS 的核心价值在哪里？
2. 与传统应用相比，SaaS 应用的优势和缺点分别是什么？
3. 描述数据隔离的三种方式。
4. 描述 SaaS 应用的主要特征。
5. 描述 SaaS 发展历程的三大阶段。
6. 描述实现 SaaS 四大层次及各自的特点。
7. 描述 SaaS 支撑平台的四大类型和各自的特点。
8. 对比采用虚拟化技术和多租户技术实现应用隔离的优缺点。
9. 描述 SaaS 的关键技术及其实现要点。
10. 描述 SaaS 的服务整合层次。
11. SaaS 应用有哪三大类？请举例说明。

第6章

桌面云

06

众所周知，云计算有三种主要的服务模式：IaaS、PaaS 和 SaaS。在第 3~5 章中详细介绍了这三种服务模式。随着云计算的发展和应用的深入，在这三种服务模式的基础上，还衍生了一些新的服务模式，桌面云（Desktop as a Service，DaaS）就是其中之一。

桌面云以虚拟桌面技术为基础，为用户提供灵活访问、安全数据和便捷管理的远程桌面服务。虽然虚拟桌面的概念由来已久，但云计算技术的成熟大大推动了虚拟桌面的发展，进一步扩大了其业务领域和应用范围。随着云计算和移动设备的普及，桌面虚拟化作为一种新型的桌面交付方式，越来越受到企业的青睐。目前，市场上主流的虚拟桌面方案提供商包括 VMware、Citrix、Microsoft 和华为等，这些提供商的方案在许多行业中都有广泛的用户基础。

本章将首先讲解桌面云的基本概念和业务价值，然后介绍虚拟桌面的发展历史、桌面云架构、虚拟桌面架构技术和虚拟桌面交付协议，最后介绍与桌面云相关的其他核心技术。

【技能目标及素养目标】

- 掌握选择和使用桌面云的方法
- 掌握使用动态应用发布技术提供桌面云应用的方法
- 掌握配置桌面云系统的技能

- 培养思辨能力
- 培养创造性思维
- 培养专业素质

6.1 桌面云的概念

桌面云基于 IaaS，通过桌面管理和服务模块为用户提供优质的桌面服务，使用户可以通过台式计算机、笔记本计算机、平板计算机，甚至手机在任何有网络的地方都可以访问自己的桌面，包括用户的应用、配置和数据。从服务层次划分的角度来看，桌面云看似更接近 IaaS，例如，桌面云主要是在 IaaS 的基础上，通过桌面交付协议为用户提供远程桌面服务。但实际上，桌面云是以 IaaS 为基础，向最终用户提供的一种"桌面应用"，而不是 IaaS 的计算和存储资源。也就是说，桌面云实际上是 IaaS 的一种经典应用。

6.1 桌面云概述

桌面云是符合 NIST 云计算定义的一种云，即把桌面作为一种共享的、可配置的计算资源以服务的方式提供给用户。IBM 对桌面云的定义为"可以通过瘦客户端或者其他任何与网络相连的设备

来访问跨平台的应用，以及整个客户桌面"。

虚拟桌面是桌面云的核心技术，它可以为用户提供部署在云端的远程计算机桌面服务，即在云计算平台服务器上运行用户所需的操作系统和应用，采用桌面交付协议将操作系统桌面视图以图像的方式传送到用户端设备上显示。同时，用户端的输入通过网络传递至服务器端进行处理，并更新桌面视图内容。桌面云的工作原理如图 6.1 所示。

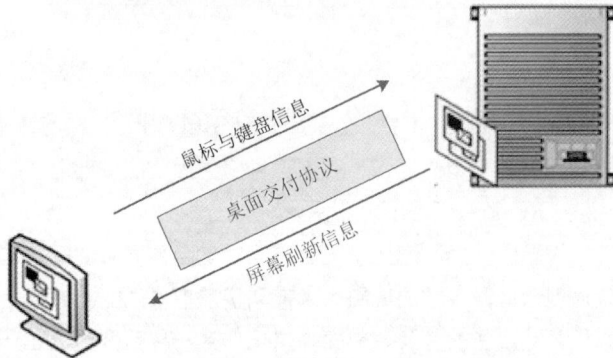

图 6.1　桌面云的工作原理

从本质上看，桌面云是一种将计算机用户使用的计算机桌面与物理计算机相隔离的技术。计算机桌面由网络中的服务器提供，而非用户的本地计算机提供。所有程序的执行和数据的存取都在远程服务器中完成，用户可以通过网络访问运行在云端的虚拟桌面，并获得与使用本地计算机桌面相近的体验。

桌面云除了依赖虚拟桌面技术以外，还需要桌面管理技术、桌面远程传送和显示技术以及应用流技术等的支持。此外，桌面云降低了对本地终端的要求，而瘦终端作为一种新的终端形式，也应纳入桌面云的技术范畴。

桌面管理技术主要提供对桌面的部署和管理，接收用户终端的请求，为用户分配相应的"桌面"，并建立与终端之间的"桌面连接"。桌面管理技术还提供桌面映像文件管理、用户认证、用户配置数据管理等功能。

用于在不同网络环境中传输远程虚拟桌面内容和设备数据的桌面交付协议是桌面云的核心技术，也是各厂商竞争的主要领域。目前主要有商业化的独立计算架构（Independent Computing Architecture，ICA）、远程桌面协议（Remote Desktop Protocol，RDP）、PCoIP（PC-over-IP）以及开源的独立计算环境简单协议（Simple Protocol for Independent Computing Environment，SPICE）等技术。

对于第二代虚拟桌面而言，应用发布是确保用户桌面能够充分个性化的重要手段，其关键在于如何根据实际需要及时、有效地在系统桌面上发布应用，应用流是这一领域的关键技术。

在后面的各节中将分别介绍这些技术。

6.2　桌面云的业务价值

桌面云的业务价值有很多，除了可以随时随地访问桌面外，还有以下重要的业务价值。

1. 集中化管理

在使用传统桌面的整体成本中，管理维护成本占据了很大一部分。这些成本包括操作系统的安装配置、升级、修复，硬件的安装配置、升级、维修，数据恢复与备份，以及各种应用的安装配置、升级和维护。在传统桌面应用中，这些工作基本上都需要在每个桌面上重复进行，工作量非常大。对于那些需要频繁更换和更新桌面的行业来说，工作量更是巨大的。例如，大学实验室经常需要配置不同的操作系统和运行程序来满足不同实验课程的需要，面对上百台主机，这样的工作量极为繁重，并且需要经常重复。

在桌面云解决方案中，管理是集中化的。IT 工程师可以通过控制中心管理成千上万的虚拟桌面，所有的更新、打补丁都只需要更新一个基础镜像。对于上述大学实验室而言，管理维护变得非常简单，只需为每门课程实验配置自己的基础镜像，进行不同实验的学生就可以连接到通过相应基础镜像生成的虚拟桌面。任何对实验环境的修改，只需在这些基础镜像上进行，然后重启虚拟桌面，即可看到所有的更新内容，大大节省了管理成本。

2. 安全性高

安全是 IT 工作中的一个非常重要的方面。各单位对自身有安全要求，同时政府对安全也有强制要求，如果不能满足这些要求，后果会非常严重。对于企业来说，数据和知识产权就是其生命，如银行系统中的客户信用卡账户信息、保险系统中的用户详细信息、软件企业中的源代码等。如何保护这些机密数据是许多公司 IT 部门经常面临的挑战。因此，他们采取了各种安全措施来保证数据不被非法使用，如禁止使用通用串行总线（Universal Serial Bus，USB）设备、禁止使用外部电子邮箱等。对于政府部门来说，数据安全同样至关重要。英国曾发生某政府官员的笔记本计算机丢失事件，导致保密文件被记者获取，该官员不得不引咎辞职。

在桌面云解决方案中，所有的数据和计算都在服务器端进行，客户端仅显示变化的图像，因此无须担心客户端被非法窃取资料。此外，IT 部门可以根据安全需求制定各种新规则，这些规则可以迅速应用于每个桌面。

3. 绿色环保

如何保护有限资源，减少能源消耗，是当前各国科学家不断探索的问题。地球上的资源是有限的，如果不加以保护，人类很快会面临无资源可用的困境。现在全世界都在采取措施减少碳排放量，如利用风能等更清洁的能源。然而，传统个人计算机的耗电量非常大。一般来说，每台传统个人计算机的功率在 200 W 左右，即使处于空闲状态也在 100 W 左右。按照每天使用 10 小时，每年工作 240 天计算，每台计算机的耗电量约为 480 kW·h，十分惊人。除此之外，为了给这些工作时的计算机降温，还必须使用空调设备，这些能量消耗同样巨大。

采用桌面云解决方案后，每个瘦客户端的功率约为 16 W，只有传统个人计算机功率的约 8%，产生的热量也大大减少。

4. 总拥有成本减少

IT 资产的成本包括初期购买成本、管理维护成本、能源消耗成本，以及硬件更新升级成本。相比传统个人桌面，桌面云在整个生命周期的管理、维护和能源消耗方面的成本大大降低。从硬件成本来看，桌面云在初期硬件投资上较高，因为需要购买新的服务器来运行云服务。然而，传统桌面的更新周期为 3 年，而服务器的更新周期为 5 年，因此硬件成本上桌面云与传统桌面基本相当。然而，桌面云在软成本方面大大降低，且软成本在人均总成本（Total Cost Overhead，TCO）中占很大比例。因此，采用桌面云方案的 TCO 大大减少。根据高德纳咨询公司的预计，虚拟桌面的 TCO 相比传统桌面可以减少约 40%。

6.3 虚拟桌面的发展历史

本节介绍虚拟桌面发展的动力和三个主要阶段：UNIX X Window 阶段、应用虚拟化阶段和桌面虚拟化阶段。

6.3.1 虚拟桌面发展的动力

在如今的 IT 领域，信息主管（Chief Information Officer，CIO）正在寻找一种可以让员工在任何地点安全地接入企业个人桌面的方案。随着个人平板计算机、智能手机和上网本计算机的使用越来越多，如何安全地使用这些新设备推动了虚拟桌面基础架构（Virtual Desktop Infrastructure，VDI）的发展。除此之外，还有其他几个因素也促进了 VDI 的发展，包括企业数据安全性和合规性、管理传统桌面环境的复杂性和成本、不断增加的移动办公需求、使用自带设备（Bring Your Own Device，BYOD）的兴起以及桌面的快速恢复能力等。

VDI 基于桌面集中的方式为网络用户提供桌面环境，这些用户使用设备上的远程显示协议（如 ICA、RDP 等）安全地访问其桌面。这些桌面资源被集中管理，允许用户在不同地点无缝访问。例如，某员工在办公室打开一个 Word 应用，恰逢临时出差，他在外地用平板计算机连接虚拟桌面，可以看到这个 Word 应用依然在桌面上，状态与其离开办公室时一致。这使得系统管理员能够更好地控制和管理个人桌面，提高安全性。

虚拟桌面技术的发展与整个计算机产业的进步息息相关。集中化架构的想法早在大型机和终端客户机的年代就已经出现。在 20 世纪 80 年代前计算机发展的早期阶段，由于机器规模庞大且制造成本高昂，当时计算机的访问通常采用集中处理方式，用户通过主机/哑终端模式使用计算资源。这种访问方式与虚拟桌面的远程访问模式非常相似。然而，当时的计算机通过命令行界面与用户交互，还没有出现桌面的概念，网络技术也远未成熟，无法方便地支持用户接入。

20 世纪 70 年代末至 90 年代，随着用户对计算机操作体验要求的提升，基于图形用户界面（Graphical User Interface，GUI）的计算机桌面技术开始出现并兴起。Xerox、Apple、Microsoft 等公司先后推出了具有 GUI 桌面的操作系统。同时，计算机开始向大众普及，尽管在很多场合仍需要用户远程共享服务器，这催生了早期的虚拟桌面技术，但个人计算机的广泛应用使人们逐渐放弃了集中计算资源的远程访问模式，转而使用本地微型计算机。

进入 21 世纪后，个人计算机的普及带来了诸多问题，特别是系统运维复杂度的剧增，使人们重新关注集中部署计算资源的交付方式。这一需求与云计算的理念不谋而合，虚拟桌面技术也进入了新的黄金发展期。

6.3.2 UNIX X Window 阶段

虚拟桌面与传统计算机的重要区别之一在于虚拟桌面能够将远程服务器提供的桌面内容显示到用户的本地终端上，这种远程显示能力最早可追溯到 20 世纪 80 年代推出的 UNIX X Window 系统。UNIX X Window 是一个网络透明的窗口显示系统，由相关的计算机应用和网络协议组成，能够用于位图显示，为联网计算机提供基本的图形用户接口。UNIX X Window 系统采用客户机/服务器（C/S）模式：UNIX X Server 运行在拥有图像显示能力的计算机上，负责与各种客户端程序通信；UNIX X Client 负责解释应用的 X11 请求，然后将其传送至 UNIX X Server 的屏幕上显示。换句话说，UNIX X Server 相当于用户和 UNIX X Client 应用之间的传声筒，它从 UNIX X Client 接收图像窗口的输出请求并将其显示给用户，同时接收用户输入（鼠标、键盘），并将其传送给 UNIX X Client 应用。UNIX X Window 系统的技术架构如图 6.2 所示。

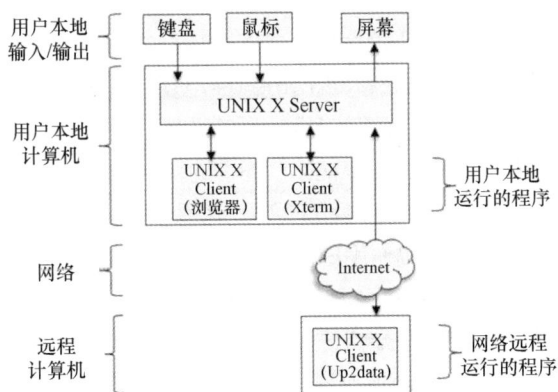

图 6.2　UNIX X Window 系统的技术架构

需要注意的是，UNIX X Window 系统中的"客户端"和"服务器"等术语的定义是从程序的角度出发，而不是从用户的角度出发的。因为本地的 UNIX X Server 运行在本地计算机上提供显示服务，所以它扮演了服务器的角色；而 UNIX X Client 运行在各种远程计算机上，使用了 UNIX X Server 提供的显示服务，所以它是客户端。不论如何，UNIX X Window 系统率先实现了应用执行和界面显示的分隔，使得应用能够跨网络部署，从而支持应用远程显示，成为后来计算机桌面远程交付技术的鼻祖。

6.3.3　应用虚拟化阶段

UNIX X Window 系统的出现启发了许多操作系统开发者。20 世纪 80 年代中期，Microsoft 和 IBM 开始开发 OS/2 操作系统。IBM OS/2 团队负责人埃德·亚科布奇（Ed Iacobucci）提出希望采用类 UNIX 架构，使 OS/2 能够成为一个真正支持多用户的内核，并扩展窗口图像显示系统，使显示功能能够像 X11 一样运行在独立于应用的显示系统中。然而，IBM 和 Microsoft 对此并不感兴趣。于是，埃德·亚科布奇于 1989 年创建了 Citrus Systems，即现在在应用虚拟化、桌面虚拟化、服务器虚拟化和云计算领域享有盛名的 Citrix Systems（简称 Citrix）。

Citrix 初期的产品并不成功，公司甚至两次面临倒闭的风险。直到 1993 年，Citrix 从 Novell 收购了一款基于磁盘操作系统（Disk Operating System，DOS）和必要的内存管理技术设计的远程访问应用的产品。通过改进该产品，Citrix 推出了名为 WinView 的产品，不仅将 OS/2 改造为支持多用户的操作系统，还包含了一份 Windows 3.1 操作系统的副本，与 Novell Netware 产品合作，能够在一个系统上支持多个用户同时运行 DOS 和 Windows 应用，实现操作系统的多会话支持。

更重要的是，WinView 还支持用户通过网络共享远程系统，使更多用户能够访问集中部署的计算机系统，在当时计算机尚不普及且价格高昂的情况下，具有很好的经济效益。WinView 获得了极大的成功。1994 年，Citrix 在 WinView 中增加了对 TCP/IP 栈的支持，使其后续产品均能够支持浏览器应用。这一举措帮助 Citrix 赶上了 20 世纪 90 年代兴起的互联网浪潮，也为其后续技术和产品的发展奠定了基础。

虽然 WinView 具有很好的应用效果，但 OS/2 本身的发展受限，进而阻碍了 Citrix 产品的进步。当时，随着 Windows 操作系统图形用户界面体验的改善，Microsoft 在 IT 行业异军突起，特别是 Windows 95/98 操作系统等产品的发布进一步确立了 Microsoft 在操作系统领域的霸主地位。于是，在 WinView 之后，Citrix 开始与 Microsoft 合作，并于 1995 年推出了 WinFrame。通过改造 Windows NT 3.51 操作系统，Citrix 在 WinFrame 中实现了 MultiWin 引擎，使得多个用户能够在同一台 WinFrame 服务器上登录并运行应用。后来，MultiWin 许可给 Microsoft 使用，成为 Microsoft 提供的终端服务（Terminal Service，TS）的基础。WinFrame 的一项核心技术就是用于向客户端传输 WinFrame 服务器桌面内容的 ICA。此后，ICA 作为 Citrix 远程桌面交付产品的核心技术不断成熟和完善，现已更名为高清用户体验（High Definition eXpreience，HDX）。ICA 的设计理念与 UNIX X Window 系统有许多相似之处，例如，它使服务器能够响应和反馈客户端输入，还提供了多种方法用于从服务器向客户端传送图像数据及其他媒体数据。ICA 不仅支持 Windows 平台，还支持一系列 UNIX 服务器平台。

Microsoft 在 1997 年开始研发 RDP，用于在提供终端服务的服务器和客户端之间交换数据，并用于 Microsoft 的 NetMeeting 产品中。RDP 的研发是 Microsoft 与 Citrix 合作进行的，主要体现在 Citrix 为 Microsoft 的操作系统扩展了多用户支持能力。Microsoft 从 Windows NT 4.0 操作系统开始，独立研发各服务器版本操作系统的核心在于对多用户访问的支持，即同一套操作系统桌面可以被虚拟化，以供多个用户使用，实现虚拟桌面的功能。Citrix 在 Microsoft Windows 产品的基础上扩展推出了名为"MetaFrame/ Presentation Server/ XenApp"的产品，侧重于多用户远程访问同一个应用，即同一个应用被虚拟化，供多个用户使用，实现应用虚拟化的功能。

6.3.4 桌面虚拟化阶段

服务器虚拟化技术的日渐成熟催生了新型的虚拟桌面模式，即在集中部署的服务器上部署多台虚拟机，通过每台虚拟机为用户提供远程的桌面访问服务。这类解决方案称为 VDI，由 VMware 于 2006 年 4 月牵头组织的 VDI 联盟提出。VDI 解决方案同样解决了传统个人计算机使用中的问题，发挥了虚拟桌面的优势，同时为虚拟化厂商进入虚拟桌面领域提供了机遇，使得桌面交付协议与服务器虚拟化技术的结合成为虚拟桌面产业的新发展潮流。

Citrix 和 Microsoft 也不甘落后，开始研发 VDI 解决方案。Citrix 于 2007 年高价收购了 XenSource，对开源的 Xen 虚拟化技术进行商业化开发，并迅速形成了自己的服务器虚拟化平台 XenDesktop。Microsoft 则在 Windows Server 2008 操作系统中提供了 Hyper-V 虚拟化技术作为 VDI 虚拟桌面的底层平台。除了研发和完善服务器虚拟化技术外，Citrix 和 Microsoft 还对其使用的虚拟桌面传输协议进行了全面改进，以满足用户对虚拟桌面体验的更高要求。Citrix 推出了 HDX 系列技术，大幅度改进了各种应用场景的用户体验；Microsoft 则提出了 RemoteFX 技术增强此前的 RDP。目前，Citrix 的 XenDesktop 虚拟桌面产品和 Microsoft 在 Windows Server 2012 操作系统中发布的远程桌面服务（Remote Desktop Service，RDS）虚拟桌面产品在业界已有广泛应用。Citrix 的虚拟桌面产品对下层支撑的服务器虚拟化技术没有强依赖关系，部署更加灵活。

面对虚拟桌面市场的广阔前景，VMware 也积极介入，于 2007 年发布了业界第一款基于 VDI 解决方案的虚拟桌面产品——VDM 1.0（Virtual Desktop Manager 1.0），随后在 2008 年 1 月发布 VDM 2.0，并在 2008 年 12 月发布了第三个正式版本，将产品名称改为 View。作为服务器虚拟化领域的领军者，VMware 优秀的虚拟化架构使其在虚拟桌面基础设施部署方面具有更高的集成度，同时在虚拟化管理方面独具优势。尽管 VMware 花费了大量精力选择合适的桌面传输协议，但其虚拟桌面传输协议的性能和用户体验远落后于 ICA/HDX 或 RDP。直到 2008 年，VMware 开始与 Teradici 合作开发 PCoIP 协议，通过桌面内容压缩在标准 IP 网络上为用户提供远程计算机桌面服务。该协议被应用于 2009 年发布的 VMware View 4.0 虚拟桌面产品中。

类似的厂商还有 Red Hat，其于 2008 年 9 月收购了 Qumranet 及其拥有的 SPICE 桌面传输协议，开始研发基于 KVM 技术的服务器虚拟化平台上的虚拟桌面产品，并在 2010 年作为其企业级虚拟化解决方案的重要组成部分推出。值得注意的是，Red Hat 于 2009 年 12 月将 SPICE 协议开源，利用开源社区的力量改进和完善 SPICE 协议，也为广大开发者涉足虚拟桌面领域提供了便利。

6.3.5　小结

从发展历史可以看出，真正的桌面虚拟化技术是在服务器虚拟化技术成熟之后才出现的。第一代桌面虚拟化技术真正意义上将远程桌面的远程访问能力与虚拟操作系统结合起来，使得桌面虚拟化在企业中的应用成为可能。

服务器虚拟化技术的成熟以及服务器计算能力的增强，使得服务器可以提供多个桌面操作系统的计算能力。例如，以当前 4 核双 CPU、16 GB 内存的服务器为例，如果用户的 Windows 操作系统分配 256 MB 内存，那么在平均水平下，一台服务器可以支撑 50～60 个桌面运行。由此可见，若将桌面集中使用虚拟桌面，那么 50～60 个桌面的采购成本将高于服务器的成本，而管理成本和安全因素还未被计算在内。所以，服务器虚拟化技术的出现，使得企业大规模应用桌面虚拟化技术成为可能。

第一代桌面虚拟化技术实现了远程操作和虚拟技术的结合，降低的成本使虚拟桌面技术的普及成为可能。然而，影响虚拟桌面技术普及的不仅仅是采购成本，管理成本和效率在这个过程中也是非常重要的一环。桌面虚拟化将用户操作环境与系统实际运行环境分离，不必同时在一个位置，既满足了用户的灵活使用，又帮助 IT 部门实现集中控制。但如果只是将 1000 个员工的个人计算机变成 1000 个虚拟机，那么 IT 管理员仍需管理每一个虚拟机，管理压力可能并没有实际减小。

为了提高管理性，第二代桌面虚拟化技术进一步将桌面系统的运行环境与安装环境分离、应用与桌面分离、应用与配置文件分离，大大降低了管理复杂度与成本，提高了管理效率。

简单计算一下：一个企业有 200 个用户，如果不进行分离，那么 IT 管理员需要管理 200 个镜像（包含其中安装的应用与配置文件）。假设有 20 个应用，通过使用应用虚拟化技术，不用在桌面上安装应用，可以动态地将应用组装到桌面上，管理员只需要管理 20 个应用；配置文件也可以使用 Windows 操作系统内置的功能，与文件数据一样保存在文件服务器中，这些信息不需要管理员管理，管理员只需管理一台文件服务器。应用和配置文件的分离，使得 200 个用户使用的操作系统都是相同的 Windows 操作系统，管理员只需管理一个镜像，用这个镜像生成 200 个运行的虚拟操作系统。总的来说，IT 管理员只需管理 20 个应用、1 台文件服务器和 1 个镜像，管理复杂性大大降低。

这种分离也大大减少了对存储的需求量（减少了 199 个 Windows 操作系统的存储），降低了采购和维护成本。更重要的是，从管理效率上，管理员只需对一个镜像或者一个应用打补丁或升级，所有用户都会获得更新后的结果，提高了系统的安全性和稳定性，工作量也大大减少。

目前，Citrix、VMware 和 Microsoft 的虚拟桌面均达到了第二代桌面虚拟化技术的水平，而一些利用开源应用开发的桌面云产品还处于第一代桌面虚拟化技术的水平。

6.2 桌面云架构

6.4 桌面云架构

桌面云将个人计算机桌面环境通过云计算模式从物理机中分离出来，成为一种可以对外提供的桌面服务。同时，个人桌面环境所需的计算资源和存储资源集于中央服务器中，以取代客户端的本地计算和存储资源。中央服务器的计算资源和存储资源是共享的、可伸缩的，使得不同个人桌面环境资源按需分配和交付，从而提升资源利用率，降低整体拥有成本。

桌面云是一种完整的云服务模式，包含远程管理桌面交付和数据存储等功能，VDI 通常是核心技术之一。它并不是为每个用户都配置一台运行 Windows 操作系统的桌面个人计算机，而是通过在数据中心部署桌面虚拟化服务器来运行个人操作系统。通过特定的传输协议，将用户在终端设备（如键盘和鼠标）上的操作传输给服务器，服务器接收指令后，将屏幕变化传输到瘦终端设备。通过这种管理架构，用户可以获得改进的服务，并拥有充分的灵活性。例如，用户在办公室或出差时，可以通过不同的客户端设备使用存放在数据中心的虚拟机开展工作。IT 管理人员通过虚拟化架构可以简化桌面管理过程，提高数据安全性，降低运维成本。

桌面云不能简单地理解为一款产品，而应该是一种基础设施，其组成架构较为复杂，通常可以分为终端设备层、网络接入层、桌面云控制层、虚拟化平台层、硬件资源层和应用层 6 个部分，如图 6.3 所示。

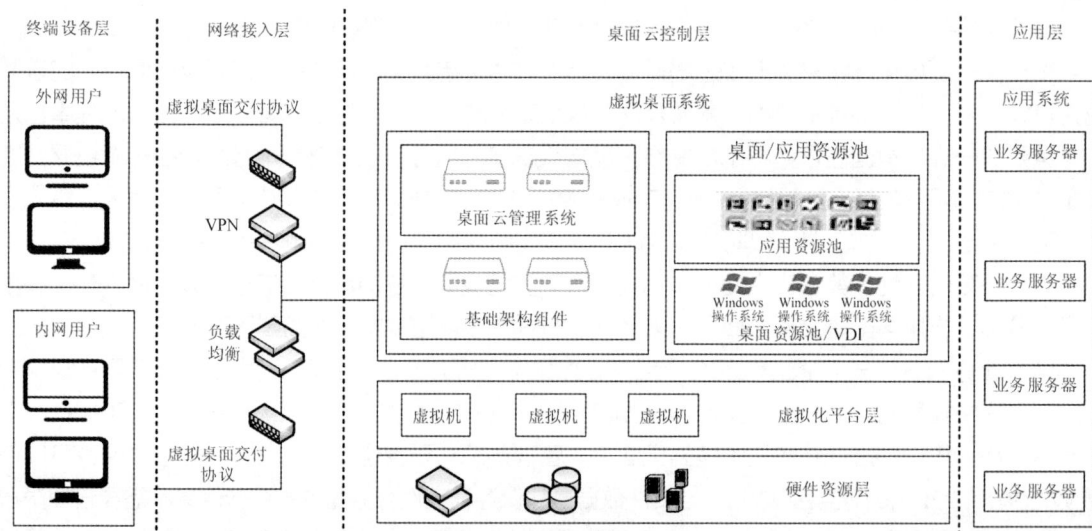

图 6.3　桌面云架构

1. 终端设备层

虚拟桌面终端主要负责向用户显示虚拟桌面视图，并通过外设接收用户的输入，再将其发送到服务器。虚拟桌面终端的主要功能是解析桌面交付协议，分为瘦终端和软终端两大类。瘦终端是指根据实际需求定制的硬件终端及相关外设，具备体积小、功耗低等特点，多采用嵌入式操作系统，提供比普通个人计算机更加安全可靠的使用环境及更低的功耗和更高的安全性。软终端是指以终端应用或者浏览器插件形式存在的应用，可以安装和部署在用户的个人计算机、智能手机、平板计算机等硬件设备上。

虚拟桌面系统同样接受移动设备的接入。移动设备凭借其便携性和灵活性受到许多用户的青睐。在安装相应的软终端应用后，移动设备也可以连接并使用虚拟桌面系统中的虚拟桌面。用户可以通过移动设备随时随地上网并连接到自己的虚拟桌面系统，这为那些有移动办公需求的用户提供了极大的便利。

通过特定的虚拟桌面系统终端程序，个人计算机用户同样可以连接到虚拟桌面系统并使用其中的虚拟桌面。凭借虚拟桌面系统中虚拟硬件的可配置性，用户可以借助远程的虚拟桌面系统完成不适合在自己的物理计算机上完成的工作。例如，如果当前使用的物理计算机不具备强运算能力，用户可以提高远程虚拟桌面系统的 CPU 和内存配置，并在远程虚拟桌面系统中完成工作。对于已经过时且面临淘汰的个人计算机，可进行特定的配置，使其成为虚拟桌面系统的软终端，连接到云桌面系统中的虚拟桌面上，达到修旧利废的目的。

终端设备层对终端设备类型的广泛兼容保障了企业办公终端的自由性，终端用户可根据不同场景选择不同的终端方式，真正实现自带设备办公。

2. 网络接入层

网络接入层将远程桌面输出到显示器，并将通过键盘、鼠标和麦克风等输入的文字、语音等传递到虚拟桌面。桌面云提供了各种接入方式供用户连接。桌面云用户可以通过有线、无线、VPN 网络接入，这些网络既可以是局域网（Local Area Network，LAN），也可以是广域网（Wide Area Network，WAN），连接时既可以使用普通连接方式，也可以使用安全连接方式。在网络接入层，网络设备除了提供基础的网络接入承载功能外，还提供了对接入终端的准入控制、负载均衡和带宽保障等功能。

终端在访问桌面云时，网络中需要传递的仅仅是鼠标单击、键盘敲击和屏幕刷新的数据。瘦客户端将用户的输入传给服务器的同时，负责接收和呈现服务器传回的输出。这些安全会话实际上是基于虚拟桌面交付协议进行的。

虚拟桌面交付协议主要负责传输用户侧和虚拟桌面的交互信息，包括虚拟桌面视图、用户输入、虚拟桌面控制信令等。虚拟桌面交付协议的功能和性能是影响用户体验的关键。它需要支持用户在不同网络环境（如 LAN、WAN、4G/5G 网等）下对虚拟桌面的访问，并针对不同网络情况进行传输优化。此外，由于虚拟桌面交付协议需要支持对不同桌面内容的传输和终端外设的操控，因此需要为不同的桌面内容和场景提供专用的传输通道并进行优化。虚拟桌面交付协议需要提供高分辨率会话、多媒体流远程处理、多显示支持、动态对象压缩、USB 重定向、驱动器映射等功能。在用户通过网络访问远程虚拟桌面时，虚拟桌面交付协议还需考虑访问连接的安全性，提供必要的安全访问机制，设置专用的安全网关或者采用 SSL 的 VPN 连接等，通过防火墙和流量控制技术确保虚拟桌面访问的安全性。

3. 桌面云控制层

桌面云控制层负责整个桌面云系统的调度,包括新虚拟桌面的注册以及将虚拟桌面的请求指向可用的系统。用户通过与控制器交互进行身份认证,最终获得授权使用的桌面。虚拟桌面提供统一的 Web 登录界面服务及与后端基础架构的通信能力,同时具备高可用性和负载均衡的能力。

桌面云控制层以企业作为独立的管理单元,为企业管理员提供桌面管理能力。这些管理单元由桌面云的系统级管理员统一管理。在每个管理单元中,企业管理员可以方便地管理企业中终端用户使用的虚拟桌面,设置虚拟桌面的操作系统类型、内存大小、处理器数量、网卡数量和硬盘容量,并且在用户的虚拟桌面出现问题时,能够快速定位和修复问题。此外,还可以查看和管理物理和虚拟化环境内的所有组件和资源,如物理主机、存储和网络资源,以及虚拟模板、镜像和虚拟机。通过单一控制台对虚拟化资源进行综合管理,包括实现虚拟桌面的全生命周期管理和控制、高级检索、资源调度、电源管理、负载均衡及高可用和在线迁移等功能。

此外,为了支持更大规模、更高的可用性和可靠性,桌面云控制层通常需要具备负载均衡、高可用性和高安全性等功能。

桌面云系统应具有负载均衡功能。例如,在大量用户桌面请求下,系统能够根据 IT 资源的利用情况,将用户的服务请求分散到不同服务器上处理,以保证 IT 资源的利用率和最佳的用户体验。

高可用性(High Availability,HA)是指系统保持正常运行并减少宕机时间的能力。桌面云系统主要通过避免单点故障和支持故障切换等方式实现高可用性。在整个架构中,会话层、资源层和系统管理层的服务器、存储和网络设备都应具备一定的冗余能力,确保硬件或软件的单点故障不会中断整个系统的正常工作。

安全要求包括网络安全要求和系统安全要求。网络安全要求是指虚拟桌面系统应用中与网络相关的安全功能,包括传输加密、访问控制和安全连接等。系统安全要求涉及虚拟桌面系统应用、物理服务器、数据保护、日志审计和防病毒等方面的要求。

4. 虚拟化平台层

虚拟化平台是云计算平台的核心,也是虚拟桌面的核心,承担着虚拟桌面的"主机"功能。在云计算平台上,服务器通常是将相同或相似类型的服务器组合在一起作为资源分配的母体,即所谓的服务器资源池。在服务器资源池上安装虚拟化应用,让计算资源以虚拟服务器的方式被不同的应用使用。这里提到的虚拟服务器是一种逻辑概念。对于不同处理器架构的服务器及不同的虚拟化平台应用,其实现方式不同。在 x86 架构的芯片上,主要以常规意义上的 VMware 虚拟机、Citrix 的 Xen 虚拟机或者开源的 KVM 虚拟机的形式存在。

虚拟化平台可以实现动态的硬件资源分配和回收。在创建虚拟桌面时,企业级管理员可以提供虚拟机对物理服务器的类型要求,如必须支持图形卡虚拟化。虚拟化平台会自动在满足条件的服务器上将资源分配给新建的虚拟桌面。当虚拟桌面被管理员销毁时,虚拟化平台会自动回收其占用的服务器资源。虚拟化平台采用高可用技术,还可以为虚拟桌面提供无缝的后台迁移功能,以提高桌面云系统的可靠性。采用高可用技术后,如果虚拟桌面所在的服务器出现故障,虚拟化平台会快速地在其他服务器上重新启动虚拟桌面。虚拟桌面的终端用户只会感觉到极短的延迟,而不会影响使用体验。

5. 硬件资源层

硬件资源层由多台服务器、存储和网络设备组成。为了保证桌面云系统正常工作,硬件基础设施组件应同时满足三个要求:高性能、大规模和低开销。

服务器技术是桌面云系统中非常成熟的技术之一。由于 CPU 和内存等元器件的更新换代速度很快，这些资源使得服务器成为桌面云系统的核心硬件部件，对于桌面云中的部署工作来说，合理规划服务器的规模尤为重要。在早期的桌面云中，如果不花费很大开销，服务器就不能容纳 30～50 个桌面云会话。但是现在，可以在一台两路服务器上安装超过 24 个高性能 CPU 内核和至少 1 TB 级的内存。这种性能上的提升为桌面云系统提供了很大的扩展空间。服务器技术已经相当成熟，随着时间的推移，单台服务器将可承载更多的桌面云会话。

在桌面云平台中，存储系统对保证数据访问正常进行至关重要，存储系统的性能和可靠性是基本考虑要素。同时，在桌面云平台中，存储子系统需要具有高度的虚拟化、自动化和自我修复能力。存储子系统虚拟化兼容不同厂商的存储系统产品，从而实现高度扩展性，能在跨厂商环境下提供高性能的存储服务，并能跨厂商存储完成如快照、远程容灾复制等重要功能。自动化和自我修复能力使得存储维护管理水平达到云计算运维的高度，存储系统可以根据自身状态进行自动化的资源调节或数据重分布，实现性能最大化以及数据的高级保护，保证了存储云服务的高性能和高可靠性。

6. 应用层

应用层主要用于向虚拟桌面部署和发布各类用户所需的应用，从而节约系统资源，提高应用的灵活性。应用流技术是虚拟桌面应用层的一个重要方面，它使得传统个人计算机应用无须修改就可以直接用于虚拟桌面场景，消除了应用对底层操作系统的依赖。利用应用流技术，应用不再需要安装在虚拟桌面上，同时其升级管理可以集中进行，实现了动态的应用交付。

6.5 虚拟桌面架构技术

6.3 虚拟桌面架构（VDI）技术

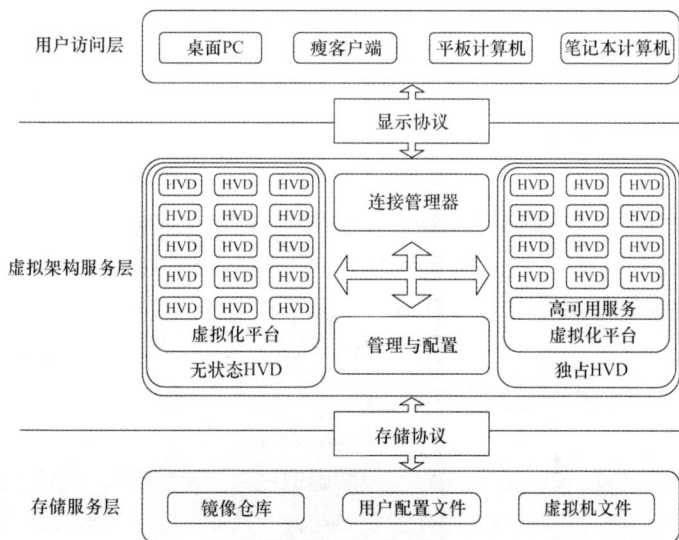

基于 VDI 的虚拟桌面解决方案的原理是在服务器端为每个用户准备专用的虚拟机，并在其中部署用户所需的操作系统和各种应用，然后通过桌面交付协议将完整的虚拟机桌面交付给远程用户使用。因此，VDI 的基础是服务器虚拟化。VDI 的基本架构如图 6.4 所示。

图 6.4　VDI 的基本架构

（1）用户访问层

用户访问层（User Access Layer）是用户进入 VDI 的入口。用户通过支持 VDI 访问协议的各种设备（如计算机、瘦客户端、上网本计算机和手持移动设备等）来访问虚拟桌面。

（2）虚拟架构服务层

虚拟架构服务层（Virtual Infrastructure Service Layer）为用户提供安全、规范和高可用的桌面环境。用户访问层通过特定的桌面交付协议与虚拟架构服务层通信，如 VMware 使用 RDP 和 PCoIP，Citrix 使用 ICA/HDX，Red Hat 使用 SPICE 等。

虚拟架构服务层需要提供的功能较多，实现也比较复杂，主要包含以下组件和功能。

① Hypervisor：为运行桌面操作系统的虚拟机提供虚拟化运行环境。

② 用户虚拟桌面（Hosted Virtual Desktop，HVD）：虚拟机中运行的桌面操作系统和应用就是一个用户虚拟桌面。

③ 连接管理器（Connection Broker）：用户的访问设备通过连接管理器来请求虚拟桌面。它管理访问授权，确保只有合法的用户才能够访问 VDI。一旦用户被授权，连接管理器就将用户请求定向到分配的虚拟桌面。如果虚拟桌面不可用，连接管理器将从管理和提供服务中申请一个可用的虚拟桌面。

④ 管理和提供服务（Management and Provisioning Service）：集中化管理虚拟架构，提供单一的控制界面来管理多项任务。它提供镜像管理、生命周期管理和监控虚拟桌面功能。

⑤ 高可用服务（High Availability Service，HA Service）：保证虚拟机在关键的软件或者硬件出现故障时能够正常运行。高可用服务可以是连接管理器功能的一个部分，为非永久 HVD 提供服务，也可以为永久 HVD 提供单独的故障转移服务。

有两种类型的 HVD 虚拟机分配模式：永久和非永久。

永久（也称全状态或独占）HVD：被分配给特定的用户（类似传统个人计算机的形式）。用户每次登录时，连接的都是同一个虚拟机，用户在这个虚拟机上安装或修改的应用和数据将保存下来，用户注销后也不会丢失。这种模式适用于需要自己安装更多应用的情形，数据保存在本地，保留当前状态，以便下次登录后继续工作。

非永久（也称无状态或池）HVD：临时分配给用户。用户注销后，所有对镜像的变化都被丢弃。此后，这个桌面进入池中，可以被另外一个用户连接使用。用户的个性化桌面数据和应用数据将通过属性管理、目录重定向等保留下来。特定的应用将通过应用虚拟化技术提供给非永久 HVD。

（3）存储服务层

存储服务层（Storage Service Layer）用于存储用户的个人数据、属性、镜像和实际的虚拟桌面镜像。虚拟架构服务调用存储协议来访问数据。VDI 常用的存储系统有 NFS、通用网络文件系统（Common Internet File System，CIFS）、iSCSI 和光纤信道（Fiber Channel，FC）等。

6.6 虚拟桌面交付协议

随着云计算的不断发展，VDI 日益成熟，桌面虚拟化成为典型的云计算应用。虚拟桌面技术能够有效解决传统个人计算机使用过程中存在的多种问题，降低企业的运维成本，受到业界的广泛关注。如果只是将台式计算机上运行的操作系统转变为服务器上运行的虚拟机，而用户无法访问，则不会被接受。因此，虚拟桌面的核心与关键不是后台服务器虚拟化技术将桌面虚拟化，而是让用户通过各种手段，在任何时间、任何地点，通过任何可联网的设备都能访问自己的桌面，即虚拟桌面交付协议。

本节首先介绍虚拟桌面交付协议的基本概念，然后介绍业界几个典型的虚拟桌面交付协议，从虚拟桌面交付协议方面总结当前虚拟桌面技术的发展现状及基本特征，并分析当前虚拟桌面交付协议的不足之处，最后提出虚拟桌面交付协议的发展趋势。

6.4 虚拟桌面交付协议

6.6.1　虚拟桌面交付协议概述

虚拟桌面交付协议工作在开放系统互连（Open System Interconnection，OSI）参考模型的七层协议架构中的表示层，和其他表示层协议一样，其主要工作是作为上层应用和底层网络之间的翻译层。虚拟桌面交付协议的关键任务是对远程操作系统桌面输出及客户端设备输入部分进行编码和解码。

当前虚拟桌面交付协议的主流实现方案通常采用多通道（Multi-Channel）架构，即协议中针对虚拟桌面应用场景中的图像、键盘/鼠标输入、设备通信、文件系统访问、音频、视频等不同内容设置专门的、彼此隔离的虚拟通道传输相关数据。在此基础上，虚拟桌面交付协议的技术难点在于如何尽可能降低不良网络条件对传输性能的影响。当前常用的解决方法是基于会话压缩技术、数据冗余消除技术等。

虚拟桌面交付协议的另一个关键功能是重定向（Redirection），主要针对用户终端连接的外设。这些设备需要通过协议设置的虚拟通道重定向，使用户能够利用远程虚拟桌面操控本地设备。另外，如果用户终端具有足够的能力来运行本地媒体播放器，那么远程虚拟桌面呈现的视频文件可以被重定向到用户本地播放，而不是采用在远程将视频渲染成图片并逐帧传递给用户终端的方式，从而大大减小服务器端的压力，优化用户体验。

虚拟桌面交付协议在当前的网络带宽环境下成为 VDI 的性能瓶颈，是各厂商竞争的焦点。经过多年的发展，当前各主流虚拟桌面提供商已经研发了自己的虚拟桌面交付协议。不同协议在应用效果和用户体验方面各有特色。常用的虚拟桌面交付协议主要有以下 4 种。

（1）**RDP 协议**：早期由 Citrix 开发，后来被 Microsoft 购买并集成在 Windows 操作系统中，主要被 Microsoft 桌面虚拟化产品使用。

（2）**ICA/HDX 协议**：由 Citrix 自己开发，应用在其应用虚拟化产品与桌面虚拟化产品中。

（3）**PCoIP 协议**：由 Teradici 开发，应用在 VMware 的桌面虚拟化产品中，用于提供高质量的虚拟桌面用户体验。

（4）**SPICE 协议**：由 Red Hat 开发，现已开源。

6.6.2　RDP

RDP 是 Microsoft 虚拟桌面产品采用的交付协议。在其应用过程中，用于生成远程桌面屏幕显示内容的图形设备接口（Graphics Device Interface，GDI）指令被 RDP 驱动截获，在服务器端进行渲染，然后以光栅图像（位图）的形式传送到用户终端上输出。同时，用户终端上安装的 RDP

客户端应用将用户通过鼠标、键盘等设备输入的信息通过 RDP 重定向到服务器端，进而在服务器端使用相应的驱动进行处理。

1. RDP 总体架构

RDP 是在 ITU-T T.120 协议族的基础上扩展的协议，通过建立多个独立的虚拟通道承载不同的数据传输和设备通信，其总体架构如图 6.5 所示。

RDP 为不同的桌面内容和外设数据的传输提供专用的通道，并且支持最多 64000 个虚拟通道的通信。RDP 具有分层结构，具体层次说明如下。

（1）**传输层**：也称传送层，用于进行数据传输和管理连接。连接建立和断开的相关请求由 RDP 客户端发出，一旦服务器端同意断开连接，客户端

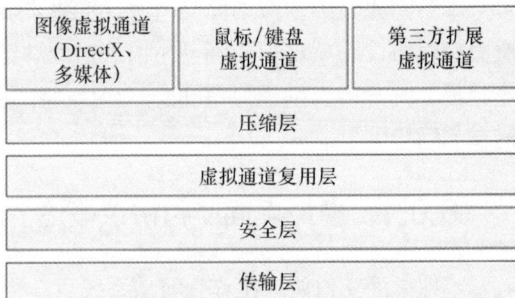

图 6.5　RDP 总体架构

将不会收到任何通知。因此，需要建立必要的异常处理机制。基于传输层，RDP 能够提供多播（Multicast）服务，支持点对点和点对多点的连接，这对一些有多个用户终端存在的应用场景（如远程集中控制）非常有用。

（2）**安全层**：由加密、签名算法和服务组成。安全层确保未经认证的用户不能监控 RDP 连接，同时可防止传输的数据流被篡改。RDP 采用 RC4 算法进行加密操作，并采用 MD5 和 SHA-1 组合算法进行签名操作。此外，安全层还负责对用户认证信息和相关许可证信息进行传输管理。

（3）**虚拟通道复用层**：多个虚拟通道可以复用同一个 RDP 连接。虚拟通道具有可扩展性，每个虚拟通道内部可以增加新的内部属性。虚拟通道可以开放给第三方使用，以补充其他增值属性，如增加终端外设的重定向机制等。虚拟通道的实现由 RDP 客户端插件和服务器端组件两部分组成，通过终端服务 API 建立虚拟通道联系。每个虚拟通道可以设置优先级和缓存设置，以确保相关 RDP 连接的服务质量。

（4）**压缩层**：利用压缩算法（如 Microsoft 的点对点压缩协议）针对各个虚拟通道的数据进行压缩操作，通过压缩可以节约 30%～80% 的带宽。

使用 RDP 分层模型，虚拟桌面的相关数据将被直接绑定并发送至特定通道，在数据加密和数据划分后，进行与下层网络协议相匹配的数据包封装，再通过寻址发送到接收端。在用户终端，按照相反的过程对接收到的数据包进行处理，从而获得 RDP 传输的数据。

2. RemoteFX 技术

RDP 虚拟通道的扩展接口已经公开，业界可使用。通过该接口，现有应用能够被增强，新的应用能够被开发，从而改进客户端设备和远程桌面之间的通信和会话能力，完善虚拟桌面的用户体验。

但是，用户对虚拟桌面体验的要求在不断提高，Microsoft 在 Windows Server 2008 R2 操作系统的 RDS 产品中提出了 RemoteFX 技术，对 RDP 进行了增强。RemoteFX 技术通过提供虚拟 3D 显示适配器、智能编码/解码和 USB 重定向等技术为用户提供良好的桌面体验，已应用在 Microsoft 的 VDI 解决方案和 SBC 虚拟桌面解决方案中。VDI 解决方案对 RemoteFX 技术的应用能全面体现 RemoteFX 技术的特征。RemoteFX 技术架构如图 6.6 所示。

RemoteFX 技术与 RDP 6.1 及之后版本的 RDP 整合使用，其中 RDP 为 RemoteFX 技术提供加密、认证、管理和设备支持等功能。RemoteFX 技术需要与 Microsoft 的服务器虚拟化技术

Hyper-V 集成，其图像处理组件分别运行在 Hyper-V 的父分区和子分区中。父分区包括 RemoteFX 技术的管理组件，用于管理图像的处理过程，如图像的渲染、捕捉和压缩等。在子分区中运行的组件主要是虚拟图形处理单元（Graphics Processing Unit，GPU）。

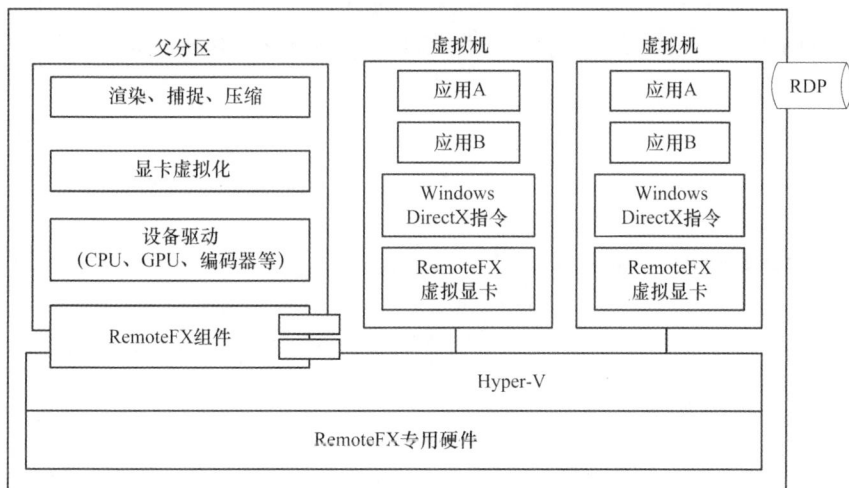

图 6.6　RemoteFX 技术架构

GPU 虚拟化是 RemoteFX 增强技术的核心。当虚拟机中的应用通过 DirectX 或 GDI 调用图像处理操作时，相关命令将传递给虚拟 GPU，由虚拟 GPU 将命令从子分区传递给 Hyper-V 的父分区并在物理 GPU 中高效处理。GPU 虚拟化将 GPU 的能力提供给每一个虚拟桌面使用，使得每个虚拟机都具有独立的虚拟 GPU 资源，从而可以获得各种图形加速能力，进而执行高保真视频、2D/3D 图形图像及富媒体的处理操作。

6.6.3　ICA/HDX

Citrix 的 ICA 是最早的虚拟桌面交付协议之一，在 Citrix 的应用虚拟化以及后期的虚拟桌面解决方案中被开发和使用。

1. 历史

1992 年以前，ICA 1.0 是基于串行连接开放的，后来添加了 IPX 和 NetBIOS 的支持。1992 年，Citrix 发布了拥有图形界面的 ICA 2.0，并将 Citrix WinCredible 技术集成到 ICA 中以支持多用户，其支持多个操作系统，如 OS/2、DOS、Windows 3.1，也支持 TCP/IP。

Citrix WinCredible 技术是 Citrix 基于 Microsoft 的 Windows 3.1 操作系统推出的，是桌面系统允许多个用户访问的技术解决方案，极大地扩展了 Windows 3.1 操作系统的优势，可实现高性能远程访问 Windows 操作系统。WinCredible 技术是一种完整的基于 Windows 操作系统的扩展技术，支持多个并发用户通过本地局域网、串行连接或远程通过拨号调制解调器访问服务器。WinCredible 技术可用于配置 Windows 操作系统远程访问服务器、LAN 中的 Windows 应用服务器、广域网络视窗应用性能增强器，并可为多个 Windows 用户构建一个低成本的启动系统。

1995 年 8 月，Citrix 发布了 WinFrame 产品，其在基于 Windows NT 操作系统的架构上构建远程访问 Windows 服务器。相应的远程访问协议 ICA 升级到了 3.0 版本。ICA 3.0 中集成了

ThinWire 1.0、打印、客户端驱动器映射、音频传输、剪贴板使用等功能，并支持更多的网络协议和接入方式，如 TCP/IP、IPX、SPX、NetBEUI、串行连接和调制解调器等。

1996 年 8 月，Citrix 发布了世界上第一个 Windows 应用的网页浏览器客户端。1997 年，Windows NT 操作系统在多用户访问时支持启用终端服务器（Terminal Server）协议。1998 年 6 月，Citrix 发布 MetaFrame 1.0，用于 Windows NT Server 4.0 终端服务器版本。

MetaFrame 是 Citrix 公司的一款远程集中访问企业信息中心的产品，并与 Microsoft 的终端服务紧密集成，是在 Microsoft 的终端服务技术基础上开发出来的。MetaFrame 提供一种简洁的解决方案，可以在企业的信息中心中集中管理所有的企业应用，让员工或用户在任何地点都可以安全、快捷地访问应用。这就是后来著名的 XenApp 的前身。

随着虚拟化技术的出现，桌面虚拟化技术崭露头角。Citrix 在原先 ICA 的基础上修改了显示技术，增加了一些适宜的功能供 XenDesktop 桌面虚拟化使用，内部称为 PortICA，以区别于 XenApp 原先的 ICA。在 XenDesktop 4.0 中，Citrix 将那些区别于原先 ICA 的功能模块单独提取出来，统一封装在 HDX 协议中。

在最新版本的 Citrix 产品中，Citrix 将 XenApp 和 XenDesktop 进行了融合，将原先 XenApp 和 XenDesktop 4.0 的 IMA 架构集成到 XenDesktop 新版本的 FMA 架构中。FMA 架构最早出现在 Citrix XenDesktop 5.x 系列的产品中，这种架构区别于传统 IMA 架构，使用更加便捷且易于管理。此时的 ICA 和 HDX 进行了整合，Citrix 将其统称为 ICA/HDX。

2. 工作原理

ICA 为桌面内容和外设数据在服务器及客户端之间的传输提供了多种独立的虚拟通道，每个通道可以采用不同的交互时序、压缩算法和安全设置等。这种通道架构具有极强的灵活性和可扩展性，并被后续的虚拟桌面交付协议普遍采用。

ICA 虚拟通道是在服务器和客户端之间建立双向连接，可用于传输声音、图像、打印数据、外设驱动等信息。ICA 虚拟通道架构如图 6.7 所示。

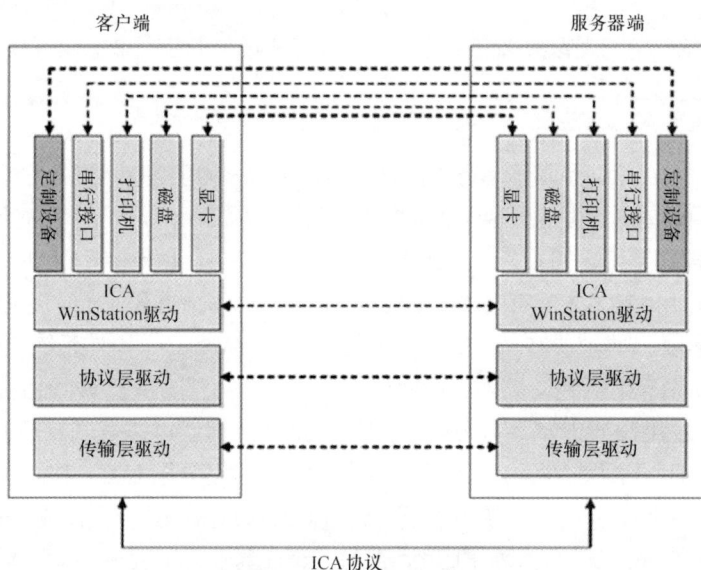

图 6.7　ICA 虚拟通道架构

　　虚拟通道由客户端的虚拟驱动与服务器端的驱动程序进行通信。在客户端，虚拟通道对应于虚拟驱动程序，各自提供特定的功能。同样的，服务器端也有对应的服务器端驱动程序来负责双向的数据通信。

　　操作系统分为用户模式和内核模式。在 ICA 虚拟通道中，有些虚拟通道工作于用户模式，有些工作于内核模式。一些虚拟通道，如 SpeedBrowse、EUEM、语音话筒、双音频、剪贴板、多媒体、无缝会话共享、SpeedScreen 等，由 Wfshell.exe 加载，这些虚拟通道工作在操作系统的用户模式。其他的虚拟通道工作在操作系统的内核模式，需要使用时加载至内核模式，如 CDM.sys 和 vdtw30.sys。

　　所有客户虚拟通道上层通过 WinStation 驱动进行数据传输，如果安装了 ICA 客户端，则在服务器端和客户端上都有相应的 WinStation 驱动，该驱动在服务器端内置到 Wdica.sys 中，在客户端内置在 wfica32.exe 中。图 6.8 所示为 ICA 虚拟通道的实现原理。

　　下面是客户端与服务器端使用虚拟通道进行数据交换的过程。

　　（1）客户端连接到 Citrix 后端的服务器端以获取服务，如启动一个应用。

　　（2）启动服务器端应用时，获得一个虚拟通道句柄，该虚拟通道需要将应用的启动显示图形界面信息

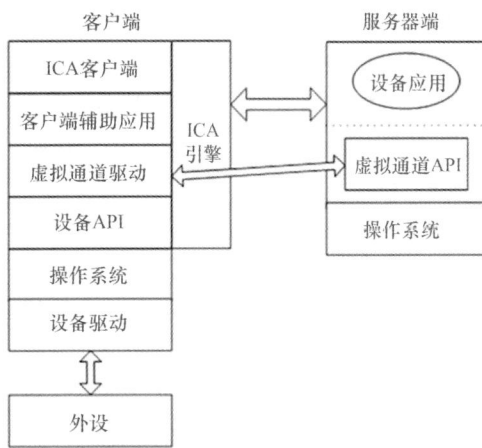

图 6.8　ICA 虚拟通道的实现原理

推送到前端的客户端上。因此，当应用层的应用根据命令向虚拟机上的显示驱动层调取显示功能时，ICA 的虚拟通道驱动程序会截取相应的调用显示程序的信息和数据，并将其发送到 WinStation 驱动的缓冲区中。

　　（3）在数据和命令到达 WinStation 驱动之后，WinStation 驱动的处理模式有两种：轮询模式和直接模式。

　　① 轮询模式：如果客户端的虚拟驱动有数据要发送到服务器端，则该数据需要等待 WinStation 驱动依照轮询的方式执行或读取，即如果是客户端发往服务器端的数据，则数据包将会进入缓存中并排队，等待 WinStation 驱动读取队列，直到 WinStation 驱动读取到它。

　　② 直接模式：如果服务器端应用有数据要发送到客户端，则数据会被立即发送到客户端。当有虚拟通道驱动转发过来的数据存放于 WinStation 驱动缓存区中时，WinStation 驱动会根据虚拟通道的优先级，将数据转发给压缩驱动程序或加密驱动程序进行相应操作。待压缩或加密完成后，将其转发至帧协议驱动，将数据包封装成数据帧，并通过相应的连接 TCP/IP 栈，由 TCP/IP 栈立即将其传递到客户端。

　　（4）客户端接收到数据包之后，在客户端上安装的 ICA 接收模块对数据进行反解析，解析出相应的数据与命令，并通过客户端操作系统（Operating System，OS）向特定的驱动调用相应接口实现对应的功能。

　　（5）当服务器端通过虚拟通道完成应用显示推送并使用完成后，关闭虚拟通道，释放所有分配的资源。

在虚拟桌面应用中，那些需要使用用户终端外设的应用由于部署在服务器端，无法直接调用终端本地系统的相关 I/O 接口，需要借助服务器端的虚拟通道 API 提供的相关功能进行调用。因此，为满足桌面和应用虚拟化的不同需求，可能需要替换服务器端使用的相关函数或改写应用。虚拟通道 API 提供的功能调用将把需要读写的数据通过虚拟通道从服务器端传递到终端。该传递过程采用的协议可以被定制，如确定数据类型、数据包大小等，也可以设置一些数据流控制机制。

在终端与虚拟通道中对接的是 ICA 引擎中包含的虚拟通道驱动。它实际上就是一个工作在用户态的动态链接库程序，主要负责将从虚拟通道传输来的功能需求和相关数据结构替换为终端本地操作系统提供的设备访问 API，并在本地操作系统的管理下访问外设，实现远程的虚拟桌面对终端本地外设的驱动。

对于某些大型或操作复杂的应用，还可以将其部分功能剥离出来作为客户端辅助应用单独安装，而不经过虚拟通道传输，从而提升 ICA 虚拟通道的工作效率。

3. 优势

ICA 经过多年的不断开发与改进，技术成熟度很高，应用场景也相当广泛，其具有以下优势。

（1）广泛的终端设备支持

ICA 可以支持各种类型的客户端设备。因为 Citrix 为其开发的客户端应用全面覆盖了当前主流的终端操作系统，包括 Windows、Linux、Android 和 iOS，所以它能够很好地用于智能手机、平板计算机和各种瘦客户端等。

（2）低网络带宽的支持

ICA 在实现中采用了高效的压缩算法，能够有效地降低网络传输带宽的需求，支持在较差的网络环境下提供较好的用户体验。早期的 ICA 平均占用 10～20 kbit/s 的网络带宽，能够在 14.4 kbit/s 的带宽下进行连接。

（3）平台无关性

ICA 本身具有平台独立的特性，与交付虚拟桌面的底层服务器端虚拟化应用和虚拟机中部署的虚拟桌面操作系统无关。

（4）协议无关性

ICA 可以工作于各种标准的网络协议上，包括 TCP/IP、NetBIOS 和 IPX/SPX，通过标准的通信协议（如 PPP、ISDN、帧中继、ATM）以及无线通信协议都可以进行连接工作。

4. HDX

在 ICA 的基础上，Citrix 在 2009 年发布了 HDX，对 ICA 进行了改进和增强。其目标是针对桌面领域的多媒体、语音、视频和 3D 图形等内容为虚拟桌面提供更好的高清使用体验。

HDX 将先进的优化技术与 ICA 结合，形成了 HDX 网络优化技术，但只进行基于网络协议的优化是远远不够的，终端用户体验涉及多方面的技术。HDX 覆盖了从数据中心到客户端设备的各种 Citrix 现有产品的体验，增加了针对多媒体、语音、视频和 3D 图形的改善功能。HDX 数据中心优化技术旨在利用服务器端的处理能力和可扩展性，无论端点设备的能力高低，均可实现卓越的图形和多媒体性能。HDX 终端设备优化技术则旨在利用端点设备的计算能力，以最有效的方式改善终端用户体验。

HDX 的整体架构及其组成部分之间的关联关系如图 6.9 所示。

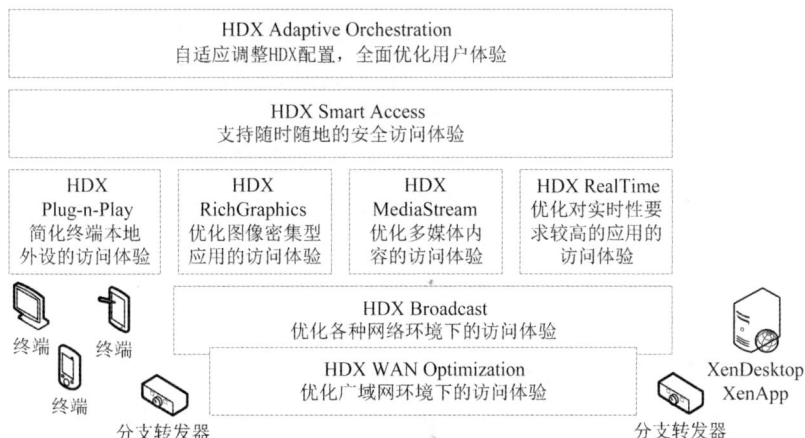

图 6.9　HDX 的整体架构及其组成部分之间的关联关系

HDX 核心技术共有 8 个类别，它们协同工作，在各种用户情境下提供最佳的使用体验。

（1）HDX Plug-n-Play

该技术全面实现虚拟环境下终端本地外设的简化连接及设备兼容，包括 USB 设备、多显示器、打印机、扫描仪、智能卡和用户自行安装的其他外设。

（2）HDX RichGraphics

该技术充分利用服务器端软件和硬件资源的处理能力，提供高分辨率图像的处理，优化图形密集型的 2D、3D 及富媒体应用的显示性能。

（3）HDX MediaStream

该技术与 HDX Adaptive Orchestration 配合，将经过压缩处理的多种格式的音频和视频发送到用户终端，并在本地播放，提升多媒体的传输性能和播放效果。

（4）HDX RealTime

该技术主要用于改善用户访问的实时性，支持双向音频、LAN 内的网络摄像机和基于虚拟桌面的视频会议。

（5）HDX Broadcast

针对不同的网络环境（如 LAN、WAN、Internet 等），该技术利用压缩、缓存等技术提供对远程桌面和应用高可靠性、高性能的访问。

（6）HDX WAN Optimization

针对分支机构和移动用户对虚拟桌面和应用的使用需求，该技术优化 WAN 的访问性能和带宽消耗，提供自适应的加速和流量传输的 QoS 保证。

（7）HDX Smart Access

该技术支持用户在任何地点、任何设备上安全地访问虚拟桌面，支持单点登录（SingleSign-On，SSO）。

（8）HDX Adaptive Orchestration

该技术可以感知数据中心、网络和设备的基础能力，并动态优化端到端交付系统的性能，以适应各种独特的用户场景。针对影响用户体验的各种因素，如性能、安全、终端能力、网络状况等，该技术全面权衡并驱动相关技术的配置和调整，提供优化的用户体验和访问开销。

在 HDX 技术中，HDX Adaptive Orchestration 和 HDX Smart Access 是其他技术的支撑技术。特别是 HDX Adaptive Orchestration，它能够自动判定应用场景的整体环境并指导其他相关技术的配置，是确保 HDX 为用户提供最优体验的关键。HDX Plug-n-Play 与终端无关，能够使不同类型的终端本地外设顺利地被远程虚拟桌面和应用驱动。HDX RichGraphics、HDX MediaStream、HDX RealTime 则针对不同的桌面传输内容进行优化，通过不同的解决方案满足不同应用场景（特别是音频、视频等富媒体内容播放）的需求。HDX Broadcast 和 HDX WAN Optimization 则在网络传输层面针对不同网络情况优化终端访问服务器端的虚拟桌面及应用时产生的桌面数据传输与网络资源占用。借助分支转发器，HDX WAN Optimization 能够有效地满足分支机构场景中的虚拟桌面访问需求。通过灵活部署和应用各项 HDX 技术，HDX WAN Optimization 可以全面、有效地优化虚拟桌面服务的交付效果，在各种网络条件下，特别是具有低带宽、高延迟特征的 WAN 环境下，为用户提供更好的体验。

6.6.4　PCoIP

PCoIP 是 Teradici 在现有的标准 IP 网络的基础上研发的以显示压缩的方式连接远程虚拟桌面的协议。它支持高分辨率、全帧速的图像显示和媒体播放，还支持多屏幕显示设备、完整的 USB 外设和高质量的音频等，在 LAN 和 WAN 中都有较好的效果。

从 2008 年起，VMware 开始与 Teradici 合作，并在其虚拟桌面产品 VMware View 中实现了利用服务器端的通用处理器进行的基于应用的 PCoIP 处理。2012 年 1 月，Teradici 发布了 PCoIP 的专用板卡来降低服务器端通用处理器的负载，实现性能加速，改进虚拟桌面的显示效果和应用体验。

PCoIP 的最大特点是将用户的会话以图像的方式进行压缩传输，对用户的操作只传输变化部分，保证在低带宽下也能高效使用。同时，PCoIP 支持多台显示器及 2560×1600 分辨率，最多可以支持 4 台 32 位显示器，并可将字体设置成清晰模式。

在服务器端为用户提供基于 VDI 解决方案的虚拟桌面服务的虚拟机中，存在软件和硬件两种 PCoIP 处理方式。其中，硬件处理方式是在 VMware 服务器端虚拟化平台上将专用的 PCoIP 板卡虚拟化后，由各个虚拟机共享，该板卡的主要功能之一是处理图像的编码。

在用户终端，有多种类型的设备可以用于访问虚拟桌面，其中有很多设备整合了 PCoIP 客户端处理能力。PCoIP 在 VMware View 中的应用情况如图 6.10 所示。

以下为应用于 VMware 虚拟桌面产品的 PCoIP 的主要特征。

1. 服务器端渲染

PCoIP 是典型的主机端渲染协议，兼容性较好；在不同的连接速度下，PCoIP 显示图像的效果也不同。在低速线路下，PCoIP 会先传输一份感觉上无损的图像到客户端，随着线路速度逐渐提高，渐渐将高清晰度的图形显示出来。PCoIP 不仅支持 VMware 应用的解决方案，而且能在装载了 Teradici 主机卡的刀片式个人计算机和机架式工作站上以硬件编码、解码的方式存在。

在传统的个人计算机中，应用、操作系统和图像设备驱动都是紧密耦合在一起的，所有的图像渲染工作都是在本地个人计算机上完成的。在远程桌面显示过程中，如果仍采用在客户端本地渲染的方式，那么为了渲染一幅图像，每一条从服务器端发出的指令和从客户端返回的响应都需要穿过整个网络，等待时间可能导致性能下降。

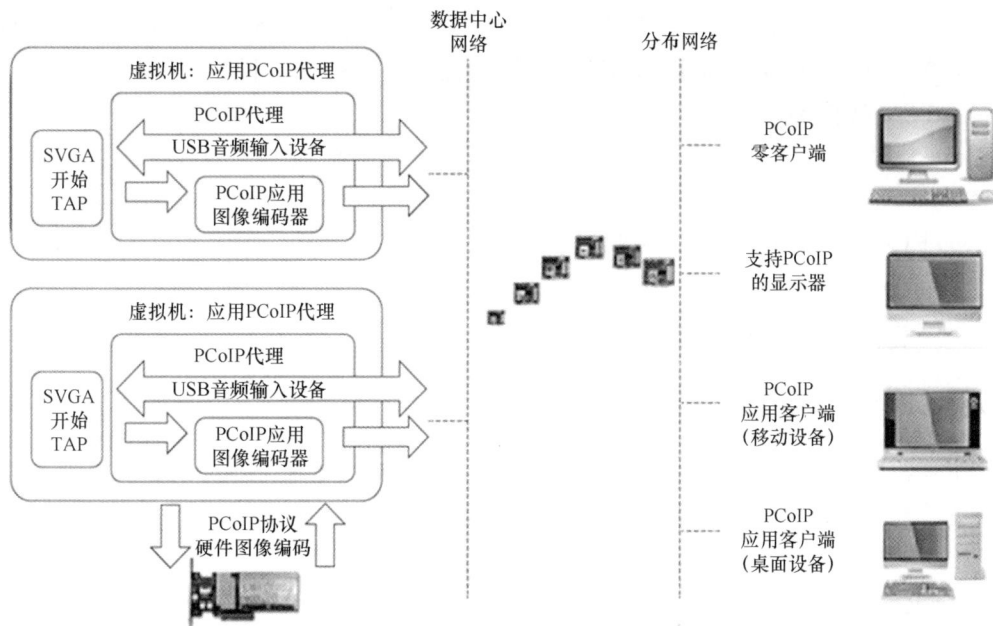

图 6.10　PCoIP 在 VMware View 中的应用情况

如果在服务器端渲染，服务器端将提供与传统个人计算机相同的环境供应用运行。一旦图像在服务器端渲染完毕，PCoIP 将以广播的方式将加密后的像素（而不是数据）通过网络传送到客户端。这使得客户端可以是无状态的、只进行解密操作的设备。这种设备称为真正的零客户端，其优势在于低维护量、高安全性、低开支等。因为客户端只需负责对像素进行解码和显示，而不关心任何应用内容，所以服务器端和客户端之间不存在应用依赖关系或其他不兼容问题。此外，服务器端渲染降低了此前提及的由客户端渲染导致的延迟。

2. 只传输像素，而不传输数据文件

PCoIP 只传输像素，而不传输数据文件，因此可以在实时协议的基础上保证响应速度快、交互性强的用户体验。

3. 多样化编码、解码

个人计算机上显示的图像元素类型不尽相同，因此不应对所有元素都使用相同的编码、解码方案。PCoIP 会分析图像并进行元素分集，例如，对图形、文本、图表、视频等内容进行区分，并使用合适的编码、解码算法对相关像素进行压缩。智能图像分集和优化图像解码有利于实现更有效的传输和解码，并节省带宽资源。同时，在像素处于稳定状态时，PCoIP 编码器可以对其进行无损处理，以确保完美的图像画质。

4. PCoIP 是基于 UDP 的底层传输

不同于其他协议（如 RDP 或 ICA/HDX），PCoIP 不是基于 TCP 的底层传输，而是基于用户数据报协议（User Datagram Protocol，UDP）的底层传输。使用 TCP 需要经过三次"握手"，整个数据包中校验包的长度大于 UDP，这样会带来一些问题，使其不适用于高网络时延和丢包的 WAN 环境。PCoIP 底层采用了 TCP 和 UDP，其中 TCP 主要用于建立和控制会话，UDP 用于优化传输多媒体内容和流化内容。UDP 可以最大限度地利用网络带宽，确保视频播放流畅。由于 UDP 简单、高效，所以一般用于传输互联网电话（Voice over IP，VoIP）、视频等实时性要求高

的内容。使用 UDP 传输内容的方式和传输 VoIP 及互联网电视（Internet Protocol Television，IPTV）的方式相同，能够大大降低对带宽的需求，并提供优化的交互体验。

5. 动态适应网络状态

PCoIP 具有根据可用网络资源动态调整图像或音频质量的能力，以应对传输过程中出现的网络拥塞问题。

总之，PCoIP 是一种高效率的数据交换协议，采用了数据压缩、加密和连接优化技术，用户在非常低的网络带宽下也能使用，而实际运行的桌面位于后台的数据中心高速网络内，因此终端用户在低带宽链路就可以享受到 LAN 内的运行速度。

6.6.5 SPICE

SPICE 最早由 Qumranet 开发，同时 Qumranet 创建了 KVM 虚拟化技术。Red Hat 收购 Qumranet 之后，继续在 KVM 虚拟化技术的基础上采用 SPICE 作为虚拟桌面交付协议为用户提供 VDI 解决方案。SPICE 采用三层架构，确保其功能强大且灵活。

1. SPICE 架构

（1）QXL 驱动

QXL 驱动安装在服务器端的虚拟机中，接收操作系统和应用的图形命令，并将其转换为 KVM 的 QXL 图形设备命令，以实现虚拟化图形处理。

（2）SPICE 客户端

SPICE 客户端应用部署在用户终端上，负责显示虚拟桌面，同时接收和处理用户终端外设的输入，如键盘和鼠标操作。

（3）QXL 设备

QXL 设备集成在 KVM 服务器端虚拟化的 Hypervisor 中，处理各虚拟机发送的图形图像操作命令，从而支持多用户共享资源。

SPICE 的独特之处在于其架构中增加了 Hypervisor 中的 QXL 设备。这个设备本质上是通过应用实现的协议控制信息（Protocol Control Information，PCI）显示设备，利用循环队列等数据结构让多个虚拟机共享。这使得 SPICE 紧密集成于服务器端虚拟化环境中，特别是 KVM 虚拟化环境中，从而简化了虚拟桌面的部署和管理。

SPICE 设计的核心理念是充分利用用户终端的计算能力。SPICE 能够自动判断和调整图像处理的位置，如果用户终端具备处理复杂图像的能力，则 SPICE 传输图像处理命令而非渲染后的图像内容。这样可以大大减少网络传输的数据量，使 SPICE 在 LAN 和 WAN 环境中都能提供出色的性能。

SPICE 的传输内容主要包括两种命令流：一种是图形命令数据流，另一种是代理命令数据流。

图形命令数据流：从服务器端流向客户端，传输需要显示的图形图像信息，确保客户端能够实时显示服务器端的图形内容。

代理命令数据流：从客户端流向服务器端，传输用户在客户端进行的键盘、鼠标等操作信息，确保用户输入能够及时反映在虚拟机中。

SPICE 通过这种高效的双向数据流机制，提供了流畅的用户体验。其设计不仅提升了虚拟桌面性能，还降低了对网络带宽的要求，使得用户能够在各种网络环境中享受到高质量的虚拟桌面服务。

2. SPICE 的图形命令数据流

SPICE 的图形命令数据流的传输过程如图 6.11 所示。

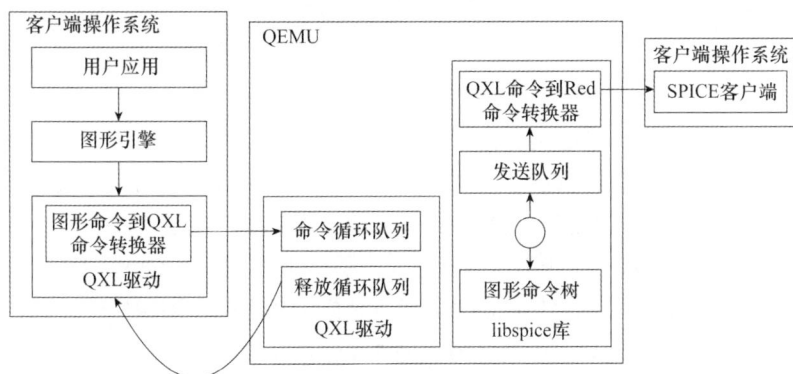

图 6.11　SPICE 的图形命令数据流的传输过程

图 6.11 展示了 SPICE 的基本架构，以及虚拟机操作系统到客户端操作系统之间传送的命令数据流。具体的图形命令数据流的传输过程如下。

（1）虚拟机操作系统中一个用户应用向操作系统的图形引擎发出请求，希望进行一次渲染操作。

（2）图形引擎把相关图像处理命令传送给部署在虚拟操作系统中的 QXL 驱动。QXL 驱动会把操作系统命令转换为 QXL 命令格式。

（3）QXL 驱动将 QXL 命令推送到 QXL 设备的命令循环队列缓冲中，由 libspice 库将其从队列中取出，并放入图形命令树中。

（4）图形命令树包含一组操作命令，这些命令的执行会产生显示内容。图形命令树主要负责对 QXL 命令进行组织和优化，例如，消除那些显示效果会被其他指令覆盖的命令，以及负责侦测视频流。

（5）经过图形命令树优化的 QXL 命令被放入发送队列。该命令队列由 libspice 库维护，准备发送给客户端并更新其显示内容。

（6）当命令从 libspice 库的发送队列发送给客户端时，首先通过 QXL 设备到 Red 的转换器，形成 SPICE 消息，然后将形成的 SPICE 消息转送到 SPICE 客户端进行处理。同时，这个命令会从发送队列和图形命令树上移除，但仍可能被 libspice 库保留用于后续可能出现的"重画"操作。当系统不再需要一个命令时，该命令被推送到 QXL 设备的释放循环队列，并在 QXL 驱动的控制下释放相应的命令资源。

（7）当客户端从 libspice 库接收到一个命令时，客户端在本地处理命令并更新显示内容。

3. SPICE 的代理命令数据流

上面介绍了 SPICE 的图形命令数据流的传输过程，即从服务器端流向客户端的命令流。下面介绍 SPICE 的代理命令数据流，即从客户端流向服务器端的数据流。

SPICE 代理命令数据流的传输过程如图 6.12 所示。

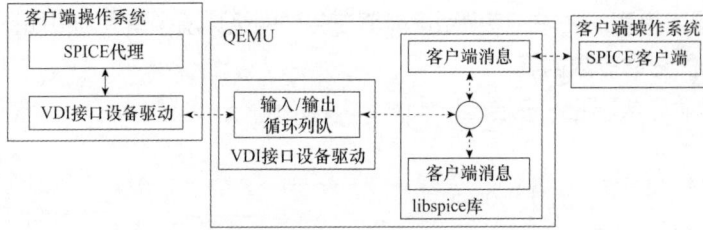

图 6.12　SPICE 代理命令数据流的传输过程

　　SPICE 协议在实现时设计了部署在虚拟机操作系统中的软件代理模块，并为其准备了专门的 VDI 接口设备进行通信。代理模块的主要功能是供 SPICE 服务器端和客户端执行一些需要在虚拟机操作系统环境中实现的命令，例如，虚拟机操作系统界面的显示配置等。

　　图 6.12 展示了 SPICE 客户端和服务器端之间，SPICE 代理模块通过 VDI 接口设备及其驱动进行通信的过程。实际通信中包括客户端消息、服务器端消息和代理消息三种类型，图中主要展示的是客户端消息的传输过程。例如，设置虚拟机操作系统显示是客户端消息，鼠标移动是服务器端消息，确认配置过程是代理消息。

　　部署在虚拟机操作系统上的驱动程序通过 VDI 接口设备的输入/输出循环队列与设备进行通信，具体过程如下。

　　消息写入：客户端和服务器端产生的消息都被放入相同的写队列，然后写入 VDI 接口设备的输出循环队列。

　　消息读取：从 VDI 接口设备的输入循环队列中读出的消息被放入读缓存中，根据消息端口信息决定该消息是交由 SPICE 服务器端处理，还是转发到 SPICE 客户端处理。

　　目前，VDI 接口设备的驱动已经有 Linux 和 Windows 版本。因此，SPICE 协议可以支持用户与部署了 Linux 操作系统和 Windows 操作系统的虚拟桌面进行交互。

　　SPICE 协议支持多通道设置，可以利用不同的通道传输不同的内容。SPICE 客户端和服务器端通过以下通道进行通信，每种通道类型对应特定的数据类型。

- 主通道（Main）：用于控制传输和配置指令，以及与代理模块通信。
- 显示通道（DisplayChannel）：用于处理图形化命令及图像和数据流。
- 输入通道（InputsChannel）：用于传输客户端的键盘和鼠标事件。
- 光标通道（CursorChannel）：用于传输指针设备的位置、能见度和光标形状。
- 播放通道（PlaybackChannel）：用于从服务器端接收视频、音频，并在客户端播放。
- 录音通道（RecordChannel）：用于捕捉和记录客户端的音频输入。

　　这些通道中的内容都可以通过相应的图形命令数据流或代理命令数据流进行传输。每个通道使用专门的 TCP 端口，该端口可以是安全的或不安全的。在客户端，每一个通道都会有一个专门的线程来处理，因此可以为每一个通道设置单独的优先级并独立加密，以支持不同的 QoS。

　　通过这种多通道设置，SPICE 协议能够高效地管理不同类型的数据传输，确保虚拟桌面和用户终端之间的通信顺畅、快速且安全。

6.6.6　虚拟桌面交付协议对比

　　虚拟桌面交付协议的效率决定了用户的体验，而用户体验是决定桌面产品生命力的关键。几种主流虚拟桌面交付协议的对比如表 6.1 所示。

表 6.1　几种主流虚拟桌面交付协议的对比

协议类别	传输带宽要求	图像展示要求	双向语音支持	视频播放支持	用户外设支持	传输安全性	支持厂商
RDP	高	低	中	中	中	中	Microsoft
ICA	低	中	高	中	高	高	Citrix
PCoIP	高	中	低	低	高	高	VMware
SPICE	中	中	高	高	高	高	H3C

传输带宽要求直接影响远程服务访问的流畅性。ICA 采用高效的压缩算法，极大地降低了对传输带宽的要求。

图像展示要求反映了虚拟桌面视图的图像数据的组织形式和传输顺序。PCoIP 采用分层渐进的方式在用户终端显示桌面图像，即先传送模糊图像，然后逐步精细化，提供更好的视觉体验。

双向语音支持需要协议能够同时传输上下行的用户音频数据（如语音聊天），但 PCoIP 在用户终端语音上传支持上尚存缺陷。

视频播放支持是检测传输协议的重要指标之一，因为虚拟桌面视频内容以图片方式传输，导致数据量剧增。ICA 采用压缩协议缩减数据规模，但可能造成画面质量损失，而 SPICE 能够感知用户终端的处理能力，自适应地将视频解码工作放在用户终端进行，可以提升体验。

用户外设支持能够考查显示协议是否有效支持服务器端与各类用户终端外设的交互。ICA 和 PCoIP 对外设支持较为齐备（如支持串口、并口设备），而 RDP 对外设支持的效果一般。SPICE 的外设重定向技术很好地兼容特殊外设，如串口和并口设备，并针对性地优化了外设使用性能。

从远程显示协议底层使用的协议来看，RDP/RemoteFX、ICA/HDX、PCoIP 和 SPICE 均属于 OSI 参考模型的七层协议，基于 OSI 参考模型的四层协议（UDP 和 TCP）。TCP 将数据拆分为数据包并在终端重新组装，可靠性更高，而 UDP 则不按顺序传输数据包。TCP 在数据交付之前一直保持连接，如果出现错误，则 TCP 会再次发送受影响的数据。UDP 并不保证终端能够接收到所有的数据包，但在交付非轻量级媒体信息（如视频）时，UDP 的交付速度更快。

远程连接协议在交付图形密集型应用时存在限制。良好的性能需要大量的带宽，这可能会阻塞网络。如果想降低 CPU 的利用率，那么协议将会阻塞带宽并降低最终用户的性能。

从官方文档与实际测试来看，通常情况下，ICA 要优于 RDP 和 PCoIP。ICA 需要 30～40 kbit/s 的带宽，而 RDP 需要 60 kbit/s 的带宽，这不包括看视频、玩游戏及 3D 制图时的带宽占用量。因此，虚拟桌面的用户体验有较大差别。一般情况下，在 LAN 环境下，对于一般的应用，RDP 和 ICA 都能正常运行，只不过 RDP 占用网络资源较多，但对应用性能影响不大；在 WAN 甚至互联网环境下，RDP 基本不可用；在视频观看、Flash 播放、3D 设计等应用上，即使在 LAN 环境下，RDP 性能也会受到较大影响，而 ICA 用户体验更流畅。根据 Citrix 官方推出的 HDX 技术，其在这方面的新技术会得到更快的推进。

Microsoft 和 VMware 也意识到了这一差别，Microsoft 加大了对 RDP 的研发与优化，VMware 与 Teradici 合作使用其开发的 PCoIP，以提供高质量的虚拟桌面用户体验。VMware View 5.0 产品提高了 PCoIP 性能，并将带宽占用率降低了 75%。

需要特别强调的是这些厂商后台的服务器端虚拟化技术：Microsoft 使用的是 Hyper-V，VMware 使用的是 vSphere，Citrix 可以使用 XenServer、Hyper-V 和 vSphere。

6.6.7 小结

虚拟桌面交付协议的主要任务是传输虚拟桌面上显示的内容。根据传输方式的不同，虚拟桌面交付协议可以分为桌面位图传输和图形指令传输两大类型。在介绍这两大类型的区别之前，先分析个人计算机桌面显示内容的生成和传输。

个人计算机操作系统桌面交付原理如图 6.13 所示。首先，应用在需要显示数据时，调用操作系统的图像 API 向操作系统发出图像处理指令。其次，操作系统将该图像处理指令转换为硬件指令，并在 CPU 或显卡上处理，生成代表所要显示数据的位图信息。最后，相应的位图信息通过视频线传送到个人计算机显示器上显示。

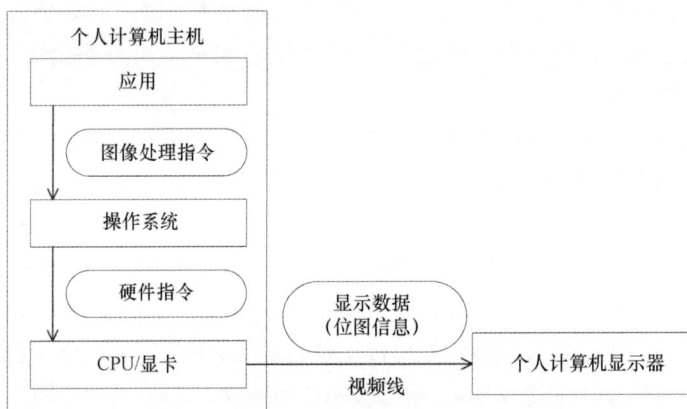

图 6.13 个人计算机操作系统桌面交付原理

对于虚拟桌面应用场景来说，最终的位图信息是显示在用户终端的显示器上的。但是，执行图像处理命令既可以在服务器端完成，也可以在用户终端完成，从而形成了桌面位图传输和图像指令传输两大类型的虚拟桌面交付协议。

在桌面位图传输方式中，所有的图形应用指令都在服务器端执行并完成，经过渲染后的桌面内容被以图片的方式通过网络传送到用户终端上。大量的图像密集型计算工作都在服务器端完成，降低了对用户终端处理能力的要求。这种传输方式的优势是方便灵活，可以应用于各种类型的客户端场合，如零客户端、智能手机等。但这种传输方式对网络带宽要求较高，不适用于富媒体内容的传输。

在图形指令传输方式中，与桌面显示内容相关的图形应用指令将被发送到用户终端上执行，由用户终端完成桌面内容的渲染并将其显示到终端显示器上。需要从服务器端通过网络传递到用户终端的只是基本的图形处理指令，其数据量较小，对网络带宽要求低，因此能够获得更好的用户体验。但这种传输方式对用户终端的处理能力要求较高，不适用于处理能力低的用户终端，如零客户端、智能手机等。

因为网络带宽的限制，早期的桌面交付协议设计和实现多采用图形指令传输方式，如 X11、早期版本的 ICA 和 RDP 等。随着网络技术的发展，虚拟桌面数据传输对带宽的压力不断降低，采用桌面位图传输方式的虚拟桌面交付协议日渐成为主流（如 PCoIP、RemoteFX、后期的 ICA 等）。

这类协议能够充分利用虚拟桌面数据中心在资源方面的优势，降低用户终端的压力，使用户可以通过具有不同计算能力的多种类型的终端随时随地接入虚拟桌面服务。

但是，不同协议在具体实现时也有区别：Microsoft 提出的经过 RemoteFX 增强的 RDP 需要在服务器端提供专门的 GPU 硬件，并将其虚拟化为多个虚拟 GPU 供各桌面使用，以完成各桌面的渲染工作；PCoIP 通过服务器端的通用处理器处理相关图像显示指令和数据，这虽然增加了服务器端的计算压力，但降低了虚拟桌面对底层操作系统的依赖程度。

更先进的虚拟桌面交付协议能够自动调整传输方式。这类协议能够识别和判断传输内容或用户终端能力，然后选择桌面显示图像的处理位置（服务器端或终端）。HDX 和 SPICE 就是这类协议的典型代表。SPICE 在服务器端部署的 KVM 虚拟化管理应用中增加了专门的虚拟桌面交付协议设备，可以判断用户终端的性能。如果用户终端的性能足以应对桌面显示内容的处理，那么相关的图形处理指令将被传输到用户终端执行。HDX 则通过 HDX Adaptive Orchestration 技术全面权衡服务器端的性能、网络安全因素、用户终端的处理能力及网络状况等来决定是采用桌面位图传输方式，还是采用图形指令传输方式。

除了虚拟桌面交付协议的实现架构有所区别外，不同虚拟桌面交付协议在传输层协议方面的选择也有差别。为了更好地支持在互联网上提供虚拟桌面服务，现有的虚拟桌面交付协议普遍支持 TCP/IP。早期的虚拟桌面产品主要用于 LAN 内部的会话型操作，通常采用 TCP 作为 OSI 参考模型的四层协议进行传输（如 ICA、RDP 等协议）。但随着网络的普及和桌面服务内容的丰富，对在 WAN 上提供具有音频、视频等富媒体内容的虚拟桌面的需求越来越多，使用 TCP 进行传输无法满足要求。因为 TCP 在连接建立时需要三次"握手"，同时数据包要等待前序数据包完成校验后才能发出，这些协议限制会造成较低的传输效率。因此，有些虚拟桌面交付协议采用了面向无连接的 UDP 作为下层传输协议，如 VMware 的 PCoIP。

使用 TCP 还是 UDP 的虚拟桌面交付协议取决于实际的应用场景。如果需要可靠传输，如文档下载，将 TCP 作为 OSI 参考模型的四层传输协议。如果是播放流式音频或视频文件，在传输过程中丢失一两个数据包不会对播放质量造成很大影响，而播放的流畅程度才是用户关注的重点，那么可以考虑采用 UDP。各虚拟桌面厂商对此进行了有针对性的调整。例如，Citrix XenDesktop 对于实时性要求强的数据交互采用 UDP 传输，Microsoft 在 RDP 中提供了支持 UDP 扩展的虚拟通道。

总之，虚拟桌面交付协议是桌面云的核心技术，不同的桌面交付协议在实现架构和传输层协议选择方面各不相同，适合不同的应用场景。Citrix 的 HDX 协议无论是在实现架构上，还是在传输层协议上，均可以根据应用场景自动、灵活选择，其提供了一种适用于多种场合的解决方案。

6.7 应用发布

应用发布是桌面云的一项核心技术，能否动态地为用户发布应用到基本虚拟桌面中，从而形成个性化用户桌面，是区分虚拟桌面系统属于第一代还是第二代的重要标志。

第一代虚拟桌面技术与传统个人计算机使用方式的最大不同在于，前者将前端个人计算机资源移植到服务器端；服务器端的虚拟桌面操作系统需要安装各种应用，桌面与应用绑定在一起，每个用户都有独立维护的虚拟桌面，大量维护和存储依然存在。尽管第一代虚拟桌面技术颠覆了传统个人计算机的提交方式，可以解决一些传统个人计算机的问题，但也存在存储容量大及应用和操作系统绑定的弊端，由此产生了减少存储、应用和操作系统逻辑分离的需求。

第二代虚拟桌面技术将应用、用户配置和操作系统分离；只存放和维护一个操作系统的镜像；应用独立于桌面操作系统运行，动态发布给用户；使用漫游配置技术，独立管理用户配置文件。与第一代虚拟桌面技术相比，第二代虚拟桌面技术增加了三个组件：用户配置（Users Settings）管理器、应用发布服务器和操作系统供应服务器。这三个组件保障了应用、用户配置和操作系统的独立存储及动态组合，满足了前端用户的使用需求，降低了存储成本、管理成本和投资成本，如图6.14所示。

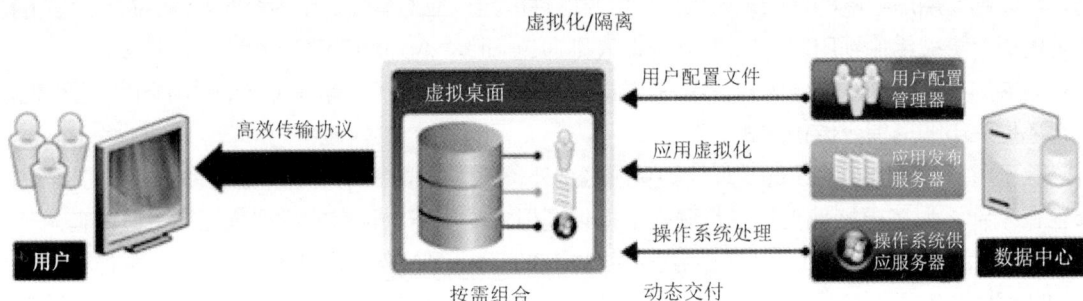

6.5 应用发布技术

图6.14　动态虚拟桌面形成过程

Citrix的XenDesktop 2.0及以后的版本是应用第二代虚拟桌面技术的代表。其主要特点可以概括为"以一当十，动态组合"。"以一当十"表现在其存储优化上，只需安装一个桌面操作系统，并将其制作为标准模式的虚拟磁盘，多个虚拟桌面可以同时从该虚拟磁盘启动。"动态组合"是指将应用、操作系统和用户配置分离，使其分别存储在不同位置，虚拟桌面启动时将三者动态组合，降低了应用的维护、安装和管理成本。

所以，应用发布是确保用户桌面能够被充分个性化的重要手段，其关键在于如何根据实际需要及时、有效地在操作系统桌面上发布应用。应用流和应用虚拟化是这一领域的两大关键技术。

6.7.1　应用流

应用流技术实现了一种集中的按需应用传送模式，其主要功能是将应用及其运行环境打包成无须安装即可运行的单一可执行程序，实现瘦客户端和应用的快速部署及管理，降低应用交付的成本和复杂性。

应用流技术需要专门的应用流服务器对传统的应用进行打包和存储。应用打包是指将应用制作为一个应用映像文件。在打包过程中，打包程序需要监测和记录应用在安装和执行过程中与操作系统之间的交互行为（如访问注册表、访问文件系统等），并分析哪些操作系统部件会被应用依赖和使用（如动态链接库的版本等）。根据这些信息，打包程序会生成一个虚拟应用的映像，将应用相关的代码文件资源（如EXE、DLL、OCX等）和注册表项，以及应用运行时需要的文件资源都包含在这个映像中，实现应用与操作系统的隔离。当用户需要启动某个应用时，可以从应用流服务器上将虚拟应用映像下载到客户端，无须安装即可执行，其工作原理如图6.15所示。

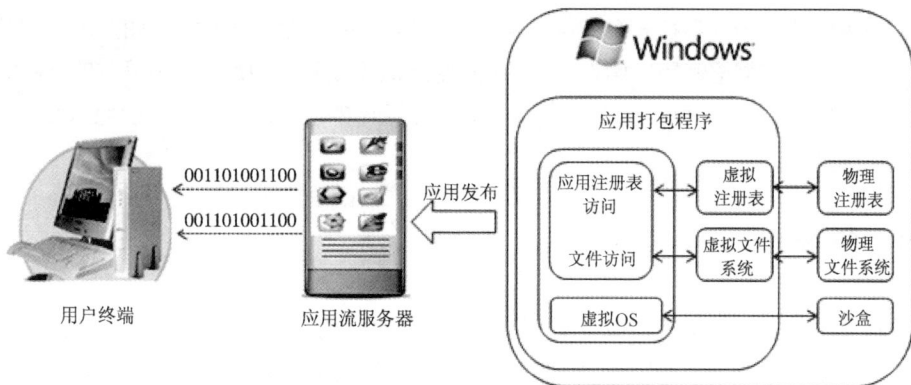

图 6.15 应用流技术的工作原理

应用流技术能够实现应用的中心化管理,将使用与管理分开,第二代虚拟桌面技术可以使用应用流技术为虚拟桌面动态发布应用,即在服务器端不采用传统的应用安装方式部署应用,而采用应用流技术将用户需要的应用部署到虚拟桌面上。

然而,应用流技术存在一个致命缺点:并非所有的应用都可以流化。例如,与底层驱动密切相关的应用(如杀毒应用、虚拟光驱等)难以实现流化。当前业界推出的应用流产品主要有 VMware ThinApp。

6.7.2 应用虚拟化

应用虚拟化技术提供了一种使应用无须在本地计算机安装即可使用的能力,并且可以为用户提供与本地应用相近的用户体验。通过实现应用与操作系统的隔离,应用虚拟化技术能够实现瘦客户端和应用的快速部署及管理,降低应用交付的成本和复杂性。

应用虚拟化技术的原理是基于应用/服务器计算架构,采用类似虚拟终端的技术,将应用的人机交互逻辑(如应用界面、键盘及鼠标的操作、音频输入/输出、打印输出等)与计算逻辑隔离开。当用户访问被虚拟化的应用时,客户端只需将人机交互逻辑传送到服务器端。服务器端为用户开设独立的会话空间,应用的计算逻辑在这个会话空间运行,并将变化后的人机交互逻辑传送回客户端,使用户获得如同运行本地应用一样的访问体验。应用虚拟化技术的工作原理如图 6.16 所示。

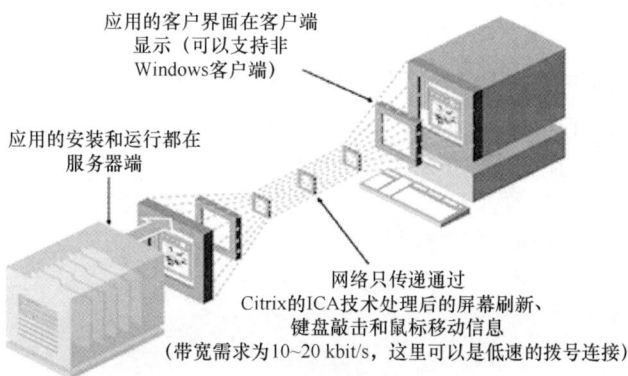

图 6.16 应用虚拟化技术的工作原理

然而，应用虚拟化技术存在一个缺点：用户无法离线使用应用，因为实际的应用是安装在服务器端的，用户只能通过网络使用应用。Citrix 是应用虚拟化技术的创始者，其开发的 XenApp 产品是优秀的应用虚拟化产品。Citrix 从 XenDesktop 2.0 开始的虚拟桌面产品便使用 XenApp 开创了第二代虚拟桌面产品。

6.8 总结

桌面云是一种将用户的个人计算机桌面与物理计算机隔离的技术，用户可以通过网络访问运行在云端的虚拟桌面，并获得与使用本地计算机桌面相近的体验。本章对桌面云的基本概念、发展历史及其核心技术进行了全面介绍。

在介绍桌面云的基本概念和业务价值的基础上，本章首先通过介绍 UNIX X Window 系统、应用虚拟化和桌面虚拟化等技术，展示了桌面云的发展历史。其次，对桌面云架构的终端设备层、网络接入层、桌面云控制层、虚拟化平台层、硬件资源层和应用层进行了详细介绍。再次，基于 VDI 的虚拟桌面解决方案的原理和基本架构，对用户访问层、虚拟架构服务层和存储服务层进行了描述。随后，详细讲解了桌面交付协议的基本概念和业界几个典型的虚拟桌面交付协议，包括 RDP、ICA/HDX、PCoIP 和 SPICE 等，并对它们进行了比较。最后，介绍了区分虚拟桌面系统是第一代还是第二代的重要标志——桌面云应用发布技术，包括应用流和应用虚拟化。

通过本章的学习，读者应能够理解桌面云的基本原理、架构和技术，掌握虚拟桌面解决方案的关键技术点，为进一步研究和应用桌面云技术打下坚实的基础。

习题

1. 简述桌面云的业务价值。
2. 第一代桌面云与第二代桌面云的主要区别是什么？其主要优势是什么？
3. 描述桌面云的架构及其 6 个层次的功能。
4. 描述 HVD 虚拟机分配模式的两种类型。
5. 现在常见的虚拟桌面交付协议有哪些？
6. 简述虚拟桌面交付协议 ICA 的工作原理和特点。
7. 简述虚拟桌面交付协议 RDP 的工作原理和特点。
8. 描述虚拟桌面交付协议 PCoIP 的工作原理和特点。
9. 描述虚拟桌面交付协议 SPICE 的工作原理和特点。
10. 应用流技术和应用虚拟化技术的区别是什么？

第7章
云存储

近年来，随着云计算的迅速发展，云存储（Cloud Storage）成为信息存储领域的重要研究热点。相比传统存储设备，云存储不仅是硬件的集合，更是一个包含网络设备、存储设备、服务器、应用、公共访问接口、接入网和客户端程序等多部分的复杂系统。

云存储提供的主要是存储服务，通过网络将本地数据存放在存储服务提供商的在线存储空间中。需要存储服务的用户无须建立自己的数据中心，只需向服务提供商申请存储服务，从而避免了重复建设存储平台，节约了昂贵的软件和硬件基础设施投资。

本章在介绍云存储概述的基础上，详细阐述云存储的结构模型、架构体系和关键核心技术，并介绍目前较为流行的云存储服务平台。

【技能目标及素养目标】

- 具备理解云存储结构模型的能力
- 掌握选择合适云存储服务的方法
- 掌握使用云存储完成企业数据存储的方法

- 培养批判性思维能力
- 培养创造性思维
- 培养专业素质

7.1 云存储概述

云存储的概念与云计算类似，是指通过集群应用、网络技术或分布式文件系统等功能，将网络中不同类型的大量存储设备通过应用整合在一起协同工作，对外提供数据存储和业务访问功能的系统。用户使用云存储，不是使用某一个存储设备，而是享受整个云存储系统带来的数据访问服务。云存储的核心是应用与存储设备的结合，通过应用实现存储设备向存储服务的转变，是一个以数据存储和管理为核心的云计算系统。

7.1 云存储概述

当云计算系统的运算和处理核心是大量数据的存储及管理时，云计算系统就转变为一个云存储系统。因此，云存储是一个以数据存储和管理为核心的云计算系统。

云存储具有以下通用特征。

1. 易管理

少量的管理员就可以处理上千节点和 PB 级的存储数据，能够更高效地支持大量上层应用对存

储资源的快速部署需求。云存储的一个重点是成本，分为物理存储系统本身的成本和存储系统的管理成本。尽管管理成本是隐性的，但它是总体成本的重要组成部分。因此，云存储必须能够在很大程度上进行自我管理。引入新存储的能力，以及在出现错误时查找和自我修复的能力很重要。未来，如自主计算等概念将在云存储中起到关键作用。

2. 高可扩展性

云存储可支持处理海量数据，资源可以按需扩展。扩展存储需求可降低用户成本，但会增加云存储提供商的复杂性。云存储的可扩展性包含多个方面。在内部，一个云存储架构必须能够扩展，服务器和存储必须能够在不影响用户的情况下重新调整大小。因此，自主计算（通过现有的计算机技术来替代人类的部分工作，使计算机系统能够自调优、自配置、自保护、自修复，以技术管理技术方式提高计算机系统的效率，降低管理成本）是云存储的必备功能。

云存储不仅要为存储本身提供可扩展性（功能扩展），还必须为存储带宽提供可扩展性（负载扩展）。云存储的另一个关键特性是数据的地理分布（地理可扩展性），通过云存储数据中心（通过迁移）使一组数据最接近用户。对于只读数据，也可以使用内容分发网络（Content Delivery Network，CDN）进行复制和分发。

3. 低成本

云存储的低成本主要体现在建设成本和运维成本两方面。这包括购置存储的成本、驱动存储的成本、修复存储的成本和管理存储的成本。

提高存储效率是降低存储成本的重要途径。存储系统更高效的原则是使用最小的存储代价来存储更多的数据。常见的解决方案包括数据压缩和重复数据删除。压缩使用不同的编码来缩减数据；重复数据删除可以移除可能存在的相同数据副本。这两种方法都有用，但也有一定的缺点。压缩需要重新编码数据；重复数据删除涉及数据副本搜索，需要计算数据签名。

4. 多租户

云存储的一个关键特征是多租户，即存储由多个用户共享。多租户应用于云存储堆栈的多个层次。在应用层，用户之间的隔离通过存储命名空间实现。存储层可以为特定用户或用户类隔离物理存储。多租户甚至适用于连接用户与存储的网络基础架构，确保特定用户的服务质量和优化带宽。

5. 无接入限制

云存储与传统存储之间显著的差异之一是其访问方法。相比传统存储，云存储强调对用户存储的灵活支持，服务器内的存储资源可以随时随地接入和访问。大部分云存储提供商实现了多种访问方法，其中 Web 服务 API 是常见的方法。许多 API 基于 REST 原则实现，即在 HTTP 之上开发（使用 HTTP 进行传输）的一种基于对象的方案。REST API 是无状态的，因此可以简单、有效地实现。许多云存储提供商，如 Amazon S3 和 Windows Azure，都实现了 REST API。

云存储这一概念一经提出，就得到了众多厂商的支持和关注。例如，Amazon 推出 S3 技术支持数据持久性存储；Google 推出在线存储服务 GDrive；内容分发网络服务提供商 CDNetworks 和云存储平台服务商 Nirvanix 结成战略伙伴关系，提供云存储和内容传送服务集成平台；EMC 收购 Berkeley Data Systems，取得该公司的 Mozy 在线服务应用，并开展 SaaS 业务；Microsoft 推出 Windows Azure，并在美国各地建立庞大的数据中心；IBM 也将云计算标准作为全球备份中心扩展方案的一部分。

7.2 云存储的结构模型

云存储系统与传统存储系统相比，具有以下不同。

（1）从功能需求来看，云存储系统面向多种类型的网络在线存储服务，而传统存储系统则主要面向高性能计算、事务处理等应用。

（2）从性能需求来看，云存储服务需要首先考虑数据的安全性、可靠性和效率等指标。由于用户规模大、服务范围广、网络环境复杂多变，因此实现高质量的云存储服务面临更大的技术挑战。

（3）从数据管理来看，云存储系统不仅要提供类似 POSIX 的传统文件访问，还要支持海量数据管理并提供公共服务支撑功能，以便维护云存储系统后台数据。

与传统的存储设备相比，云存储不仅仅是一个硬件系统，更是一个由网络设备、存储设备、服务器、应用、公共访问接口、接入网和客户端程序等多个部分组成的复杂系统。各部分以存储设备为核心，通过应用对外提供数据存储和业务访问服务。云存储的结构模型如图 7.1 所示，自下而上分为存储层、基础管理层、应用接口层和访问层。

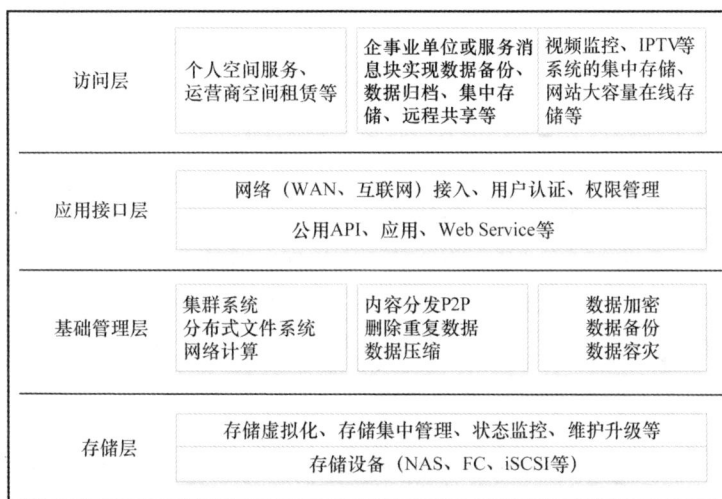

访问层	个人空间服务、运营商空间租赁等	企事业单位或服务消息块实现数据备份、数据归档、集中存储、远程共享等	视频监控、IPTV等系统的集中存储、网站大容量在线存储等
应用接口层	网络（WAN、互联网）接入、用户认证、权限管理		
	公用API、应用、Web Service等		
基础管理层	集群系统 分布式文件系统 网络计算	内容分发P2P 删除重复数据 数据压缩	数据加密 数据备份 数据容灾
存储层	存储虚拟化、存储集中管理、状态监控、维护升级等		
	存储设备（NAS、FC、iSCSI等）		

图 7.1 云存储的结构模型

1. 存储层

存储层是云存储的基础部分。存储设备可以基于 FC 的 SAN，NAS 和 iSCSI 等 IP 存储设备，也可以是小型计算机系统接口（Small Computer System Interface，SCSI）、附接存储（SAN Attached Storage，SAS）和直接附接存储（Direct Attached Storage，DAS）设备。云存储中的存储设备数量庞大且分布在不同地域，彼此通过 WAN、互联网或 FC 网络连接在一起。

存储设备之上是一个统一的存储设备管理系统，可以实现存储设备的逻辑虚拟化管理、多链路冗余管理，以及硬件设备的状态监控和故障维护。

2. 基础管理层

基础管理层是云存储的核心部分，也是云存储中最难实现的部分。基础管理层通过集群、分布式文件系统和网格计算等技术，实现云存储中多个存储设备之间的协同工作，使多个存储设备能够对外提供统一服务，并提供更大、更强、更好的数据访问性能。

CDN 和数据加密技术保证云存储中的数据不会被未授权用户访问，同时通过各种数据备份、容灾技术和措施保证数据的安全和稳定。

3. 应用接口层

应用接口层是云存储中灵活多变的部分。不同的云存储运营单位可以根据实际业务类型，开发不同的应用服务接口，提供不同的应用服务。典型的应用服务有视频监控平台、IPTV 和视频点播平台、网络硬盘平台、远程数据备份平台等。

4. 访问层

任何授权用户都可以通过标准的公共应用接口登录云存储系统，享受云存储服务。不同的云存储运营单位提供的访问类型和访问手段也有所不同。

7.3 云存储架构

云存储架构可以分为两大类：紧耦合对称（Tightly Coupled Symmetric，TCS）架构和松耦合非对称（Loosely Coupled Asymmetric，LCA）架构。传统的存储系统通常使用 TCS 架构，这种架构设计旨在解决 HPC 问题，现正向云存储扩展以满足市场需求。新的存储系统采用 LCA 架构，集中元数据和控制操作，这种架构虽然不适用于 HPC，但旨在解决云部署的大容量存储需求。

1. TCS 架构

TCS 架构旨在解决单一文件性能面临的挑战，这些挑战限制了传统 NAS 系统的发展。HPC 系统的优势在于单一文件 I/O 操作比单一设备的 I/O 操作多得多。为了应对这一问题，业内创建了 TCS 架构的产品，很多节点伴随着分布式锁管理和缓存一致性功能。这种解决方案对于单文件吞吐量问题很有效，已在很多 HPC 客户中广泛应用，但这种解决方案需要具有一定技术经验的人员才能安装和使用。

2. LCA 架构

LCA 架构采用不同的方法向外扩展，不是通过执行某个策略使每个节点知道每个操作，而是通过数据路径之外的中央元数据控制服务器实现。集中控制方式提供了许多好处，允许扩展新层次。

存储节点专注于提供读写服务，无须确认网络节点的信息。

- 存储节点可以使用不同的商品硬件 CPU 和存储配置，而且仍然在云存储中发挥作用。
- 用户可以利用硬件性能或虚拟化实例调整云存储。
- 消除存储节点之间共享的状态开销，减少用户计算机互连需求，如 FC 或无限带宽技术（InfiniBand），进一步降低成本。
- 异构硬件的混合和匹配使用户能够在当前经济规模的基础上扩大存储，提供永久数据可用性。
- 集中元数据意味着存储节点可以进行深层次的应用归档，在控制节点上元数据经常可用。

7.4 云存储的类型及适合的应用

云存储是为了解决传统存储无法解决的问题而产生的，但并不是要完全取代传统存储。选择存储方案时需要根据数据的形态、数据量及数据读写方式来决定。每个存储方案都有其优点和缺点，用户需要根据自己的应用场景选择合适的云存储类型。

云存储可以分成三类：块存储、文件存储（File Storage）和对象存储。

7.4.1 块存储系统

块存储系统将单笔数据写入不同硬盘，以获得较大的单笔读写带宽，适合数据库或需要快速读写单笔数据的应用。它的优点是单笔数据读写速度快，但成本较高，且无法解决真正海量文件的存储问题。

1. 块存储系统的应用场合

块存储系统主要适合以下两种应用场合。

（1）快速更改的单一文件系统

这种情况主要出现在数据库和共用的电子表单中，多人共享一个文件，文件需要频繁更改。系统需要具备大内存、快速硬盘及快照功能等。

（2）针对单一文件进行大量读写操作的 HPC 系统

某些 HPC 系统有成百上千个使用端同时读写同一个单一文件，这些文件被分布到多个节点上，节点紧密协作以保证数据完整性。支持 HPC 系统的应用如石油勘探及财务数据模拟等。

2. 块存储架构

块存储架构包括 DAS 和 SAN。

（1）DAS

DAS 是直接连接于主机服务器的一种存储方式，每台主机服务器都有独立的存储设备。这些存储设备之间无法互通，跨主机存取资料时需要相对复杂的设定。如果主机服务器分属不同操作系统，那么存取彼此资料会更复杂，某些系统甚至无法实现存取。DAS 通常用于单一网络、数据交换量不大、性能要求不高的环境下，是一种较早的技术实现。

（2）SAN

SAN 通过高速网络连接专业主机服务器，位于主机群的后端，使用高速 I/O 连接方式，如 SCSI、ESCON 及 FC。SAN 应用于对网络速度及数据可靠性和安全性要求高、数据共享性能要求高的环境，特点是代价高、性能好，常见于电信、银行等大数据关键应用。SAN 采用 SCSI 块 I/O 命令集，通过磁盘或 FC 级数据访问提供高性能的随机 I/O 和数据吞吐率，具有高带宽、低时延的优势，SAN 在高性能计算中占有一席之地。然而，SAN 价格较高，且可扩展性较差，无法满足成千上万个 CPU 规模的系统需求。

7.4.2 文件存储系统

文件存储系统基于文件级别的存储，将文件存储在硬盘中，即使文件太大需要拆分，也将其放在同一个硬盘中。其缺点是单一文件的读写速度受限于单一硬盘的效能；优点是在多文件、多用户使用的系统中，总带宽可以随着存储节点的增加而扩展，架构可以无限制扩容，且成本低廉。

1. 文件存储系统的应用场合

文件存储系统主要适合以下应用场合。

（1）文件较大，总读取带宽要求较高，如网站、IPTV。

（2）多个文件同时写入，如监控系统。

（3）长时间存放的文件，如文件备份、存放或搜索。

2. 应用的特性

这些应用具有如下特性。

（1）并发读取文件。

（2）文件及文件系统本身较大。

（3）文件使用期较长。

（4）对成本控制要求较高。

通常，NAS 是一种文件存储设备，直接连接在网络上并提供数据存取服务。NAS 设备如同一个提供数据文件服务的系统，特点是性价比高。因此，NAS 文件系统适合教育、政府、企业等数据存储应用。

NAS 文件系统采用 NFS 或 CIFS 命令集访问数据，以文件为传输协议，通过 TCP/IP 实现网络化存储，具有良好的可扩展性、价格低廉、用户易管理等优点。因此，NAS 文件系统在集群计算中应用得较多。但 NAS 文件系统的协议开销高、带宽低、时延高，不利于在高性能集群中应用。

7.4.3 对象存储系统

对象存储系统相较于传统的文件存储系统，具有更大的规模。这是因为对象存储系统的架构比文件存储系统简单得多。与文件存储系统不同，对象存储系统并不将文件组织成目录层次结构，而是在一个扁平化的容器组织中存储文件（在 Amazon S3 中称为"桶"），并使用唯一的 ID（在 Amazon S3 中称为"关键字"）来检索它们。由于需要的元数据较少，对象存储系统减少了管理文件元数据的开销，能够通过增加节点近乎无限制地扩展规模。

对象存储系统针对 Linux 集群的高性能和数据共享需求，结合 SAN 系统和 NAS 系统的优点，支持直接访问磁盘以提高性能，并通过共享的文件和元数据来简化管理。Amazon S3 和 OpenStack Swift 存储系统是典型的对象存储系统。

对象存储系统的一大特点是功能简洁，用户可以存储、检索、复制和删除文件，并控制用户权限。如果用户需要搜索或管理对象元数据中央存储库，则需要进行二次开发。Amazon S3 和其他对象存储系统提供 REST API，使开发者能够使用存储在对象存储系统中的数据。

对象存储系统的 HTTP 接口允许全球用户方便地访问文件。例如，OpenStack Swift 存储系统中的每一个文件都有一个唯一的基于账户名、容器名和对象名的统一资源定位符（Uniform Resource Locator，URL）。然而，由于使用 HTTP 接口访问，相比从 NAS 中访问文件，用户需要更长的时间来访问对象存储系统中的对象。

对象存储系统的另一大缺点是只支持数据的最终一致性。每当用户更新一个文件时，直到更改传播到所有副本后，才能保证用户获取到的数据是最新版本。这使得对象存储系统不适用于频繁更改的数据，但非常适用于不常变化的数据，如备份、档案、视频和音频文件以及虚拟机映像等。

对象存储系统和文件存储系统在接口上的本质区别在于，对象存储系统不支持随机位置读写操作。文件上传到对象存储系统后，读取文件时只能获取整个文件；修改文件时只能重新上传新的文件，覆盖之前的文件或生成新的版本。

结合云盘的使用经验，较易理解这一特点。用户会上传文件到云盘或从云盘下载文件。修改文件时，通常先下载文件给修改后再重新上传。例如，微信在朋友圈中发送照片是上传图像，接收别人发送的照片是下载图像，也可以从朋友圈中删除以前发送的内容。微博也是类似，通过微博 API 可以了解到，每张图片通过 REST 风格的 HTTP 请求从服务器端获取，发微博时也通过 HTTP 请求上传数据。

对象存储系统主要是满足数据归档和云服务需求，以下进一步介绍对象存储系统的主要应用场景。

1. 存储资源池（空间租赁）

使用对象存储系统构建类似 Amazon S3 的存储空间租赁服务，向个人、企业或应用提供按需扩展的弹性存储服务。用户购买存储资源后，通过 Web 协议访问和使用存储资源，无须采购和运维存储设备。多租户模型确保用户数据隔离，保证数据安全。

2. 网盘应用

对象存储系统基于海量存储资源池，使用图形用户界面封装对象存储资源，向用户提供类似百度网盘的业务。用户通过个人计算机客户端、手机客户端及 Web 界面完成数据上传、下载、管理与分享。网盘帮助个人用户和家庭用户实现数据安全、持久保存和不同终端之间的数据同步；企业客户通过网盘应用实现更高效的信息分享、协同办公和非结构化数据管理，企业网盘还可用于低成本的 Windows 操作系统远程备份，确保企业数据安全。

3. 集中备份

在大型企业或科研机构中，对象存储系统通过与 Comvault Simpana、Symantec NBU 等主流备份应用结合，可向用户提供更具成本效益、更低 TCO 的集中备份方案。相对原有的磁带库或虚拟磁带库等备份方案，重复数据删除特性能够帮助用户减少设备采购，智能管理特性使得备份系统无须即时维护，从而降低资本支出（Capital Expenditure，CAPEX）和运营支出（Operating Expenditure，OPEX）；分布式并行读写带来的巨大吞吐量和在线/近线的存储模式能有效降低恢复时间目标（Recovery Time Objective，RTO）和恢复点目标（Recovery Point Objective，RPO）。

4. 归档和分级存储

对象存储系统通过与归档应用、分级存储应用结合，将在线系统中的数据无缝归档/分级存储到对象存储系统中，释放在线系统存储资源。对象存储系统提供几乎无限扩展的容量和智能管理能力，帮助用户降低海量数据归档的 TCO；对象归档采用主动归档模式，使归档数据能够按需访问，无须长时间等待和延迟。

7.4.4 小结

本节简要介绍了云存储的类型及其适合的应用。云存储旨在通过服务器的低成本和弹性架构，解决传统存储无法解决的问题。客户可以根据数据的形态选择合适的存储方案。

对象存储系统打破了文件存储系统一统天下的局面，为用户提供了更多选择。但这并不意味着对象存储系统可以完全取代文件存储系统。在某些场景下，如虚拟机活动镜像存储、虚拟机硬盘文件存储和大数据处理等，对象存储系统的效用有限。相反，文件存储系统在这些领域的表现突出。例如，VMware 的虚拟机文件系统（VMware Virtual Machine File System，VMFS）在虚拟机镜像存储方面表现优异，Google 文件系统及其开源实现 HDFS 被广泛用于支撑基于 MapReduce 模型的大数据处理，且能很好地支持 GB 级、TB 级甚至更大文件的存储。

未来，文件存储系统的发展趋势将更多地偏向专用文件系统，而不是像过去那样一套文件系统适用于所有场景。同时，某些部分将让位于对象存储系统或其他存储系统。

从另一个角度来看，对象存储系统更适合互联网和类似互联网的应用场景，不仅因为其具有 REST 风格的 HTTP 接口，还因为大多数对象存储系统在设计上能够方便地进行横向扩展，以适应大量用户的高并发访问。此外，对象存储系统适合存储 10 KB～10 GB 的对象/文件。小于 10 KB 的数据更适用于键/属性数据库，而大于 10 GB 的文件则最好分割为多个对象并行写入对象存储系统中，因为多数对象存储系统对单个对象的大小有上限要求。因此，如果一个应用具有上述特点，可以考虑使用对象存储系统。

7.5 云存储关键技术

本节主要介绍云存储的关键技术，包括存储虚拟化、分布式存储、数据容错、数据备份、数据缩减等技术。

7.2 云存储关键技术

7.5.1 存储虚拟化

存储虚拟化通过将不同厂商、不同型号、不同通信技术、不同类型的存储设备互连起来，将系统中各种异构的存储设备映射为一个统一的存储资源池。存储虚拟化技术能够对存储资源进行统一分配和管理，屏蔽存储实体间的物理位置及异构特性，实现资源对用户的透明性，降低构建、管理和维护资源的成本，提升云存储系统的资源利用率。

1. 主要的存储虚拟化技术

存储虚拟化技术虽然在不同设备与厂商之间有所区别，但总体可以概括为基于主机的虚拟化技术、基于存储设备的虚拟化技术和基于存储网络的虚拟化技术。

（1）**基于主机的虚拟化技术：** 其核心是增加一个运行在操作系统下的逻辑卷管理软件，将磁盘上的物理块号映射成逻辑卷号，从而将多个物理磁盘阵列映射成一个统一的虚拟逻辑存储空间。基于主机的虚拟化存储不需要额外硬件支持，只通过软件即可实现管理。但这种技术也有缺点：软件部署和应用影响主机性能，存在数据安全隐患，以及控制不同厂家的存储设备存在额外资源开销。

（2）**基于存储设备的虚拟化技术：** 这种技术依赖于存储设备的阵列控制器模块，常见于高端存储设备，主要用于异构的 SAN 存储架构。其优点是不占用主机资源，技术成熟，容易实施；缺点是核心存储设备必须具有相关功能，且消耗存储控制器资源，同时异构厂家磁盘阵列设备的高级存储功能可能无法使用。

（3）**基于存储网络的虚拟化技术：** 这种技术在存储区域网中增加虚拟化引擎，实现存储资源的集中管理，通过虚拟化支持的路由器或交换机完成。存储网络虚拟化分为带内虚拟化与带外虚拟化两类。带内虚拟化使用同一数据通道传送存储数据和控制信号；带外虚拟化使用不同通道传送数据和命令信息。其优点是不占用主机和设备资源；缺点是存储阵列中设备的兼容性需要严格验证，且存储设备自带的高级存储功能可能无法使用。

2．存储虚拟化技术的对比

表 7.1 对三种存储虚拟化技术的优点、缺点、适用场景等进行了对比。

表 7.1　三种存储虚拟化技术的对比

实现层面	基于主机的虚拟化技术	基于存储网络的虚拟化技术	基于存储设备的虚拟化技术
优点	支持异构存储系统；不占用磁盘控制器资源	与主机无关，不占用主机资源；支持异构主机和存储设备；统一管理平台，可扩展性好	与主机无关，不占用主机资源；数据管理功能丰富；技术成熟度高
缺点	占用主机资源，降低应用性能；存在操作系统和应用兼容性问题；主机数量越多，管理成本越高	占用交换机资源；存储设备兼容性需严格验证；原有磁盘阵列的高级存储功能无法使用	受制于存储控制器接口资源，虚拟化能力较弱；异构厂家存储设备的高级存储功能无法使用
主要用途	使服务器存储空间跨越多个异构磁盘阵列，常用于不同磁盘阵列之间的数据镜像保护	异构存储系统整合和统一数据管理（灾备）	异构存储系统整合和统一数据管理（灾备）
适用场景	主机已采用动态卷管理，需要新接多台存储设备；存储系统中包含异构阵列设备；业务持续能力与数据吞吐要求较高	系统包括不同品牌和型号的主机与存储设备；对数据无缝迁移及数据格式转换有较高的时间性保证	系统中包括自带虚拟化功能的高端存储设备与若干旧的中低端存储设备
不适用场景	主机数量大，采用动态卷管理涉及高昂费用，待迁入系统数据量过大，若只能采取存储级迁移方式，则数据格式转换将耗费大量的时间和人力	对业务持续能力和稳定性的要求苛刻	需要新购设备时，费用较高；存在更高端的存储设备

7.5.2　分布式存储

分布式存储将数据分散存储在多台独立设备上，采用可扩展的系统结构，通过多台存储服务器分担存储负载，利用位置服务器定位存储信息，不仅提高了系统的可靠性、可用性和存取效率，还易于扩展。

1．数据需求

分布式存储面临的数据需求复杂，涉及以下三类数据。

（1）**非结构化数据**：包括所有格式的办公文档、文本、图片、图像、音频和视频信息。

（2）**结构化数据**：一般存储在关系数据库中，可以用二维关系表结构表示。结构化数据的模式和内容是分开的，需要预先定义数据模式。

（3）**半结构化数据**：介于非结构化数据和结构化数据之间，如 HTML 文档。半结构化数据的模式和内容混在一起，无须预先定义数据模式。

2．分布式存储系统的分类

不同的分布式存储系统适合处理不同类型的数据，分布式存储系统可以分为四类：分布式块存储系统、分布式文件存储系统、分布式对象存储系统和分布式表存储系统。

（1）分布式块存储系统

块存储是指利用服务器直接读写存储空间中的一个或一段地址来存取数据。由于块存储采用直接读写磁盘空间来访问数据，相较于其他数据读取方式，块存储的读取效率最高。一些大型数据库应用只能运行在块存储设备上。分布式块存储系统以标准的 Intel/Linux 硬件组件作为基本存储单元，这些组件通过千兆以太网采用任意点对点拓扑技术相互连接，共同工作，构成大型存储网格。网格内采用分布式算法管理存储资源。

此类技术的典型代表是 IBM XIV 存储系统，其核心数据组件为基于 Intel 内核的磁盘系统，卷数据分布到所有磁盘上，从而具有良好的并行处理能力。同时，IBM XIV 存储系统放弃了独立磁盘冗余阵列（Redundant Arrays of Independent Disk，RAID）技术，而采用冗余数据块方式进行数据保护，统一采用串行先进技术总线附属接口（Serial Advanced Technology Attachment Interface，SATA），降低了存储成本。

（2）分布式文件存储系统

文件存储系统可提供通用的文件访问接口，如 POSIX、NFS、CIFS、FTP 等，实现文件与目录操作、文件访问和文件访问控制等功能。当前分布式文件系统的存储实现有软硬件一体和软硬件分离两种方式，主要通过 NAS 虚拟化，或者基于 x86 硬件集群和分布式文件系统集成在一起，以实现海量非结构化数据的处理能力。

软硬件一体方式的实现基于 x86 硬件，利用专有的、定制设计的硬件组件，与分布式文件系统集成在一起，以实现目标设计的性能和可靠性目标，代表产品有 Isilon 和 IBM SONAS GPFS。

软硬件分离方式的实现基于开源分布式文件系统对外提供弹性存储资源，软硬件分离方式可采用标准个人计算机服务器硬件，典型的开源分布式文件存储系统有 GFS 和 HDFS。

（3）分布式对象存储系统

分布式对象存储系统是一种全新的存储架构，专为 Linux 集群的高性能和数据共享需求而设计。它引入对象元数据来描述对象特征，元数据具有丰富的语义；并引入容器的概念作为存储对象的集合。分布式对象存储系统的底层基于分布式存储系统实现数据存取，其存储方式对外部应用透明。这样的存储架构具有高可扩展性，支持数据的并发读写，但通常不支持数据的随机写操作。其最典型的应用实例是 Amazon S3。分布式对象存储技术相对简单，对底层硬件的要求不高，存储系统的可靠性和容错性通过软件实现，同时其访问接口简单，适合处理海量、小数据的非结构化数据，如邮箱、网盘、相册、音频和视频存储等。

（4）分布式表存储系统

表存储是一种结构化数据存储方式，与传统数据库存储相比，它提供的表空间访问功能有限，但更强调系统的可扩展性。提供表存储的云存储系统的特点在于能够同时提供高并发的数据访问性能和可伸缩的存储及计算架构。

分布式表存储系统用于存储关系较为复杂的半结构化数据，与分布式对象存储系统相比，分布式表存储系统不仅支持简单的 CRUD（Create、Read、Update、Delete）操作，还支持扫描某个主键范围。数据以表格为单位，每个表格包括许多行，通过主键标识一行，支持主键的 CRUD 功能和范围查找功能。

分布式表存储系统借鉴了许多关系数据库的技术，例如支持某种程度上的事务，如单行事务和某个实体组（Entity Group）下的多行事务。典型的分布式表存储系统包括 Google BigTable、

Megastore、Microsoft Azure Table Storage、Amazon DynamoDB 和 Apache HBase 等。与分布式数据库相比，分布式表存储系统主要支持针对单张表格的操作，不支持复杂的多表关联、多表联接和嵌套子查询；此外，同一个表格中的多个数据行不要求包含相同类型的列，适用于半结构化数据。分布式表存储系统是一种很好的权衡，能够支持超大规模且较多的功能，但实现较复杂，并有一定的使用门槛。

提供表存储的云存储系统有两种接口访问方式：一种是标准的结构查询语言（Structured Query Language，SQL）数据库接口，另一种是 MapReduce 的数据仓库应用处理接口。前者目前以开源技术为主，如 Apache Hive；后者已有商业应用和成功的商业应用案例，如 Google BigTable 和 Apache HBase。

3. 先进的分布式存储系统的特性

如今，分布式存储系统发展迅速，技术已经较为成熟。先进的分布式存储系统必须具备以下特性。

（1）**高性能**：分布式存储系统中的每个用户都需尽量减小网络延迟和网络拥塞、网络断开、节点退出等问题造成的影响。

（2）**高可靠性**：高可靠性是大多数系统设计时的重点考虑因素。分布式存储环境通常有高可靠性需求，用户将文件保存到分布式存储系统中的基本要求是数据可靠。

（3）**高可扩展性**：分布式存储系统需要适应节点规模和数据规模的扩大。

（4）**透明性**：需要使用户在访问网络中其他节点的数据时，感觉像是在访问自己本机的数据。

（5）**自治性**：分布式存储系统需要具备一定的自我维护和恢复功能。

7.5.3 数据容错

数据容错技术是云存储研究领域的一项关键技术，良好的数据容错技术不仅能够提高系统的可用性和可靠性，还能提高数据的访问效率。数据容错技术通常通过增加数据冗余来实现，以保证即使部分数据失效，也能通过访问冗余数据满足需求。虽然冗余提高了容错性，但也增加了存储资源的消耗。因此，在保证系统容错性的同时，应尽量提高存储资源的利用率，以降低成本。

目前，数据容错技术主要有基于复制（Replication）的容错技术和基于纠删码（Erasure Code）的容错技术两种。基于复制的容错技术简单直观，易于实现和部署，但需要为每个数据对象创建若干相同大小的副本，存储空间开销很大。基于纠删码的容错技术能够将多个数据块的信息融合到较少的冗余信息中，有效节省存储空间，但对数据的读写需要分别进行编码和解码操作，需要一定的计算开销。数据失效后，基于复制的容错技术只需从其他副本下载同样大小的数据即可修复；而基于纠删码的容错技术通常需要下载的数据量远大于失效数据，修复成本较高。

1. 基于复制的容错技术

基于复制的容错技术为一个数据对象创建多个相同的数据副本，并将这些副本分散到不同的存储节点上。当某些数据对象失效后，可以通过访问其他有效的副本来获取数据。

（1）关注的研究

基于复制的容错技术主要关注以下两方面的研究。

① **数据组织结构**：研究大量数据对象及其副本的管理方式。

② **数据复制策略**：研究副本的创建时机、副本的数量及副本的放置等问题。

一种广泛采用的副本放置策略是通过集中式的存储目录来定位数据对象的存储位置。这种策略利用存储目录中存放的存储节点信息，将数据对象的多个副本放置在不同机架上，从而大大提高系统的数据可靠性。GFS、HDFS等著名的分布式文件系统都采用了这种数据放置策略。

（2）数据放置策略的缺陷

基于集中式存储目录的数据放置策略存在以下两个缺陷。

① **查找开销增加**：随着存储目录的增长，查找数据对象所需的开销越来越大。

② **内存占用高**：为提高数据对象的定位速度，通常会将存储目录存放在服务器内存中。对于PB级的云存储系统，文件数量可能达到亿级，这将导致存储目录占用上百GB的内存。因此，当数据对象数量达到上亿级时，基于集中式存储目录的数据放置策略的存储开销和数据定位的时间开销都难以接受，会大大限制系统的扩展性。

另一种副本放置策略是基于哈希算法的副本布局方法，该方法完全摒弃了记录数据对象映射信息的做法。

（3）副本布局方法需满足的要求

基于哈希算法的副本布局方法需要满足以下要求。

① **均衡性**：根据节点权重为存储节点分配数据对象。

② **动态自适应性**：当系统中的节点数量发生变化时，需迁移的数据量应尽量少。

③ **低性能开销**：尽可能提高存储效率。

④ **高效性**：确定副本位置所需的时间开销尽可能小，理想情况下为 $O(1)$。

2. 基于纠删码的容错技术

基于复制的容错技术存储开销巨大。为了提供冗余度为 k 的容错能力，必须额外创建 k 个副本，存储空间的开销也相应增大了 k 倍。基于编码的容错技术通过对多个数据对象进行编码来生成编码数据对象，从而降低了完全复制带来的巨大存储开销。

RAID技术中使用广泛的RAID 5通过将数据条带化分布到不同的存储设备上来提高效率，并采用一个校验数据块，使其能够容忍一个数据块的失效。但是，随着节点规模和数据规模的不断扩大，仅能容忍一个数据块失效已无法满足应用的存储需求。纠删码技术是一种源于信道传输的编码技术，能够容忍多个数据帧的丢失，因此该技术被引入分布式存储领域。基于纠删码的容错技术可以容忍多个数据块同时失效，因此它成为常用的基于编码的容错技术。

7.5.4 数据备份

在以数据为中心的时代，数据的重要性毋庸置疑，数据备份技术尤为重要。数据备份技术是将数据或其中的部分在某一时间的状态以特定格式保存下来，以备原数据由于错误、误删除或恶意加密等而不可用时，能快速准确地恢复数据的技术。数据备份是容灾的基础，目的是数据资源的重新利用和保护，核心工作是数据恢复。

典型的用户备份流程如下：每天凌晨进行一次增量备份，每周末凌晨进行完全备份。采用这种方法后，一旦发生数据灾难，用户可以恢复到某一天的状态，因此最坏情况下可能会丢失整整一天的数据。但如果缩小备份的时间单位，会影响用户正常使用，因为每次备份的数据量大，备份时间窗口也大，繁忙的业务系统需停机很长时间。

为了确保数据的高安全性，用户必须在线实时复制系统，尽可能多地采用快照等磁盘管理技术维持数据的高可用性，这样势必需要增加很大一部分投资。

为了确保数据的高安全性，用户必须在线实时复制系统，并尽可能多地采用快照等磁盘管理技术维持数据的高可用性，这需要增加投资。连续数据保护（Continuous Data Protection，CDP）是一种连续捕获和保存数据变化的方法，可恢复过去任意时间点的数据。CDP 系统可能基于块、文件或应用，并提供无限数量的可变恢复点。

所有的 CDP 解决方案都应当具备以下几个基本特性：数据的改变受到连续的捕获和跟踪；所有的数据改变都存储在一个与主存储地点不同的独立地点中；恢复点目标是任意的，且不需要在实际恢复之前事先定义。

因此，CDP 能提供更快的数据检索、更强的数据保护和业务连续性能力，而总体成本和复杂性比传统备份解决方案低。

尽管一些厂商推出了 CDP 产品，但它们还做不到真正连续的数据保护，如一些产品的备份时间间隔为 1 小时，那么在这 1 小时内仍然存在数据丢失的风险，因此严格地说，它们还不是完全意义上的 CDP 产品，目前只能称为类似 CDP 产品。

7.5.5 数据缩减

为了应对数据存储的急剧膨胀，企业需要不断购置大量的存储设备来满足不断增长的存储需求。权威调查机构的研究发现，虽然企业购买了大量的存储设备，但设备利用率往往不足 50%，存储投资回报率较低。数据量的急剧增长对存储技术提出了新的问题和要求，怎样低成本、高效快速地解决无限增长的信息存储和计算问题，成为科学家面临的挑战。云存储技术不仅解决了存储中的高安全性、可靠性、可扩展性、易管理性等基本要求，还利用数据缩减技术满足了海量信息爆炸式增长的需求，从而在一定程度上节约了企业存储成本，提高了效率。

1. 自动精简配置

自动精简配置是一种存储管理特性，其核心原理是"欺骗"操作系统，让操作系统认为存储设备中有很大的存储空间，而实际的物理存储空间并没有那么大。传统配置技术为了避免重新配置可能造成的业务中断，常常会过度配置存储空间。在这种情况下，一旦存储空间分配给某个应用，就不可能重新分配给另一个应用，导致已分配的存储空间没有得到充分利用，造成了资源的极大浪费。

自动精简配置技术优化了存储空间的利用率，扩展了存储管理功能。尽管实际分配的物理容量较小，但可以为操作系统提供超大容量的虚拟存储空间。随着数据存储信息量的增多，实际存储空间也可以及时扩展，无须用户手动处理。用户无须了解存储空间分配的细节，该技术能在不降低性能的情况下，大幅提高存储空间的利用率。当用户需求变化时，无须更改存储容量设置，通过虚拟化技术集成存储，可减少超量配置，降低总功耗。

自动精简配置技术最初由 3Par 公司开发，目前支持该技术的厂商正在快速增加。这种技术已经成为选择存储系统的关键标准之一。然而，并不是所有自动精简配置的实施过程都是相同的。随着自动精简配置存储内容的增多，物理存储的耗尽成为自动精简配置环境中的常见风险。因此，警告、通知和存储分析成为必要功能，并在自动精简配置环境中扮演了主要角色。

2. 自动存储分层

自动存储分层（Automated Storage Tier，AST）技术（见图 7.2）能够在同一阵列的不同类型介质间迁移数据，主要用来帮助数据中心最大限度地降低成本和复杂性。在过去，数据迁移主要依靠手工操作，由管理员判断卷的数据访问压力的大小，迁移时也只能整个卷一起迁移。

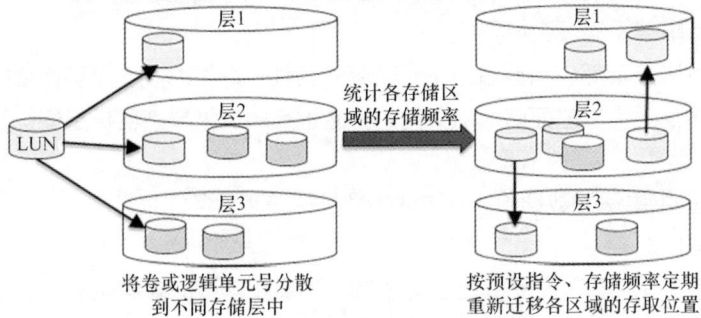

图 7.2　自动存储分层技术

自动存储分层管理系统的基本业务是将使用不频繁的数据安全地迁移到较低的存储层中以削减存储成本，而将频繁使用的数据迁移到更高性能的存储层中。自动存储分层技术的两个目标是降低成本和提高性能。自动存储分层技术的特点是分层的自动化和智能化。一个磁盘阵列能够把活动数据保留在快速、昂贵的存储层上，把不活跃的数据迁移到廉价的低速存储层上，以限制存储费用的总量。

随着固态存储在当前磁盘阵列中的应用，自动存储分层的重要性得以提升。随着云存储的普及，自动存储分层补充了企业内部部署的存储，使用户数据保留在合适的存储层级，减少了存储需求的总量，从而降低了成本并提高了性能。数据从一层迁移到另一层的粒度越精细，昂贵存储层的利用效率越高。子卷级的分层意味着数据是按照块而不是按整个卷来分配的。

如何控制数据在层间移动的内部工作规则决定了需要把自动存储分层放在正确位置的复杂程度。一些系统根据预先定义的时间决定将数据移动到哪一层。NetApp 和 Oracle 公司则倡导存储系统应该足够智能，既能删除重复数据，又能自动将数据保留在合适的层，而不需要用户定义策略。

目前常见的 Sub-LUN 式自动分层存储技术基本上可视为以下三种功能的综合。

（1）**存储虚拟化**：存储虚拟化将分散在不同存储层的磁盘区块组合成虚拟的卷或逻辑单元号（Logical Unit Number，LUN），即将卷或 LUN 的区块分散到不同存储层上。

（2）**存取行为的追踪、统计与分析**：系统持续追踪和统计每个磁盘区块的存取频率，并通过定期分析识别出存取频率高的"热"区块与存取频率低的"冷"区块。

（3）**数据迁移**：存储系统基于存取频率定期执行数据迁移操作，将"热"区块数据迁移到高速存储层，而将较不活跃的"冷"区块数据迁移到低速存储层。

在比较自动分层存储技术时，需要关注的功能和参数包括支持的存储层级数目、针对各存储层 I/O 负载与效能的监控功能等。其中，最重要的两个标准分别是精细度和运算周期。

精细度是指系统以多大的磁盘单位来执行存取行为收集分析与数据迁移操作，这将决定最终所能达到的存储配置优化效果，以及执行重新配置需迁移的数据量。理论上，迁移的磁盘单位越精细、越小越好，不过精细度过高会增加追踪统计操作给控制器带来的负担。

例如，对于一个 100 GB 的 LUN，若采用 1 GB 的精细度，则系统只需追踪和分析 100 个数据区块；而若采用更精细的 10 MB 精细度，则系统需追踪和分析 1 万个数据区块，操作量会高出 100 倍，同时对应的数据区块元数据量也随之大幅增加。

运算周期是指系统多久执行一次存取行为统计分析与数据迁移操作，这会影响系统能多快地反映磁盘存取行为的变化。运算周期越短、越密集，系统就越能快速地依据最新的磁盘存取特性，重新配置数据在不同存储层的分布。

反之，运算周期间隔过长，很可能导致磁盘存取状态已发生重大变化，而系统仍需等到下次统计分析与数据迁移时间到来才能重新分派磁盘资源。然而，运算周期过短也会导致统计分析与数据迁移操作占用过多的 I/O 资源。

3. 重复数据删除

物理存储设备在使用一段时间后必然会出现大量重复的数据。重复数据删除技术作为一种数据缩减技术，可优化存储容量。它通过删除数据集中重复的数据，只保留其中一份来消除冗余数据。使用重复数据删除技术可以将数据缩减到原来的 1/50～1/20，大幅度减少了物理存储空间的使用量，从而减少传输过程中的网络带宽，节约设备成本，降低能耗。

重复数据删除技术可以按照消重的粒度分为文件级消重技术和数据块级消重技术两大类。可以同时使用两种以上的哈希（Hash）算法计算数据指纹，以获得非常小的数据碰撞发生概率。凡是具有相同指纹的数据块，都可认为是相同的数据块，存储系统仅需要保留一份。这样，一个物理文件在存储系统中就只对应一个逻辑表示。

（1）相同数据的检测技术

相同数据主要包括相同文件及相同数据块两个层次。完全文件检测（Whole File Detection，WFD）技术主要通过 Hash 技术进行数据挖掘；在细粒度的相同数据块中，主要通过固定分块（Fixed-Sized Partition，FSP）检测技术、内容可变分块（Content-Defined Chunking，CDC）检测技术、滑动块（Sliding Block）技术查找与删除重复数据。

（2）相似数据的检测与编码技术

该技术利用数据自身的相似性特点，通过 Shingle 技术、Bloom Filter 技术和模式匹配技术挖掘出相同数据检测技术不能识别的重复数据；对相似数据采用 Delta 技术进行编码并最小化压缩相似数据，进一步缩减存储空间和占用的网络带宽。

NetApp 公司为其所有的系统都提供重复数据删除选项，并且可以针对每个卷激活重复数据删除操作。NetApp 公司的重复数据删除并不是实时执行的，而是在闲暇时间通过扫描把重复的 4 KB 数据块替换为相应的指针。与 NetApp 公司类似，Oracle 公司在其 Sun ZFS Storage 7000 系列系统中也具备块级别重复数据删除功能。不同的是，Oracle 公司采用的去重方式是在数据写入磁盘时实时执行的。

需要注意的是，重复数据删除会对数据可靠性产生影响。因为上述技术使得共享数据块的文件之间产生了依赖性，几个关键数据块的丢失或错误可能导致多个文件丢失或出现错误，因此它会降低存储系统的可靠性。

4. 数据压缩

数据压缩技术是提高数据存储效率非常古老、非常有效的方法之一。为了节省存储空间和提高传输效率，必须对大量的实际数据进行有效压缩。数据压缩作为解决海量信息存储和传输的关键技术，受到用户极大的重视。数据压缩通过存储算法将数据存储到更小的空间中。随着 CPU 处理能力的大幅提高，应用随机存取压缩引擎（Random Access Compression Engine，RACE）技术来节省数据占用空间成为现实。RACE 技术与传统压缩技术不同，RACE 技术使数据在首次写入时即被压缩，帮助系统控制大量数据在内存中的杂乱无章存储，特别是在多任务工作时。该技术还可以在数据写入存储系统前压缩数据，提高磁盘和缓存的性能及效率。

压缩算法分为无损压缩和有损压缩两种。相对于有损压缩，无损压缩占用空间大，压缩比不高，但有效地保存了原始信息，没有信号丢失。数据压缩中常用的 LZS 算法基于 LZ77 实现，主要由滑动窗口（Sliding Window）和自适应编码（Adaptive Coding）构成。LZ77 压缩原理如图 7.3 所示。压缩时，在滑动窗口中查找与待处理数据相同的块，并用该块在滑动窗口中的偏移值及块长度替代待处理数据，从而实现压缩编码。如果滑动窗口中没有与待处理数据块相同的字段，或偏移值及数据长度超过被替代数据块的长度，则不进行替代处理。LZS 算法实现简单，处理速度快，适合各种高速应用。数据压缩应用可显著降低待处理和存储的数据量，一般情况下可实现 2:1～3:1 的压缩比。

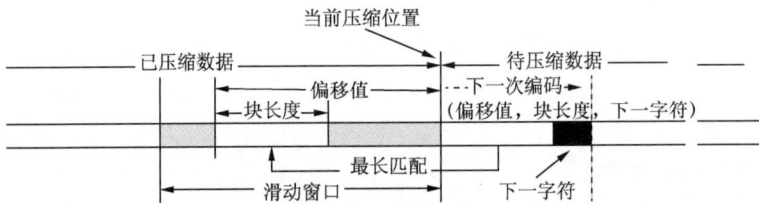

图 7.3　LZ77 压缩原理

压缩和去重是互补性的技术，提供去重技术的厂商通常也提供压缩技术。对于虚拟服务器卷、电子邮件附件、文件和备份环境，去重技术通常更有效，而压缩技术对于随机数据效果更好，如数据库。因此，在数据重复性较高的场合，去重技术比压缩技术更有效。

5. 内容分发网络技术

云存储构建于互联网之上，如何降低网络延迟、提高数据传输率是影响云存储性能的关键问题。尽管通过本地高速缓存、广域网优化等技术能部分解决这些问题，但仍未能完全满足实际应用需求。CDN 是一种新型的网络构建模式，主要针对现有互联网进行改造。其基本思想是尽量避开互联网上由于网络带宽小、网点分布不均、用户访问量大等因素对数据传输速率和稳定性的影响，使数据传输更快、更稳定。

CDN 通过在网络各处放置节点服务器，在现有互联网基础上构成一层智能虚拟网络，实时根据网络流量、各节点的连接和负载情况、响应时间、到用户的距离等信息，将用户的请求重新导向离用户最近的服务节点。这样，用户可以就近取得所需内容，解决互联网的网络拥挤问题，提高访问网站的速度。CDN 部署结构如图 7.4 所示。

CDN 的关键技术是用户访问调度和内容缓存管理。通过对分散在多个物理节点中的分布式服务设备进行统一调度和管理，用户总能在离自己最近的服务设备上找到所需的内容。

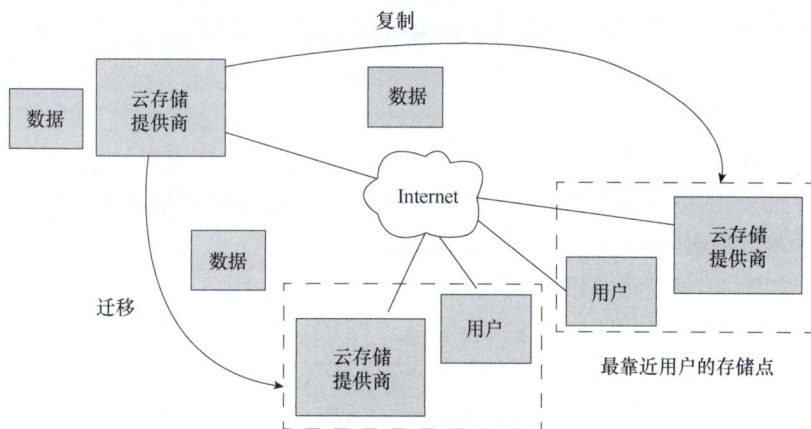

图 7.4　CDN 部署结构

7.6　典型的云存储服务

7.3　典型云存储
服务

云存储的概念一经提出，就得到了众多厂商的支持和关注。目前，业内企业推出了多种不同种类的云存储服务，Microsoft、Amazon、Google 和阿里云等都是代表企业。下面简要介绍 Amazon、Microsoft 和阿里云的云存储服务产品。

7.6.1　Amazon 云存储服务

AWS 除了提供计算服务 Amazon EC2 之外，还提供了两类云存储服务：Amazon S3 和 Amazon EBS。

1. Amazon S3

Amazon S3 是一种对象存储服务，具有行业领先的可扩展性、数据可用性、安全性和访问性等。这意味着各种行业的不同客户都可以使用它来存储和保护各种用例（如网站、移动应用、备份和还原、存档、企业应用、IoT 设备和大数据分析）的任意数量的数据。Amazon S3 提供了易于使用的管理功能，因此用户可以组织数据并配置精细调整过的访问控制策略，以满足特定的业务、组织和合规性要求。Amazon S3 "标准存储"可达到 99.999999999%（11 个 9）的持久性，并为全球各地的公司存储百万个应用的数据。

使用 Amazon S3 时，Amazon S3 就像一个位于互联网上的主机，有一个包含数字资产的硬盘驱动。实际上，它涉及位于多个地理位置的许多主机，其中包含数据资源或者数据资源的某些部分。Amazon S3 能够处理所有复杂的服务请求，可以存储数据并检索数据。用户只需要支付少量的费用（大约每月 0.023 美元/GB）就可以在 Amazon 服务器上存储数据，支付 1 美元即可通过 Amazon 服务器传输数据。

Amazon S3 提供了多种功能，可供用户以各种方式组织和管理数据，从而支持特定使用案例、实现成本效率、实施安全性并满足合规性要求。数据以对象的形式存储在名为存储桶的资源中，单个对象大小的上限为 5 TB。Amazon S3 还提供诸多功能，如可以将元数据标签附加到对象中，支持跨 S3 存储类型移动和存储数据，支持配置并实施数据访问控制，可防止未经授权的用户访问数

173

据，可运行大数据分析，以及支持在对象级别和存储桶级别监控数据等。用户可以通过 Amazon S3 访问点或存储桶主机名访问对象。

（1）存储管理

借助 S3 存储桶名称、前缀、对象标签和 S3 清单，用户可以通过多种方式分类和报告数据，然后配置其他 S3 功能以采取操作。S3 批量操作可以非常简单地存储成千上万个对象，可在 Amazon S3 中管理任意规模的数据。使用 S3 批量操作，只需一个 S3 API 请求，就可以在存储桶之间复制对象、替换对象标签集、修改访问控制等。用户还可以使用 S3 批量操作在对象上运行 AWS Lambda（匿名）函数，以执行自定义的业务逻辑，如处理数据或转码图像文件。

用户还可以通过 S3 对象锁定实施一次写入多次读取（Write Once Read Many，WORM）策略，从而保证在客户定义的保留期内禁止删除对象版本，让用户能够实施保留策略来进一步保护数据或满足合规性要求。即使对象移动到具有 S3 生命周期策略的不同存储类，S3 对象锁定也会保留 WORM 保护。

Amazon S3 还具备帮助维护数据版本控制、防止意外删除以及在相同或不同的 AWS 区域中复制数据的功能。借助 Amazon S3 版本控制，用户可以轻松地保存、检索和还原存储到 Amazon S3 存储桶中的某个对象的每个版本；这可以让用户恢复由于错误操作或应用故障而丢失的数据。

（2）存储类

Amazon S3 提供了一系列适合不同使用案例的存储类，包括 S3 标准（适用于频繁访问的数据的通用存储）；S3 智能分层（适用于具有未知或变化的访问模式的数据）；S3 标准-不频繁访问和 S3 单区-不频繁访问（适用于长期存在但访问不太频繁的数据）；Amazon S3 Glacier 和 Amazon S3 Glacier 深度存档（适用于长期存档和数字保留）。Amazon S3 还提供了在整个数据生命周期内管理数据的功能。设置 S3 生命周期策略之后，无须更改用户的应用程序，用户的数据将自动传输到其他存储类。

每个 S3 存储类都支持特定的数据访问级别，并具有对应的成本。这意味着用户可以将关键任务型生产数据存储在 S3 标准类型存储类中并用于经常访问，将不经常访问的数据存储在 S3 标准-不频繁访问和 S3 单区-不频繁访问类型存储类中，以节省成本，并在成本最低的存储类型（Amazon S3 Glacier 和 Amazon S3 Glacier 深度存档）中存储存档数据。用户可以使用 S3 存储类分析来监控对象的访问模式，用于发现应该移动到较低成本存储类的数据。此后，用户可以使用此信息来配置进行数据传输的 S3 生命周期策略。S3 生命周期策略还可用于在数据的生命周期结束时使这些数据失效。用户可以将访问模式不断变化或未知的数据存储在 S3 智能分层中，它会根据访问模式的变化，自动在经常访问层与较低成本的不经常访问层之间迁移数据，以节省成本。

（3）访问管理

为了保护用户留在 Amazon S3 中的数据，默认情况下，只有用户自己可以创建 S3 资源的访问权限。用户可以使用以下访问管理功能之一或者功能组合来向其他用户授予访问权限：AWS 的身份识别与访问管理（Identity and Access Management，IAM），用于创建用户并管理其相应的访问权限；访问控制列表（Access Control List，ACL），使单独的对象可供授权用户访问；存储桶策略，用于配置单个 S3 存储桶中所有对象的访问权限；S3 访问点，创建具有名称和每个应用程序或应用程序组特定权限的访问点，简化共享数据集的数据访问管理；查询字符串验证身份，通过临时 URL 向其他用户授予限时访问权限。Amazon S3 还支持审核日志，其中列出了对用户的 S3

资源发出的请求，可清楚地了解谁访问了哪些数据。

（4）安全性

Amazon S3 提供了灵活的安全功能，用于阻止未经授权的用户访问数据。用户可以使用 VPC 终端节点从其 Amazon Virtual Private Cloud（Amazon VPC，亚马逊虚拟专用云）连接到 S3 资源。Amazon S3 支持服务器端加密和用于数据上传的客户端加密。

Amazon S3 阻止公有访问是一组安全控制功能，它可确保 S3 存储桶和对象不提供公有访问权限。将设置应用到某个 AWS 账户之后，与该账户关联的任何现有或新的存储桶及对象将继承阻止公有访问的设置。Amazon S3 阻止公有访问设置会覆盖其他 Amazon S3 访问权限，使账户管理员能够轻松实施"无公有访问"策略，而不管如何添加对象、如何创建存储桶或者是否存在现有的访问权限。Amazon S3 阻止公有访问控制是可审核的，这带来了进一步的控制，并可以使用 AWS Trusted Advisor 存储桶权限检查、AWS CloudTrail 日志和 Amazon CloudWatch 警报。

（5）随时查询

Amazon S3 提供了内置功能和免费服务，使用户无须将数据复制到单独的分析平台或数据仓库，就可以直接查询和分析存储在 Amazon S3 中的数据。S3 Select 是一种专为查询设计的功能，能够将查询性能提升 400%，并将查询成本减少 80%。它的工作方式是通过简单的 SQL 表达式检索某个对象的数据子集，而不是检索整个对象（其大小可达 5 TB）。

此外，Amazon S3 与 AWS 的分析服务 Amazon Athena 和 Amazon Redshift Spectrum 兼容。Amazon Athena 允许用户直接查询 Amazon S3 中的数据，无须提取并加载到其他服务或平台。Athena 使用标准 SQL 表达式分析数据，通常用于即席查询，并能在数秒内提供结果。Amazon Redshift Spectrum 则可以直接对 Amazon S3 中的静态数据运行 SQL 查询，更适合处理复杂查询和大型数据集（可达 EB 级）。两者共享相同的数据目录和数据格式，因此可以无缝处理 Amazon S3 中的相同数据集。

（6）传输大量数据

AWS 提供了一组数据迁移服务，使用户能够简单、快速且安全地将数据传输到 AWS 云中。S3 Transfer Acceleration 专为最大化远距离数据传输速度而设计。对于极大规模的数据传输，AWS 提供了 AWS Snowball、AWS Snowball Edge 和 AWS Snowmobile，它们可以将 PB 级到 EB 级的数据迁移到 AWS 云中，成本仅为高速互联网成本的 20%。这些 AWS Snow 服务通过使用安全的物理设备传输数据，解决了网络成本高、传输时间长和安全性等问题。

2. Amazon EBS

Amazon EBS 是一种易于使用的高性能数据块存储服务，旨在与 Amazon EC2 一起使用，适用于任何规模的吞吐量和事务密集型工作负载。Amazon EBS 支持多种工作负载，如关系数据库和非关系数据库、企业应用、容器化应用、大数据分析引擎、文件系统和媒体工作流。

借助 Amazon EBS，用户可以创建存储卷并将其挂载到 Amazon EC2 实例上。挂载后，用户便可在这些卷上创建文件系统、运行数据库，或以任何其他块存储设备的方式使用这些卷。Amazon EBS 卷放在特定可用区内，并在其中自动复制，以保护用户免受单一组件发生故障的威胁。所有类型的 Amazon EBS 卷均提供快照持久性能力，旨在实现 99.999%的可用性。

（1）Amazon EBS 卷的类型

Amazon EBS 提供了一系列选项，使用户可以优化工作负载的存储性能和费用。这些选项分为两大类：适用于数据库和启动卷等交易型工作负载的 SSD 型存储 [性能主要取决于 IOPS（每秒输入/输出操作次数）]，以及适用于 MapReduce 和日志处理等吞吐量密集型工作负载的 HDD 型存储（性能主要取决于吞吐量，以 MB/s 为单位）。

SSD 型卷包括适用于对延迟敏感的交易型工作负载的最高性能预配置 IOPS SSD（IO1），以及适用于均衡各种交易数据的价格和性能的通用型 SSD（GP2）。

SSD 提供支持的预配置 IO1 卷是性能最高的 Amazon EBS 存储选项，专用于关键的 I/O 密集型数据库和应用工作负载，以及 HBase、Vertica 和 Cassandra 等吞吐量密集型数据库和数据仓库工作负载。这些卷非常适用于需要极低延迟的 IOPS 密集型和吞吐量密集型工作负载。

IO1 旨在实现从最高 50 IOPS/GB 的稳定基准性能到 64000 IOPS/GB 的极限性能，每个卷的吞吐量最高可达 1000 MB/s。在挂载到 Amazon EBS 优化型 EC2 实例时，IO1 能够实现低于 10 毫秒的延迟，并且能在 99.9%的时间内提供预配置的性能。

通用型 SSD（GP2）卷是 Amazon EC2 实例的默认 Amazon EBS 卷类型。这些卷由 SSD 提供支持，适用于各种交易型工作负载，包括开发/测试环境、低延迟交互式应用和启动卷。GP2 旨在提供低于 10 毫秒的延迟，可以实现从 3 IOPS/GB（最小 100 IOPS）的稳定基准性能到 16000 IOPS 的极限性能，每个卷的吞吐量最高可达 250 MB/s。小于 1 TB 的 GP2 卷还能够突增至 3000 IOPS。

HDD 型卷包括适用于频繁访问的吞吐量密集型工作负载的吞吐量优化型 HDD（ST1），以及适用于非频繁访问数据的最低成本 Cold HDD（SC1）。

吞吐量优化型 HDD（ST1）由 HDD 提供支持，非常适用于频繁访问且拥有大型数据集 I/O 的吞吐量密集型工作负载，如 MapReduce、Kafka、日志处理、数据仓库以及 ETL 工作负载。这些卷提供吞吐量方面的性能（以 MB/s 为单位），能够突增至每 TB 250 MB/s，其中基准吞吐量为每 TB 40 MB/s，最大吞吐量为每卷 500 MB/s。ST1 的设计目的是在 99%的时间内提供预期的吞吐量性能，且拥有的 I/O 点数足以支持以突增速率进行全卷扫描。为了最大限度地提高 ST1 的性能，最好使用 Amazon EBS 优化型 EC2 实例。

Cold HDD（SC1）由 HDD 提供支持，能为所有 Amazon EBS 卷类型提供最低的每 GB 成本。它非常适用于非频繁访问且拥有大型冷数据集的工作负载。与 ST1 类似，SC1 也提供突增模型，这些卷能突增至每 TB 80 MB/s，其中基准吞吐量为每 TB 12 MB/s，最大吞吐量为每卷 250 MB/s。对于非频繁访问的数据，SC1 提供极其经济实惠的存储。SC1 的设计目的是在 99%的时间内提供预期的吞吐量性能，且拥有的 I/O 点数足以支持以突增速率进行全卷扫描。为了最大限度地提高 SC1 的性能，最好使用 Amazon EBS 优化型 EC2 实例。

（2）Amazon EBS 弹性卷

弹性卷是 Amazon EBS 的一种功能，使用户能够动态增加容量、调整性能并更改有效卷的类型，而无须停机，也不会影响性能。这使用户可以轻松地将部署规模调整到适当大小，并适应性能变化。用户只需创建一个拥有当前需要的容量和性能的卷，并确定自己日后可以修改卷配置，从而缩短规划周期。

借助弹性卷功能，用户可以更轻松地调整资源，以满足不断变化的应用需求，让用户确信自己日后可以根据企业需求的变化进行修改。

（3）Amazon EBS 快照

Amazon EBS 能够将卷的时间点快照存储在 Amazon S3 中。Amazon EBS 快照是以增量方式保存的，即仅保存上次快照后更改的数据块。删除快照时，也只删除了其他快照不需要的数据。所有有效快照均包含将卷还原到拍摄该快照时所处状态所需的全部信息。将更改的数据恢复到工作卷的时间对于所有快照来说都是相同的。

用户可以利用快照对多个新卷进行实例化，增加卷的容量或在可用区间移动卷的位置。创建新卷时，用户可以选择基于现有 Amazon EBS 快照创建。在这种情况下，新卷将开始用作快照的精确副本。

① **Amazon EBS 快照的直接读取访问权限**：用户可以使用快照的 Amazon EBS 直接 API，以便从快照读取数据并确定两个 Amazon EBS 快照之间的区别，而无须创建 Amazon EBS 卷和 Amazon EC2 实例。快照的 Amazon EBS 直接 API 可以让备份合作伙伴更有效率地追踪 Amazon EBS 的增量变化，从而缩短备份时间，以较低成本向用户提供更精细的 RPO。

② **立即访问 Amazon EBS 卷的数据**：通过快照创建新卷后，无须等待所有数据从 Amazon S3 传输到 Amazon EBS 卷，用户连接的实例即可立即开始访问该卷。Amazon EBS 快照实施延迟加载，以便用户可以立刻开始使用它们。

③ **即时从快照还原 Amazon EBS 卷的完整性能**：对于按小时额外收费的情况，用户可以启用快速快照还原（Fast Snapshot Restore，FSR）功能，以低延迟时间访问从快照还原的数据。从启用 FSR 功能的快照还原的 Amazon EBS 卷可立刻实现其完整性能。

④ **调整 Amazon EBS 卷的大小**：用户可以通过两种方法调整 Amazon EBS 卷的大小。如果要根据快照创建新卷，则可为新卷指定更大的卷。借助弹性卷功能，用户可以动态扩展实时卷，而无须使用快照。

⑤ **分享 Amazon EBS 快照**：Amazon EBS 快照的可分享性使用户能够轻松地与同事或 AWS 社区中的人分享数据。授权用户可以基于用户的 Amazon EBS 分享快照创建自己的 Amazon EBS 卷，用户的原始快照保持不变。用户也可以选择将自己的数据与所有 AWS 用户共享。

⑥ **跨 AWS 区域复制 Amazon EBS 快照**：Amazon EBS 让用户能够跨 AWS 区域复制快照，从而更轻松地将多个 AWS 区域用于地理扩展、数据中心迁移和灾难恢复。用户可以复制能够访问的任何快照，如用户创建的快照、他人的快照与公开分享的快照，以及来自 AWS Marketplace、VM Import/Export 和 AWS Storage Gateway 的快照。

（4）Amazon EBS 优化的实例

只需额外支付较低的小时费，用户就可以将特定的 Amazon EC2 实例以 Amazon EBS 优化实例的形式启动。Amazon EBS 优化实例将使 Amazon EC2 实例充分利用 Amazon EBS 卷上预配置的 IOPS 性能。

在 Amazon EC2 与 Amazon EBS 之间传输信息时，Amazon EBS 优化实例可提供专用吞吐量，选择范围为 500～19000 Mbit/s，具体速率取决于所用的实例类型。专用吞吐量最大限度地减小了 Amazon EBS I/O 与 Amazon EC2 实例的其他流量争用吞吐量的情况，为用户的 Amazon EBS 卷提供了最佳性能。Amazon EBS 优化实例可与所有类型的 Amazon EBS 卷搭配使用。

（5）Amazon EBS 的可用性与持久性

Amazon EBS 卷具有很高的可用性和可靠性。Amazon EBS 卷的数据能够在可用区内的多个服务器间复制，以防在任一组件发生故障时丢失数据。

Amazon EBS 卷采用独特设计，年故障率（Annual Failure Rate，AFR）维持在 0.1%～0.2%，

此处的故障是指卷完全丢失或部分丢失，这取决于卷的大小和性能。这使得 Amazon EBS 卷的稳定性是一般商用磁盘的 20 倍以上，一般商用磁盘的年故障率大约是 4%。例如，如果让 1000 个 Amazon EBS 卷运行 1 年，则预计其中 1 个或 2 个卷会出现故障。

（6）Amazon EBS 加密

Amazon EBS 加密提供 Amazon EBS 数据卷、引导卷和快照无缝加密，无须构建和管理安全密钥管理基础设施。Amazon EBS 加密可使用 Amazon 托管的密钥或使用 AWS 密钥管理服务（Key Management Service，KMS）创建和管理的密钥来给用户的数据卷、引导卷和快照加密，从而保障静态数据的安全性。此外，加密还发生在托管 Amazon EC2 实例的服务器上，当数据在 Amazon EC2 实例、Amazon EBS 数据卷和引导卷之间移动时，可进行数据加密。

Amazon EBS 卷的访问权限与 AWS IAM 集成在一起。IAM 对用户的 Amazon EBS 卷启用访问控制功能。

7.6.2　Azure 云存储服务

Azure 存储是 Microsoft 提供的现代云存储解决方案，适用于各种数据存储需求。它提供大规模对象存储、文件系统服务、消息传送存储以及 NoSQL 存储。

Azure 存储的主要数据服务如下。

- **Azure Blob**：适用于大规模文本和二进制数据的对象存储。
- **Azure 文件**：提供云或本地部署的托管文件共享。
- **Azure 队列**：实现应用组件间可靠消息传送的消息存储。
- **Azure 表**：提供无架构的结构化数据存储的 NoSQL 解决方案。
- **Azure 磁盘**：类似于本地物理磁盘，分为 HDD、标准 SSD 和标准 HDD 三种类型。

1. Azure Blob

Azure Blob 是 Microsoft 提供的云对象存储解决方案，适合存储大量的非结构化数据，如文本和二进制数据，它适用于以下场景。

- 直接向浏览器提供图像或文档。
- 分布式访问文件存储。
- 视频和音频流式处理。
- 数据备份、恢复、灾难恢复及存档。
- 数据分析，无论是本地还是 Azure 托管服务。

用户可以通过 HTTP 或 HTTPS 从任何位置访问 Blob 存储中的对象，访问方式包括 URL、Azure 存储 REST API、Azure PowerShell、Azure CLI 以及多种编程语言的 Azure 存储客户端库，如.NET、Java、Node.js、Python、PHP 和 Ruby。

Azure Blob 提供三类资源：存储账户、容器和 Blob，这些资源之间的关系如图 7.5 所示。

存储账户为数据提供唯一的命名空间。每个存储对象都有一个地址，其中包含唯一的账户名称，账户名称与 Azure 存储 Blob 终节点的组合构成了对象的基址。

容器类似于文件系统中的目录，用于组织一组 Blob。一个存储账户可以包含无限数量的容器，一个容器可以存储无限数量的 Blob。

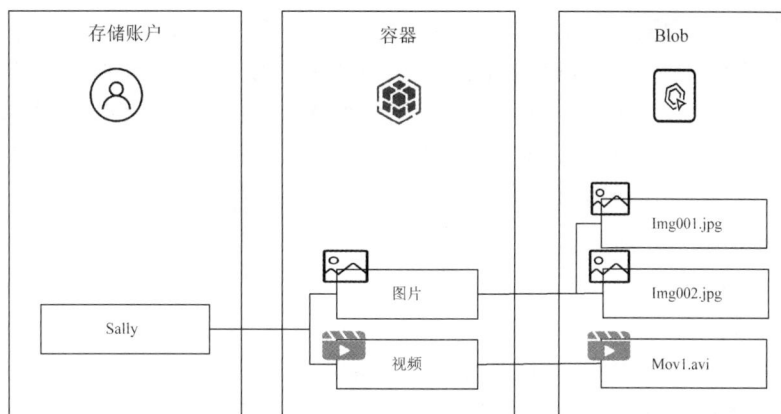

图 7.5　Azure Blob 中三类资源的关系

Azure 存储支持以下三种类型的 Blob。

- **块 Blob**：存储文本和二进制数据，最大容量约为 4.7 TB，由可独立管理的数据块组成。
- **追加 Blob**：与块 Blob 类似，但针对追加操作进行了优化，非常适用于记录来自虚拟机的数据。
- **页 Blob**：用于存储最大 8 TB 的随机访问文件，主要用于存储虚拟硬盘（Virtual Hard Disk，VHD）文件并作为 Azure 虚拟机的磁盘。

2. Azure 文件

通过 Azure 文件，用户可以设置高可用性的网络文件共享，以标准的服务器消息块（Server Message Block，SMB）协议进行访问，使多个虚拟机可以共享启用了读取和写入访问权限的相同文件。用户还可以使用 REST 接口或存储客户端库来读取文件。

Azure 文件与传统企业文件共享不同，可以在全球任何地方使用 URL 来访问，只要该 URL 指向文件且包含共享访问签名（Shared Access Signature，SAS）令牌。Azure 文件支持生成 SAS 令牌，用于在指定时间内对私有文件进行特定访问。

Azure 文件共享可用于以下几方面。

（1）取代或补充本地文件服务器

Azure 文件可以完全取代或补充传统的本地文件服务器或 NAS 设备。主流操作系统（如 Windows、macOS 和 Linux）可在世界各地直接装载 Azure 文件共享。此外，可以使用 Azure 文件将 Azure 文件同步共享复制到本地或云的 Windows Server 中，以便在使用位置对数据进行高性能的分布式缓存。

（2）"直接迁移"应用

Azure 文件使预期使用文件、共享存储文件、应用或应用的数据可以轻松"直接迁移"到云中。Azure 文件支持"经典"直接迁移方案（将应用及其数据迁移到 Azure 中）和"混合"直接迁移方案（将应用数据迁移到 Azure 文件中，应用继续在本地运行）。

（3）简化云开发

Azure 文件通过多种方式简化新的云开发项目，如共享应用设置、诊断共享、开发工具或实用程序共享等。

分布式应用的常见模式是将配置文件置于某个中心位置，然后从许多应用实例访问这些文件。

应用实例可以通过文件 REST API 加载其配置，用户可以通过本地装载 SMB 共享来访问这些配置。

Azure 文件共享是云应用写入日志、指标和故障转储的方便位置。应用实例可以通过文件 REST API 写入日志，开发者可以通过在其本地计算机上装载的 Azure 文件共享来访问这些日志。这带来了极大的灵活性，因为开发者既可以利用云开发，又不需要放弃他们熟悉和喜爱的任何现有工具。

开发者或管理员在云中的虚拟机上工作时，通常需要一套工具或实用程序。将这些实用程序和工具复制到每个虚拟机上可能非常耗时。在虚拟机上本地装载 Azure 文件共享，开发者和管理员可以快速访问其工具和实用程序，而无须进行复制。

3. Azure 队列

Azure 队列是一项可存储大量消息的服务，可以使用 HTTP 或 HTTPS 通过经过验证的调用从全球任何位置访问消息。队列消息最大可为 64 KB，一个队列可以包含数百万条消息，直至达到存储账户的总容量限值。队列通常用于创建要异步处理的积压工作（Backlog）。

例如，假设客户需要上传图片，并且管理员需要为每张图片创建缩略图。可以选择让客户在上传图片时等待管理员创建缩略图，或者使用队列。客户完成上传操作后，向队列写入一条消息。然后，通过 Azure Function 从队列中检索该消息并创建缩略图。每个处理步骤可以单独缩放，让管理员根据使用情况进行调整和控制。

4. Azure 表

Azure 表是一项用于在云中存储结构化非关系型数据的服务，通过无模式设计提供键/属性存储。由于表存储无模式，可以随着应用需求的发展轻松适应数据存储。对于许多类型的应用来说，访问 Azure 表数据速度快且经济高效，在数据量相似的情况下，其成本通常比传统 SQL 要低。

Azure 表可以用来存储灵活的数据集，如 Web 应用的用户数据、通讯簿、设备信息，或者服务需要的其他类型的元数据。一个表中可以存储任意数量的实体，一个存储账户可以包含任意数量的表，直至达到存储账户的容量极限。

Azure 表接受来自 Azure 云内部和外部的通过验证的调用。可以使用 Azure 表来存储和查询大型结构化非关系型数据集，并且表会随着需求的增加而扩展。Azure 表适合存储结构化非关系型数据，常见用途如下。

- 存储 TB 级的结构化数据，能够为 Web 规模应用提供服务。
- 存储无须复杂联接、外键或存储过程，并且可以存储非规范化的数据集，以实现快速访问。
- 使用聚集索引快速查询数据。
- 使用 OData 协议、语言集成查询（Language Integrated Query，LINQ）以及基于 Windows 通讯开发平台（Windows Communication Foundation，WCF）的 .NET 数据服务来访问数据。

5. Azure 托管磁盘

Azure 托管磁盘是虚拟磁盘，可以将其视为本地服务器中的物理磁盘，但它是虚拟化的。Azure 托管磁盘作为页 Blob 存储设备存在，后者是 Azure 中的随机 I/O 存储对象。之所以称为"托管"磁盘，是因为它是对页 Blob、Blob 容器和 Azure 存储账户的抽象。对于托管磁盘，用户只需预配磁盘，Azure 负责其余的工作。

如果选择将 Azure 托管磁盘与工作负荷配合使用，Azure 将为用户创建和管理该磁盘。可用的磁盘类型包括高级 SSD、标准 SSD 和标准 HDD。

Azure 托管磁盘提供两种不同的加密方式。

（1）**服务器端加密（Server-Side Encryption，SSE）**：由存储服务执行，提供静态数据加密，保护数据安全并确保合规性。默认情况下，在所有 Azure 托管磁盘的区域中，所有 Azure 托管磁盘、快照和映像都启用了服务器端加密。

（2）**Azure 磁盘加密（Azure Disk Encryption，ADE）**：可以在虚拟机的操作系统磁盘和数据磁盘上启用。这种加密包括 Azure 托管磁盘。对于 Windows 操作系统，使用行业标准的 BitLocker 加密技术加密驱动器；对于 Linux 操作系统，使用 DM-Crypt 技术加密磁盘。加密过程与 Azure Key Vault 集成，用户可以控制和管理磁盘加密密钥。

Azure 托管磁盘快照是托管磁盘的只读一致性完整副本，默认情况下，它作为标准托管磁盘进行存储。使用快照可以在任意时间点备份托管磁盘。这些快照独立于源磁盘存在，并可用来创建新的托管磁盘。

7.6.3 阿里云存储服务

阿里云对象存储服务（Object Storage Service，OSS）是阿里云提供的海量、安全、低成本、高可靠的云存储服务。其数据设计持久性不低于 99.9999999999%（12 个 9），服务设计可用性（或业务连续性）不低于 99.995%。

OSS 具有与平台无关的 RESTful API，用户可以在任何应用、任何时间、任何地点存储和访问任意类型的数据。

用户可以使用阿里云提供的 API、SDK 接口或者 OSS 迁移工具轻松地将海量数据移入或移出 OSS。将数据存储到 OSS 后，用户可以选择标准存储作为移动应用、大型网站、图片分享或热点音视频的主要存储方式，也可以选择成本更低、存储期限更长的低频访问存储和归档存储作为不经常访问数据的存储方式。

1. 存储类型

OSS 分为标准存储、低频访问存储和归档存储三种存储类型，全面覆盖从"热"到"冷"的各种数据存储场景。

OSS 标准存储提供高可靠、高可用、高性能的对象存储服务，能够支持频繁的数据访问。其高吞吐和低时延的服务响应能力能够有效支持各种热点类型数据的访问。OSS 标准存储适用于社交和分享类的图片、音频/视频应用、大型网站、大数据分析。它提供本地冗余存储（Local Redundant Storage，LRS）和同城冗余存储（Zone Redundant Storage，ZRS）两种数据冗余存储方式。

除了标准存储外，OSS 还提供适用于低访问频率或长期归档的数据存储类型，分别是低频访问存储和归档存储，满足不同场景下的成本和性能需求。

本地冗余存储：采用数据冗余存储机制，将每个对象的不同冗余存储在同一个区域内多个设施的多个设备上，确保硬件失效时的数据可靠性和可用性。按照 99.999999999%（11 个 9）数据可靠性、99.99% 服务可用性设计，提供低时延、高吞吐的访问性能。

同城冗余存储：采用多可用区（Availability Zone，AZ）机制，将用户的数据分散存放在同一地域的三个可用区。当某个可用区不可用时，仍然能够保障数据的正常访问。按照 99.9999999999%（12 个 9）数据可靠性、99.995% 服务可用性设计，提供低时延、高吞吐的访问性能。

OSS 低频访问存储：适用于长期保存不经常访问的数据（平均每月访问 1~2 次）。存储单价低于 OSS 标准存储，适合各类移动应用、智能设备、企业数据的长期备份，支持实时数据访问。低频访问存储的对象有最短存储时间，存储时间短于 30 天的对象如果要提前删除，会产生一定的费用。低频访问存储对象的最小计量空间为 64 KB，小于 64 KB 的对象按 64 KB 计算存储空间。数据获取时会产生数据取回费用。低频访问存储同样提供本地冗余存储和同城冗余存储两种数据冗余存储方式。

OSS 归档存储：适用于需要长期保存（建议半年以上）的档案数据、医疗影像、科学资料、影视素材等，这些数据在存储周期内极少被访问，数据进入可读取状态需要 1 分钟的解冻时间。归档存储的对象有最短存储时间，存储时间短于 60 天的对象如果要提前删除，会产生一定的费用。归档类型存储对象的最小计量空间为 64 KB，小于 64 KB 的对象按 64 KB 计算存储空间。数据获取也会产生数据取回费用。

2. 基本功能

OSS 提供以下功能：上传文件、搜索文件、查看或下载文件、删除文件或文件夹、版本控制、控制资源访问权限、添加存储空间标签和存储对象标签、传输加速、记录资源访问信息、防盗链、使用自定义域名访问资源、通过静态网页访问存储空间、跨域资源共享、指定时间自动批量删除文件、跨区域复制存储空间数据、获取源数据内容、数据加密、提供数据保留策略、同城容灾、修改 HTTP 头、查看资源使用情况、处理存储的图片、使用工具管理资源、单链接限速，以及通过 API 和 SDK 管理资源等。

3. 云端数据处理

OSS 提供了图片处理和媒体处理服务。

图片处理服务（Image Service，IMG）是 OSS 提供的海量、安全、低成本、高可靠的服务。用户可以将原始图片上传到 OSS，通过简单的 RESTful 接口，在任何时间、任何地点、任何互联网设备上对图片进行处理。IMG 不仅提供图片处理功能，还包括图片水印、管道、图片样式等服务。用户可以使用 IMG 搭建与图片相关的服务。

图片处理服务提供以下功能：图片缩放、裁剪、旋转；图片添加图片水印、文字水印、图文混合水印；图片格式转换；自定义图片处理样式；通过管道顺序调用多种图片处理功能；获取图片信息等。

媒体处理服务是为多媒体数据提供转码计算服务。它以经济、易用、弹性和高可扩展的音频/视频转换方法，帮助用户将存储在 OSS 的音频/视频转码成适合在个人计算机、电视及移动终端上播放的格式。媒体处理服务基于阿里云计算服务构建，解决了以往进行转码时需购买、搭建、管理转码软硬件的高昂投入以及配置优化、转码参数适配等复杂问题。借助云计算服务的弹性伸缩特性，媒体处理服务可以按需提供转码能力，最大限度地满足业务转码需求，避免资源浪费。媒体处理服务的功能包括 Web 管理控制台、服务 API 和 SDK。用户可以通过它们使用和管理媒体处理服务，也可以将媒体处理服务的功能集成到自己的应用和服务中。

媒体处理服务的功能包括转码、管道、截图、媒体信息、水印、预置模板、自定义模板、剪辑输出、分辨率按比例缩放、M3U8 格式文件输出自定义切片时长、音频/视频抽取、视频画面旋转、视频转 GIF 格式图片等。

4. 应用场景

OSS 的主要应用场景包括图片和音频/视频等应用的海量存储、网页或移动应用的静态/动态资源分离和云端数据处理。

（1）图片和音频/视频等应用的海量存储

OSS 可用于图片、音频/视频、日志等海量文件的存储。各种终端设备、Web 网站程序、移动应用可以直接向 OSS 写入或读取数据。OSS 支持流式写入和文件写入两种方式。海量文件的存储流程如图 7.6 所示。

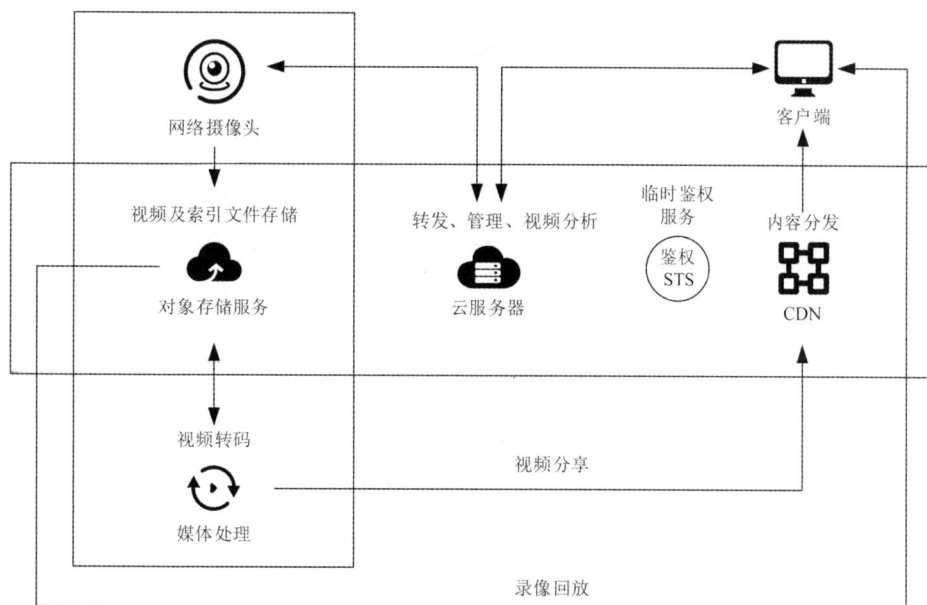

图 7.6 海量文件的存储流程

（2）网页或移动应用的静态/动态资源分离

利用海量互联网带宽，OSS 可以实现海量数据的互联网并发下载。OSS 提供原生的传输加速功能，支持上传加速和下载加速，提升跨国、跨洋数据上传和下载的体验。同时，OSS 可以配合 CDN 产品，提供静态内容存储并分发到边缘节点的解决方案。利用 CDN 边缘节点缓存的数据，可以提升同一文件在同一地区被大量重复并发下载的体验。静态/动态网页分离存储流程如图 7.7 所示。

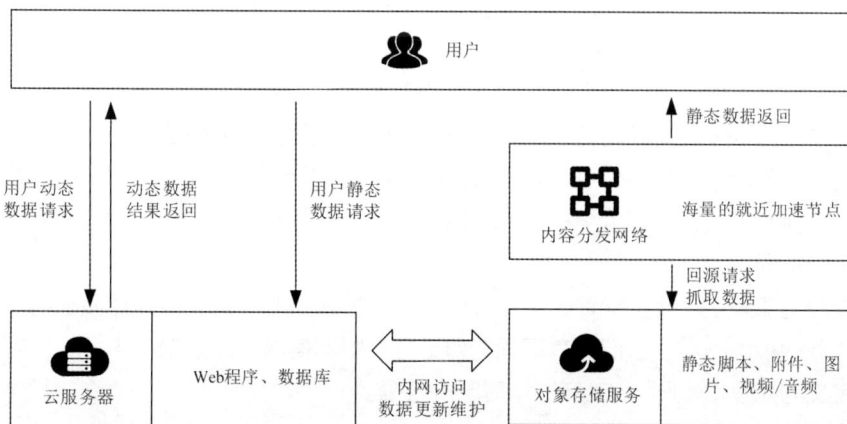

图 7.7 静态/动态网页分离存储流程

（3）云端数据处理

文件上传到 OSS 后，可以配合媒体处理服务和图片处理服务进行云端数据处理，如图 7.8 所示。

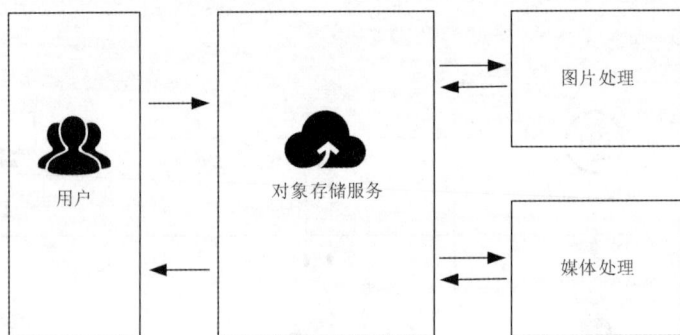

图 7.8　云端数据处理

5. 数据安全

OSS 提供了多种数据安全措施，包括合规保留策略、数据容灾、数据加密、身份认证、权限控制等。

（1）合规保留策略

OSS 支持 WORM 特性，允许用户以"不可删除、不可篡改"的方式保存和使用数据，符合美国证券交易监督委员会（U.S. Securities and Exchange Commission，SEC）和美国金融业监管局（Financial Industry Regulatory Authority，FINRA）的合规性要求。OSS 提供强合规策略，用户可针对存储空间（Bucket）设置基于时间的合规保留策略。策略锁定后，用户可以在 Bucket 中上传和读取文件（Object），但是在 Object 的保留时间到期之前，任何用户都无法删除 Object 和策略。Object 的保留时间到期后，才可以删除 Object。OSS 支持的 WORM 特性适用于金融、保险、医疗、证券等行业。用户可以基于 OSS 搭建"云上数据合规存储空间"。

（2）数据容灾

OSS 采用了多可用区机制，将用户的数据分散存放在同一地域的 3 个可用区中。当某个可用区不可用时，仍然能够保障数据的正常访问。

OSS 的同城冗余存储能够提供机房级容灾能力。当断网、断电或者发生灾难事件导致某个机房不可用时，仍然能够确保继续提供强一致性的服务能力，整个故障切换过程用户无感知、业务不中断、数据不丢失，可以满足关键业务系统对 RTO 以及 RPO 等于 0 的强需求。

跨区域复制（Bucket Cross-Region Replication）是跨不同 OSS 数据中心（地域）的存储空间自动、异步复制 Object，它会将 Object 的创建、更新和删除等操作从源存储空间复制到不同区域的目标存储空间。

跨区域复制功能满足存储空间跨区域容灾或用户数据复制的需求。目标存储空间中的对象是源存储空间中对象的精确副本，它们具有相同的对象名、版本信息、元数据及内容，如创建时间、拥有者、用户定义的元数据、Object ACL、对象内容等。

（3）数据加密

数据保护是指在数据传输（上传数据至 OSS 中、从 OSS 中下载数据）过程和处于静止状态

（数据存储在 OSS 数据中心磁盘中）期间保护数据。传输中的数据可以通过 SSL 或者客户端加密进行保护。静态数据可以通过服务器端加密和客户端加密两种方式进行保护。

OSS 支持在服务器端对上传的数据进行加密。服务器端加密方式是指 OSS 将数据保存到数据中心的磁盘之前加密，并且在下载对象时自动解密。上传数据时，OSS 对收到的用户数据进行加密，并将得到的加密数据持久化保存下来；下载数据时，OSS 自动对保存的加密数据进行解密并把原始数据返回给用户，在返回的 HTTP 请求 Header 中，声明该数据进行了服务器端加密。OSS 通过服务器端加密机制提供静态数据保护，适合对文件存储有高安全性或者合规性要求的应用场景，如深度学习样本文件的存储、在线协作类文档数据的存储。

客户端加密是指用户使用客户端加密 SDK 在本地进行数据加密，并将加密后的数据上传到 OSS 中。在这种场景下，用户需要管理加密过程和加密密钥。对于数据加密密钥的使用，目前支持 KMS 托管用户主密钥和用户自主管理密钥两种方式。

（4）身份认证

阿里云提供的权限管理系统包括资源存取管理（Resource Access Management，RAM）和安全令牌服务（Security Token Service，STS）。RAM 的主要作用是控制账户系统的权限。用户可以使用 RAM 在主账户的权限范围内创建子账户，并为不同的子账户分配不同的权限，从而实现授权管理的目的。STS 是用于管理访问令牌的系统，用户可以使用 STS 来为临时用户进行访问授权。

RAM 和 STS 的核心问题是如何在不暴露主账户的 AccessKey 的情况下，安全地授权他人访问资源。主账户的 AccessKey 一旦暴露，可能带来极高的安全风险，因为他人可以随意操作该账户下的所有资源，甚至盗取重要信息。

RAM 提供长期有效的权限控制机制，通过创建不同权限的子账户，将不同权限分配给不同用户。即使子账户的 AccessKey 泄露，也不会导致全局信息泄露。不过，由于子账户的 AccessKey 通常是长期有效的，所以仍需谨慎管理。

相比之下，STS 提供临时访问授权。通过 STS，可以生成临时的访问密钥（AccessKey）和令牌（Token），这些信息可以直接发给临时用户，供其访问 OSS。从 STS 获取的权限通常受到更严格的限制，并且有时间限制。因此，即使这些临时信息泄露，对系统的影响也很小。

（5）权限控制

针对存放在存储空间中的 Object 的访问，OSS 提供了多种权限控制方式，包括 ACL、RAM Policy 和 Bucket Policy。

① **ACL**：ACL 是 OSS 为权限控制提供的访问控制列表。ACL 是基于资源的授权策略，可授予存储空间和 Object 访问权限。用户可以在创建存储空间或上传 Object 时设置 ACL，也可以在创建存储空间或上传 Object 后的任意时间内修改 ACL。

② **RAM Policy**：RAM 是阿里云提供的资源访问控制服务，RAM Policy 是基于用户的授权策略。通过设置 RAM Policy，用户可以集中管理用户（如员工、系统或应用），以及控制用户可以访问哪些资源的权限。例如，可以限制用户只拥有对某一个存储空间的读权限。子账户从属于主账户，这些账户下不能拥有实际的任何资源，所有资源都属于主账户。

③ **Bucket Policy**：Bucket Policy 是基于资源的授权策略。相比 RAM Policy，Bucket Policy 操作简单，支持在控制台直接进行图形化配置，存储空间拥有者可以直接进行访问授权，无须具备

RAM 操作权限。Bucket Policy 支持向其他账户的 RAM 用户授予访问权限，以及向匿名用户授予带特定 IP 条件限制的访问权限。

7.7 总结

本章对云存储进行了全面的介绍，首先阐述了云存储的定义和特点，然后介绍了云存储的结构模型及其两种架构体系：TCS 和 LCS。其次详细讨论了分布式存储的 4 种类型：分布式块存储、分布式文件系统、分布式对象存储和分布式表存储，介绍了每种类型的概念、特点和适用场景。

云存储是一个复杂的系统，其实现涉及许多技术，包括存储虚拟化、数据容错、数据备份、数据压缩和 CDN 等。本章对这些技术进行了逐一描述和讨论。最后介绍了几个典型的云存储服务，包括 Amazon 的 S3 对象存储服务和 EBS 块存储服务、Microsoft 的 Azure 云存储服务以及阿里云的 OSS。

习题

1. 描述云存储系统和传统文件系统的不同及其特征。
2. 什么是紧耦合对称架构？什么是松耦合非对称架构？
3. 简述块存储、文件存储和对象存储各自的特点和适用场景。
4. 描述存储虚拟化有哪些关键技术，以及各种技术的特点和思路。
5. 基于复制的容错技术和基于纠删码的容错技术各有什么优缺点？
6. 简述数据压缩技术和数据去重技术各自的特性和适用场景。
7. 描述 4 种分布式存储系统各自的特点和适用场景。
8. 分别描述 Amazon 的 S3 对象存储服务和 EBS 块存储服务的主要功能及特点。
9. Microsoft Azure 提供了哪些云存储类型？各自的主要用途是什么？
10. 描述阿里云 OSS 的 3 个应用场景。
11. 综合思考目前云存储的发展面临哪些问题。

第8章
容器即服务

08

经过十多年的发展，云计算技术已经从发展培育期步入快速成长期，越来越多的企业开始使用云计算服务。与此同时，云计算的核心技术也在发生巨大的变化，新一代技术正在改进甚至取代前一代技术。容器虚拟化技术以其轻便、灵活和快速部署等特性对传统的基于虚拟机的虚拟化技术带来了颠覆性的挑战，正在改变 IaaS 平台和 PaaS 平台的架构及实现。

本章首先简单介绍容器虚拟化技术，然后对容器虚拟化技术和虚拟机虚拟化技术进行分析及比较，阐述各自的优势、适用场景和亟待解决的问题，最后介绍容器即服务（Container as a Service，CaaS）。

【技能目标及素养目标】

- 具备理解 CaaS 基本概念的能力
- 掌握使用 Docker 部署企业应用的方法
- 掌握使用 CaaS 运行企业应用的方法

- 培养思辨能力
- 培养创造性思维
- 培养专业素质

8.1 容器虚拟化

本节介绍容器虚拟化技术，包含容器虚拟化简介、Docker 简介、Docker 的工作原理以及容器与虚拟机的比较。

8.1 容器虚拟化技术

8.1.1 容器虚拟化简介

服务器虚拟化是指通过虚拟化技术将一台物理服务器虚拟化为多台逻辑服务器。这种虚拟化是在硬件和操作系统之间引入虚拟化层，通过对硬件与操作系统的解耦来实现的。虚拟化层的主要功能是在一台物理服务器上同时运行多个操作系统实例。通过动态分区，虚拟化层使这些操作系统实例可以共享物理服务器资源，使每个虚拟机得到一套独立的模拟设备，包括 CPU、内存、存储、主板、显卡、网卡等硬件资源，并在其上安装自己的操作系统，该操作系统称为客户（Guest）操作系统。最终用户的应用运行在 Guest 操作系统中。

通过解除操作系统与物理主机之间的紧耦合，虚拟机虚拟化技术使操作系统的部署更加轻松、便捷，工作负载的移动性显著增强。通过虚拟化方式，系统可以很快虚拟出一个小的、独立的、随需随用的 CPU 内核供用户使用。但是，当用户仅需要使用一小部分资源去运行一个简单的应用时，虚拟出一整台计算机来完成应用部署不仅会浪费大量的系统资源，还需要花费一定的时间启动虚拟机。因此，需要一种比虚拟机更小的资源分配粒度来满足这类需求。

为了解决这个问题，需要对资源进行比虚拟机模式更高级别的抽象，使得服务可以通过更细粒度的资源分配和控制。为此，Linux 内核引入了新的技术，即控制组（Control Groups，cgroups）。通过使用这一技术将服务运行时环境隔离，这种被隔离起来的运行时环境称为容器。

容器为应用提供一个隔离的运行空间，包括完整的用户环境空间。由于一个容器内的变动不会影响其他容器的运行环境，因此可以使用容器虚拟化技术将应用组件及其依赖的库程序打包为一个标准、独立、轻量的环境，以部署分布式应用，从而满足比虚拟机更小粒度的资源控制需求。

容器虚拟化技术使用了一系列系统级别的机制，包括利用 Linux 命名空间进行空间隔离，通过文件系统的挂载点来决定容器可以访问的文件权限，以及通过 cgroups 控制每个容器可以利用的资源。此外，多个容器可以共享同一个操作系统的内核，这样当多个容器使用同一个系统库时，内存的使用效率会大大提升。

8.1.2 Docker 简介

Docker 是一个简化和标准化不同环境中应用部署的容器平台，目前已经有很多分布式容器管理相关的生态圈应用。近年来，随着 Docker 的出现，容器虚拟化技术对云计算的发展产生了巨大的影响。

Docker 诞生于 2013 年，最初它是 dotCloud 公司内部的一个项目，后来它成为一个遵从 Apache 2.0 协议的开源项目。Docker 自开源后就受到了广泛关注和讨论，2014 年 dotCloud 公司已经改名为 Docker Inc.。Red Hat 从 RHEL 6.5 开始集中支持 Docker，Google 也在其 PaaS 产品中广泛使用 Docker 技术。

Docker 项目的目标是实现轻量级的操作系统虚拟化解决方案，基于 Google 推出的 Go 语言实现。Docker 以 Linux 容器（Linux Container，LXC）技术为基础，其主要功能是通过对 LXC 的进一步封装，使得对容器的操作更为简便，用户无须关心容器的管理。用户在 Docker 平台上使用容器就像操作一个轻量级的虚拟机一样简单。正是因为 Docker 使得 LXC 变得操作简单和方便使用，Docker 掀起了容器虚拟化进入云计算产品的热潮。

为了让 Docker 朝着容器封装和运行的标准化更进一步，2016 年发布的 Docker 1.10 推出了自己的容器库 libcontainer，它集成了 Linux 内核中的许多特性，是一个独特、稳定且不受制于 Linux 操作系统的库。

与提供硬件虚拟化机制的虚拟机不同，Docker 通过命名空间和 cgroups 两种核心技术提供操作系统层级的虚拟化机制。Docker 利用命名空间进行权限的隔离控制，利用 cgroups 进行资源的限制隔离。

Docker 利用命名空间技术提供隔离的工作空间，即容器。运行一个容器时，Docker 为该容器创建了一个命名空间集合，从而提供一个隔离层，每一个应用在自己的命名空间中运行，不会访问到命名空间之外的资源。

Docker 利用 cgroups 对共享资源进行隔离、限制、审计等，确保 Docker 只使用其必需的资源，并在必要情况下设置其能使用的资源上限。此外，cgroups 能够确保单一容器不会占用过多资源而导致整体系统瘫痪。

图 8.1 所示为容器虚拟化的整体架构。可以看到容器与宿主机的关系，每个应用被容器单独隔离，并使用由 Docker 抽象化处理后的操作系统资源。在图 8.1 的右侧部分，可以看到容器是用层来建立的，多个容器共享基础层以减少资源的使用。

容器概况

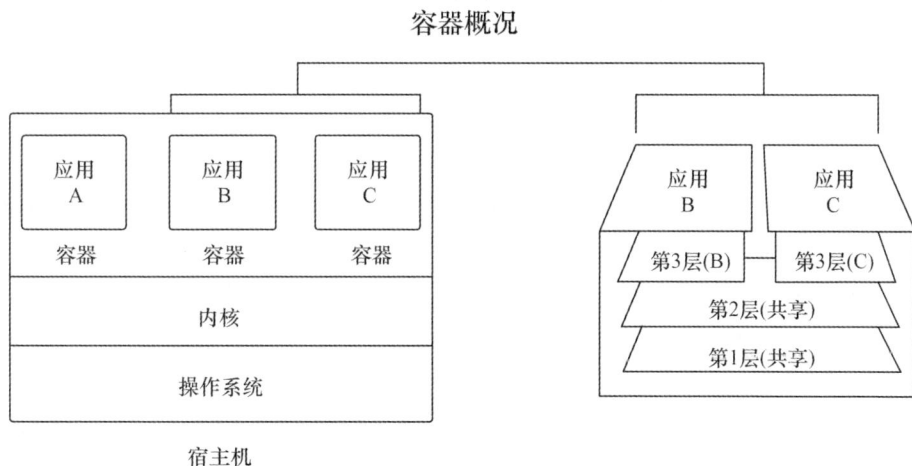

图 8.1　容器虚拟化的整体架构

8.1.3　Docker 的工作原理

Docker 的实现依赖于多种底层技术，本节将重点介绍几种 Docker 的核心技术，通过了解它们的使用方法和原理，掌握 Docker 的实现机制。

传统的虚拟机在宿主机中运行 Hypervisor 来模拟一套完整的硬件环境供虚拟机的操作系统使用。虚拟机系统的运行环境是可限制的，也是彼此隔离的。这种实现方法可以对资源进行最完整的封装，但也意味着系统资源的浪费。例如，在宿主机和虚拟机系统都为 Linux 操作系统的情况下，虚拟机中运行的应用其实完全可以利用宿主机操作系统中的运行环境。

操作系统包括内核、文件系统、网络、进程标识符（Process ID，PID）、用户标识符（User ID，UID）、进程间通信（Inter Process Communication，IPC）、内存、硬盘、CPU 等资源，这些资源都是应用直接共享的。因此，要实现虚拟化，首先需要对内存、CPU、网络 I/O、硬盘 I/O、存储空间等进行限制，以及对文件系统、网络、PID、UID、IPC 等进行隔离。实现前者相对容易一些，而实现后者则需要宿主机操作系统的深入支持。

近年来，随着 Linux 操作系统对命名空间功能的不断完善，基本上已经可以实现上述所有需求，进程可以在彼此隔离的命名空间中运行。尽管多个进程都在共享同一个内核和部分运行时环境（如一些系统命令和系统库），但是进程相互之间是不可见的，每个进程都感觉系统中只有自己存在。这种机制使得容器技术的实现成为可能。

1. 命名空间

命名空间是 Linux 内核的一个强大特性。Docker 使用命名空间来实现容器之间的隔离。每个容器都有自己独立的命名空间，运行在其中的应用如同在独立的操作系统中运行。命名空间为容器提供对应的底层 Linux 操作系统视图，限制容器的查看与访问范围。为了给每个运行的容器提供独立的运行环境，Docker 会创建一组命名空间供特定的容器使用。

Docker 在内核中使用多种不同类型的命名空间，以实现对不同系统资源的隔离。

- **PID 命名空间**：用于进程隔离，使不同命名空间下的进程可以共享同一个 PID。
- **网络命名空间（NET Namespaces）**：用于管理网络接口，主要提供对网络资源的隔离，包括网络设备、IPv4 和 IPv6 协议栈、IP 路由表、防火墙、/proc/net 目录、/sys/class/net 目录、端口等。
- **IPC 命名空间（IPC Namespaces）**：用于管理进程间通信资源，对运行在容器内的进程进行 IPC 资源隔离。
- **挂载命名空间（MNT Namespaces）**：用于管理挂载点，使不同挂载命名空间内的进程拥有不同的文件系统结构。
- **UTS 命名空间（UTS Namespaces）**：用于隔离内核和版本标识的系统时钟，允许容器拥有不同于其他容器及主机系统的主机名称与网络信息服务（Network Information Service，NIS）域名。
- **用户命名空间（User Namespaces）**：用于对容器内的用户进行隔离，允许各容器拥有不同的 UID 与 GID，使某一进程的 UID 与 GID 在命名空间内外有所不同，从而在不影响容器内根用户（root）权限的情况下，撤销同一用户在容器外的权限。

Docker 将这些命名空间结合起来完成隔离并创建容器。每个容器都有自己独立的命名空间，保证了容器之间互不影响。运行在命名空间中的应用如同在独立的操作系统中运行。

2. cgroups

cgroups 是 Linux 内核提供的一种机制，主要用来限制、记录、隔离进程组使用的物理资源（包括 CPU、内存、磁盘 I/O 等）。cgroups 为容器实现虚拟化提供了基本保证，是构建 Docker 虚拟化管理工具的基础。通过对分配到容器中的资源进行控制，cgroups 能够避免多个容器同时运行时对系统资源的竞争。换句话说，cgroups 能够确保 Docker 只能使用分配给它的资源，并在必要情况下设置其所能使用资源的上限。此外，cgroups 还能够确保单一容器不会占用过多资源，避免系统整体陷入瘫痪。

3. 联合文件系统

联合文件系统（UnionFS）是一种分层、轻量级并且高性能的文件系统，它可以将对文件系统的修改作为一次提交来一层层地叠加，还可以将不同的目录挂载到同一个虚拟文件系统下。UnionFS 是 Docker 镜像的基础。镜像可以通过分层来继承，基于基础镜像，可以通过分层叠加制作各种具体的应用镜像，Docker 镜像层次如图 8.2 所示。因此，使用 UnionFS，不同 Docker 可以共享一些基础的文件系统层，再加上自己独有的改动层，大大提高了存储的效率。

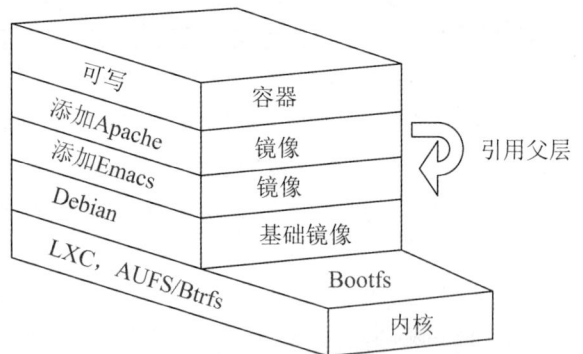

图 8.2 Docker 镜像层次

8.1.4　容器与虚拟机的对比

容器在外观上与虚拟机非常相似，两者都拥有专有处理空间，容器能够作为 root 执行命令，提供专有网络接口与 IP 地址，允许定制化路由及 IPTables 规则，并可启动文件系统等。然而，容器与虚拟机之间存在本质的区别。

容器是在操作系统层面上实现虚拟化，每个容器都拥有自己独立的运行空间，但不单独拥有操作系统，而是直接复用本地主机的操作系统。虚拟机则是在硬件层面实现虚拟化，每个虚拟机都拥有自己独立的操作系统。虚拟机架构与容器架构的对比如图 8.3 所示。

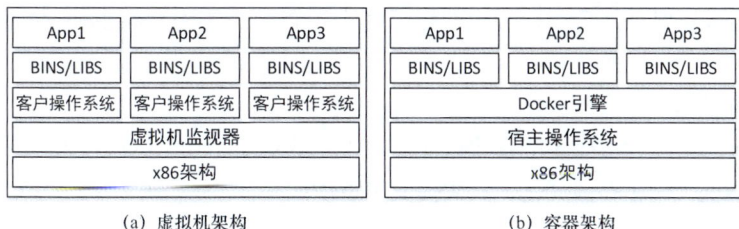

App1	App2	App3
BINS/LIBS	BINS/LIBS	BINS/LIBS
客户操作系统	客户操作系统	客户操作系统
虚拟机监视器		
x86架构		

App1	App2	App3
BINS/LIBS	BINS/LIBS	BINS/LIBS
Docker引擎		
宿主操作系统		
x86架构		

（a）虚拟机架构　　　　（b）容器架构

图 8.3　虚拟机架构与容器架构的对比

如图 8.3（a）所示，在服务器虚拟化技术下，每个虚拟机不仅包括应用本身和必需的二进制文件（BINS）与代码库（LIBS），还包括整个客户操作系统。一般来说，应用代码只有几十兆字节，但客户操作系统有时会高达几十吉字节。

图 8.3（b）展示了 Docker 对命名空间进行打包的方式。与虚拟机不同，容器唯一需要独立构建的只有二进制文件与代码库，而操作系统层级的架构可以实现跨容器共享。由此可见，Docker 拥有极为出色的轻量化特性，同时享有与虚拟机相同的资源隔离与分配的优势。

1. Docker 的优势

Docker 是一种新兴的虚拟化方式，与传统虚拟化方式有本质区别，具有众多优势。首先，Docker 的启动速度比虚拟机快很多，可以在秒级时间内启动；而虚拟机的启动一般需要几分钟时间。其次，Docker 对系统资源的利用率比虚拟机高很多，一台主机同时运行的 Docker 容器可以高达数千个，而一台主机仅能运行几十个虚拟机。因为容器运行时基本不消耗额外的系统资源，只需运行其中的应用，所以系统开销很小，应用性能很高。如果用户需要运行 10 个不同的应用，采用传统虚拟机方式时，需要启动 10 个虚拟机；而采用 Docker 时，只需启动 10 个隔离的应用。

具体来说，Docker 在以下方面具有显著优势。

（1）简化部署

使用 Docker 技术，开发者可以使用一个标准的镜像来构建开发容器。开发完成后，运维人员可以直接将这个容器部署到运行环境中，无须重新安装容器。无论服务需要部署到哪里，容器都可以通过一行命令完成部署，从根本上简化了部署应用的工作。

（2）快速可用

Docker 非常轻快。容器虚拟化技术是对操作系统资源进行抽象，而非对整个物理机资源进行虚拟化。通过这种方式，打包在容器内的服务可以在 1/20 秒内快速启动，而启动一台虚拟机一般需要 1 分钟时间。

（3）更高效的虚拟化

Docker 是内核级的虚拟化，运行时不需要额外的 Hypervisor 支持。因此，Docker 可以实现更高的性能和效率，接近裸机的性能。

（4）微服务化

Docker 允许对计算资源进行比虚拟机更小粒度的细分。如果相对于服务运行所需的资源，一个小型虚拟机提供的资源过于庞大，或者对于应用系统而言，一次性扩展出一台虚拟机所需的工作量很大，那么可以使用 Docker 来避免这些问题。

（5）更轻松地迁移和扩展

Docker 可以在各类平台上运行，包括物理机、虚拟机、公有云、私有云、个人计算机、服务器等。这种广泛的兼容性使用户可以轻松地将应用从一个平台直接迁移到另一个平台，不用担心平台锁定问题。

（6）更简单的管理

使用 Docker，可以通过微小的修改替代以往大量的更新工作。这些修改都可以以增量方式分发和更新，从而实现代码更新自动化，大大提高了管理效率。

2. Docker 的劣势

与任何技术一样，Docker 也不是完美无缺的。相对于虚拟机，Docker 还存在以下劣势。

（1）资源隔离问题

Docker 利用 cgroups 实现资源限制，但只能限制每个容器资源消耗的最大值，不能隔绝其他程序占用自己的资源。也就是说，一个容器不能保证任何时候都能享受分配给它的资源。例如，系统给某个容器分配了 4 核 CPU，但由于系统负载过高，该容器也许只能使用 3 核 CPU。对于一些实时性要求不高的应用，短时间的资源短缺可以接受；但对于一些需求高且吞吐量一致的实时在线处理系统，如果不能保证分配的系统资源固定可用，则不能满足其实时性要求。

（2）安全性问题

多个容器共享一个通用的操作系统内核时，增加了保护对象的数量，并使传统的安全防护工具和流程出现不适用的问题。许多用户担心来自容器隔离区域以外的风险。根据 NIST 发布的容器安全指南，与容器技术相关的核心组件包括镜像、镜像仓库、编排工具、容器和主操作系统，这些都应综合考虑漏洞、风险和应对措施。例如，镜像漏洞和配置缺陷、镜像仓库认证和授权不足、容器间网络流量隔离效果差等问题，都是容器环境安全保障工作需要加强的地方。

近年来，Docker 不断通过技术提高容器的安全性。在早期的 Docker 版本中，只有具有 root 权限的用户才能运行容器，这带来了潜在的安全问题。为了解决这个问题，Docker 1.10 引入了用户命名空间功能。当前的 Docker 版本在安全性方面已有很大提高，但相对于虚拟机而言，安全性问题仍然是 Docker 的一个主要弱点。如果不能解决这些安全性问题，容器技术在实际行业中的应用将受到限制。

（3）容器管理需要强化

由于容器具有轻量快速的特点，因此容器常用于快速应用部署。每个容器往往只运行一个单一的系统软件或应用，因此，相对于虚拟机可以部署多个系统或应用的场景，容器管理平台需要管理的容器数量远多于虚拟机管理平台需要管理的虚拟机数量。管理一台物理服务器上运行的几千个容器，而不是几十台虚拟机，具有一定的技术挑战。特别是当容器集群规模超过数千个节点后，会遇到各种难以解决的性能、调度和协同问题，因此需要强化容器技术在支撑大规模集群方面的管理能力。

（4）兼容性问题

Docker 版本更新快，细节功能调整较大，一些核心模块依赖于高版本内核，存在版本兼容性问题。容器产品在快速迭代过程中，兼容性不够完善，导致用户在使用过程中会遇到兼容性问题。容器技术的标准化工作需要进一步深入。

（5）Windows 容器还不成熟

Docker 平台最初基于 Linux 内核技术开发，只适用于基于 Linux 操作系统开发的应用和服务，不能支持 Windows 应用。从 2016 年起，Microsoft 开始研发基于 Windows 操作系统的容器技术，目前已经提供了许多有助于在容器中开发和部署应用的工具及平台，包括以下内容。

• 支持在 Windows 10 操作系统中运行基于 Windows 或 Linux 操作系统的容器，通过 Docker Desktop 使用内置到 Windows 操作系统中的容器功能进行开发和测试。

• 支持使用 Visual Studio 和 Visual Studio Code（包括对 Docker、Docker Compose、Kubernetes Helm 等技术的支持）开发、测试、发布和部署基于 Windows 操作系统的容器。

• Azure 虚拟机运行自定义 Windows Server 映像（用于部署基于 Windows 操作系统的应用）或自定义 Ubuntu Linux 映像（用于部署基于 Linux 操作系统的应用）。

相对于基于 Linux 操作系统的容器技术，基于 Windows 操作系统的容器技术还不够成熟，距离达到实用阶段的需求还有一定的差距。因此，在 Windows 操作系统方面，目前虚拟机仍然是解决应用快速部署的最佳选择。

（6）容器编排技术还不成熟

分布式应用部署不仅仅是简单地启动一个个装有软件的容器，应用组件之间需要通过网络协议进行通信，因此在使用容器部署分布式应用时，需要设置容器之间的网络接口。网络设置一方面要保证容器之间能够完成所需的通信任务，另一方面必须确保容器之间只进行允许范围内的通信，以保证应用的安全性。

分布式应用的各个组件之间不仅有网络连接的依赖，还存在服务依赖关系。例如，一个 Web 应用系统中的 Web 服务器需要连接数据库系统才能正常运行，因此，在启动 Web 服务器之前，必须先启动数据库系统。在使用容器部署分布式应用时，必须保证装有各种应用组件的容器按顺序启动，这需要容器编排引擎的支持。

起初，市场上比较活跃的编排系统有 Google 的 Kubernetes、Mesosphere 的 Marathon 和 Docker 的 Swarm 等。Swarm 为 Docker 提供集群功能，可以将多个容器引擎组成一个虚拟容器引擎；Kubernetes 使 Docker 在 Google 的云平台上运行，可以将容器编排成一个集群，并根据用户需求管理容器的负载；Marathon 是 Apache Mesos 的容器编排引擎，主要用于编排和管理长期运行的应用。

目前，继 Google 和 Azure 在基础设施云平台提供托管 Kubernetes 服务和 OpenShift 基于 Kubernetes 的支持之后，Mesosphere、Pivotal 和 Docker 已经为 Kubernetes 提供了原生支持，Amazon 也发布了基于 Kubernetes 的 Elastic Container Service。这些都是容器业务流程中大多数关键产品的提供者。Kubernetes 正逐渐成为容器编排领域的领导者，因为其可配置性、可靠性和大型社区的支持，超越了 Docker 的 Swarm 和 Mesosphere 的 Marathon（现 D2iQ）。虽然 Kubernetes 已经成为事实上的容器编排标准，但其成熟度仍需要在企业级应用中进一步完善。

8.2 CaaS

CaaS 是一种云服务模型，允许用户通过基于容器的虚拟化来管理和部署容器、应用和集群。CaaS 对 IT 部门和开发者构建安全且可扩展的容器化应用非常有用。可以使用本地数据中心或通过云服务实现 CaaS。

8.2.1 CaaS 的价值

在移动互联网时代，新的技术需要新的支持环境、新的应用交付流程和 IT 架构，以实现架构平台化、交付持续化、业务服务化。容器将成为新一代应用的标准交付形式，而 CaaS 将帮助企业用户构建研发流程和云平台基础设施，缩短应用向云端交付的周期，降低运营门槛，加速向互联网技术和业务的双重转型。

CaaS 能够对接各类代码托管库，实现自动化持续集成和 Docker 镜像构建，为新一代应用的交付和开发运维一体化奠定基础。CaaS 支持应用的一键式部署交付，提供负载均衡、私有域名绑定、性能监控等应用生命周期管理服务。

CaaS 是微服务架构构建、轻量级应用部署和运维的理想平台。未来的 IT 界将以容器化应用作为交付的标准。CaaS 为开发者和企业提供了一个快速构建、集成、部署和运行容器化应用的平台，从而提高应用开发的迭代效率，简化运维环节，降低运维成本。

8.2.2 CaaS 与 IaaS 和 PaaS 的关系

NIST 将云计算服务分为 IaaS、PaaS 和 SaaS 三种主要类型。

（1）**IaaS**：供应商提供用户所需的计算、网络和存储资源，把虚拟机或其他基础资源作为服务提供给用户。用户可以从供应商那里获得虚拟机或存储资源来装载相关应用，同时这些基础设施的烦琐管理工作由 IaaS 供应商处理。IaaS 的主要用户是企业的系统管理员和运维人员。

（2）**PaaS**：供应商提供应用开发框架和应用部署工具。用户可以在包括 SDK、文档和测试环境等在内的开发平台上方便地编写应用，无论是在应用部署还是在应用运行时，用户都无须为服务器、操作系统、网络和存储等资源的管理操心，这些工作由 PaaS 供应商负责处理。PaaS 的主要用户是企业开发者。

（3）**SaaS**：将应用作为服务提供给用户。用户只需连接网络，通过浏览器即可直接使用在云端上运行的应用，无须顾虑安装等琐事，并且免去了初期高昂的软件和硬件投入成本。SaaS 主要面向普通用户。

随着 Docker 技术的成熟，以容器为核心的云计算时代已经来临。CaaS 将第一代云计算的 IaaS 平台与 PaaS 平台合二为一，形成新一代的云计算架构。基于 CaaS 的云计算架构赋予企业强大的工业化生产通用应用的能力，再根据个人消费者和企业用户的个性化需求，快速组装通用应用生成个性化解决方案，形成新一代的云计算商业模式。

在云计算发展初期，企业用户主要享受基于硬件的虚拟化带来的益处，企业可以像使用水、电、煤气等公共资源一样使用 IaaS。Docker 的出现，使 IaaS 供应商能够以更细粒度为企业提供计算资源，这不仅提高了资源利用率，还缩短了资源启动时间，从而进一步降低了公有云服务的成本。

现在的公有云服务提供商除了提供虚拟机和存储服务外，还提供许多通用计算服务，如负载均衡、数据缓存、消息队列和防火墙服务。公有云服务提供商可以将这些应用迁移到容器中，这不仅降低了资源开销，还提高了可移植性。

混合云是企业现在使用最多的云服务模式。使用混合云，企业可以根据实际需求，将应用运行在企业的数据中心或公有云上。因为 Docker 相比传统的虚拟机更轻量，可以更方便地进行动态设置和迁移。无论是从资源利用率，还是从应用迁移的方便性来看，Docker 都比虚拟机更适合部署在混合云中。

CaaS 模式为企业带来的另一个优势是，CaaS 使企业可以方便、动态地在不同公有云平台之间迁移服务，而不需要担心平台锁定问题。企业可以轻松跨 IaaS 平台实现容器的动态调度和移动。就像 IaaS 的用户不需要关心其虚拟机使用的是哪种虚拟化技术一样，CaaS 的用户也不需要关心他们的容器运行在哪个服务商的云平台上。用户只需说明期望的应用部署地理位置和运行的容器类型，CaaS 提供商将自动编排资源，并选择最合适的云平台提供最优质的服务。

总之，CaaS 可以完成 IaaS 和 PaaS 两个层级的功能。相对于传统的 IaaS 和 PaaS，CaaS 对底层的支持比 PaaS 更灵活，对上层应用的操控比 IaaS 更容易。同时，容器是比虚拟机更细粒度的虚拟化服务，能够更高效地利用计算资源。CaaS 可以部署在任何物理机、虚拟机或 IaaS 云之上。

8.3　CaaS 的整体架构

本节将简单介绍 CaaS 的层次结构及其关键技术。

8.3.1　CaaS 的层次结构

在移动互联网中，CaaS 主要由如下 5 层组成：服务器（物理机或虚拟机）层、资源管理层、运行引擎层、集群管理层和应用层，如图 8.4 所示。

图 8.4　CaaS 的层次结构

1. 服务器（物理机或虚拟机）层

运行容器镜像时，容器需要运行在传统操作系统之上。这个操作系统可以基于物理机，也可以基于虚拟机。服务器（物理机或虚拟机）层泛指容器的运行环境，包含物理机和虚拟机两种场景。服务器（物理机或虚拟机）层并不关心如何提供和管理容器，只关心能否获得这些服务器资源。

2. 资源管理层

资源管理层包含对服务器和操作系统等资源的管理。如果是物理服务器，则需要涉及物理机管理系统；如果是虚拟机，则需要使用虚拟化平台。此外，无论是物理服务器还是虚拟机，都需要对操作系统进行管理。传统的存储和网络管理也被包含在资源管理层。总之，资源管理层的核心目标是对服务器和操作系统资源进行管理，以支持上层的容器运行引擎。

3. 运行引擎层

运行引擎层主要指常见的容器系统，包括 Docker、Hyper、CRI-O 等。这些容器系统的共同作用包括启动容器镜像、运行容器应用和管理容器实例。运行引擎可以分为管理程序和运行时环境两个模块。运行引擎是单机程序，类似于虚拟化应用的 KVM 和 Xen，不是集群分布式系统。引擎运行于服务器操作系统之上，接受上层集群系统的管理。

运行引擎层涉及的相关开源应用项目如下。

- **资源隔离**：cgroups、Hypervisor。
- **访问限制**：namespaces、Hypervisor。
- **管理程序**：Docker Engine、OCID、Hyper、RKT、CRI-O。
- **运行时环境**：runC（Docker）、runV（Hyper）、runZ（Solaris）。

4. 集群管理层

容器的集群管理系统类似于虚拟机的集群管理系统，都通过一组服务器运行分布式应用。两者的细微差别在于，虚拟机的集群管理系统需要运行在物理服务器上，而容器集群管理系统既可以运行在物理服务器上，又可以运行在虚拟机上。常见的容器集群管理系统包括 Kubernetes、Docker Swarm、Mesos。

这三者各有特色，但随着时间的推移，三者的融合将越发明显。Kubernetes 已经被更广泛的企业接受，奠定了成为企业事实标准的地位。围绕着 Kubernetes，CNCF 基金会已经建立了一个非常强大的生态体系，这是 Docker Swarm 和 Mesos 都不具备的。

集群管理层涉及的相关开源应用项目如下。

- **指挥调度：** Docker Swarm、Kubernetes、Mesos 等。
- **服务发现：** etcd、Consul、Zookeeper、DNS。
- **监控：** Prometheus。
- **存储：** Flocker。
- **网络：** Calico、Weave、Flannel。

5. 应用层

应用层泛指所有运行于容器之上的应用，以及所需的辅助系统，包括监控、日志、安全、编排、持续集成与部署（Continuous Integration/Continuous Deployment，CI/CD）、镜像仓库等。

- **监控：** 相关开源项目包括 Prometheus、cAdvisor、Sysdig 等。
- **日志：** 相关开源项目包括 Fluentd、LogStash 等。

- **安全：** 包括容器镜像的安全扫描、运行环境的安全隔离、集群环境的安全管理等功能。
- **编排：** 相关开源项目包括 Docker Compose、CoreOS Fleet 等。
- **CI/CD：** 相关开源项目包括 Jenkins、Buildbot、Gitlab CI、Drone.io。
- **镜像仓库：** 有 3 个用于存储和分发容器镜像的仓库服务，分别是 Docker Hub、VMware Harbor 和 Huawei Dockyard。其中，Docker Hub 是官方提供的，也是用的人最多的。VMware Harbor 是 VMware 的，只有企业用户用。Huawei Dockyard 是华为的，也是面向企业用户，华为云中默认使用它。

8.3.2　CaaS 的关键技术

CaaS 的关键技术主要包括容器镜像、容器运行引擎、容器编排、容器集群管理、服务器注册和发现、容器热迁移等。

1. 容器镜像

容器镜像通常包括操作系统文件、应用文件、应用依赖的软件包和库文件。为了提高管理效率，容器镜像采用分层存放的形式。容器镜像的底层通常是 Linux 操作系统的 rootfs 和系统文件，上层是各种软件包层。通过这种分层方式，镜像文件叠加成为一个完整的只读文件系统，最终挂载到容器。在运行过程中，容器应用需要写入文件数据，容器引擎会创建一个可写层，并将其加在镜像的只读文件系统上。分层的容器镜像使下载和传输更加便利，因为只需在宿主机上下载缺少的镜像文件层即可，无须传送整个镜像。

在 Linux 操作系统中，UnionFS 可以将多个文件层叠加在一起，并透明地展现一个完整的文件系统。常见的 UnionFS 包括 AUFS（Another Union File System）、Btrfs、OverlayFS 和 DeviceMapper 等。

2. 容器运行引擎

容器运行引擎与容器镜像的关系类似于虚拟化应用与虚拟机镜像的关系。容器运行引擎的技术标准由开放容器组织（Open Container Initiative，OCI）基金会制定。目前，OCI 已经发布了容器运行引擎的技术规范，并认可了 runC（由 Docker 公司提供）和 runV（由 Hyper 公司提供）两种合规的运行引擎。

3. 容器编排

容器编排工具通过对容器服务的编排，决定容器服务之间的交互方式。容器编排工具一般处理以下几方面的内容。

- 容器的启动：选择启动的主机、镜像和启动参数等。
- 容器应用的部署：提供部署应用的方法。
- 容器应用的在线升级：提供平滑切换到新版本应用的方法。

容器的编排通常通过 YAML 或 JSON 描述编排内容。目前主要的编排工具有 Docker Compose 和 Kubernetes Helm。

4. 容器集群管理

容器集群管理将多台物理机抽象为一个逻辑上的单一调度实体，为容器化应用提供资源调度、服务发现、弹性伸缩、负载均衡等功能，同时监控和管理整个服务器集群，提供高质量、不间断的应用服务。容器集群管理主要包含以下技术。

- **资源调度**：集中化管理和调度资源，按需为容器提供 CPU、内存等资源。
- **服务发现**：通过全局可访问的注册中心，任何应用都能获取当前环境的细节，并自动加入当前的应用集群。
- **弹性伸缩**：在资源层面，监控集群资源使用情况，自动增减主机资源；在应用层面，通过策略自动增减应用实例，弹性伸缩业务能力。
- **负载均衡**：当应用压力增加时，集群自动扩展服务，将负载均衡至每个运行节点上；当某个节点出现故障时，应用实例重新部署，并运行到正常的节点上。

5. 服务器注册和发现

实现容器技术的自动化运维需要提供服务器注册和发现这两个重要环节，通常通过一个全局性的配置服务器来实现。其基本原理类似于公告牌信息发布系统：A 服务（容器应用或普通应用）启动后，会在配置服务器（公告牌）上注册一些对外信息（如 IP 地址和端口），B 服务通过查询配置服务器（公告牌）来获取 A 服务注册的信息（IP 地址和端口）。

6. 容器热迁移

热迁移又称动态迁移或实时迁移，是指将整个容器的运行时状态完整保存下来，并能快速地在其他主机或平台上恢复运行。

容器热迁移主要应用在以下两个方面：一是有多个操作单元执行任务，热迁移能迅速地复制与迁移容器，做到无感知运行作业；二是可以处理数据中心中集群的负载均衡，当大量数据涌来无法运行计算时，可利用热迁移创建多个容器处理运算任务，调节信息数据处理峰谷，配置管理负载均衡比例，降低应用延迟。

8.4 基于 Kubernetes 的 CaaS

8.3 基于 Kubernetes 的 CaaS

基于 Kubernetes 的 CaaS 平台主要功能包括 4 个方面：自动化容器的部署、升级和复制；动态调整容器规模，实现弹性扩展；以集群方式管理跨主机容器，并提供负载均衡；自我修复机制保证容器集群运行在期望状态。

8.4.1 整体架构

基于 Kubernetes 的 CaaS 平台具有九大功能模块：存储模块、网络模块、服务发现模块、容器核心模块、容器编排模块、监控报警模块、日志收集模块、持续集成与部署模块和管理用户界面模块，具体架构如图 8.5 所示。以下是部分模块的介绍。

1. 存储模块

存储模块为容器提供数据存储资源，通常使用 Ceph 驱动。Ceph 提供对象、块和文件存储功能，具有高可靠性、易管理性和开源特性。Ceph 为系统提供存储基础架构，支持管理海量数据，具有极高的伸缩性，能够服务成千上万用户访问 PB 级乃至 EB 级的数据。Ceph 节点使用普通硬件和智能守护进程，通过相互通信来复制和动态重新分布数据。在 CaaS 中，Ceph 主要用于有状态服务，支持关系数据库和 NoSQL（非关系型）数据库等需要数据持久化的应用。

2. 网络模块

底层容器网络可以使用 Calico。Calico 不使用隧道或网络地址转换（Network Address Translation，NAT）来实现转发，而是将所有二、三层流量都转换成三层流量，通过主机上的路由配置完成跨主机转发。Calico 是一种纯三层网络实现，可以避免与二层网络方案相关的数据包封装操作，没有任何 NAT 和 Overlay，数据转发效率很高。由于包直接走原生 TCP/IP 栈，它的隔离变得容易实现。TCP/IP 栈提供了一整套 IPTables 规则，所以可以通过 IPTables 规则实现复杂的隔离逻辑。

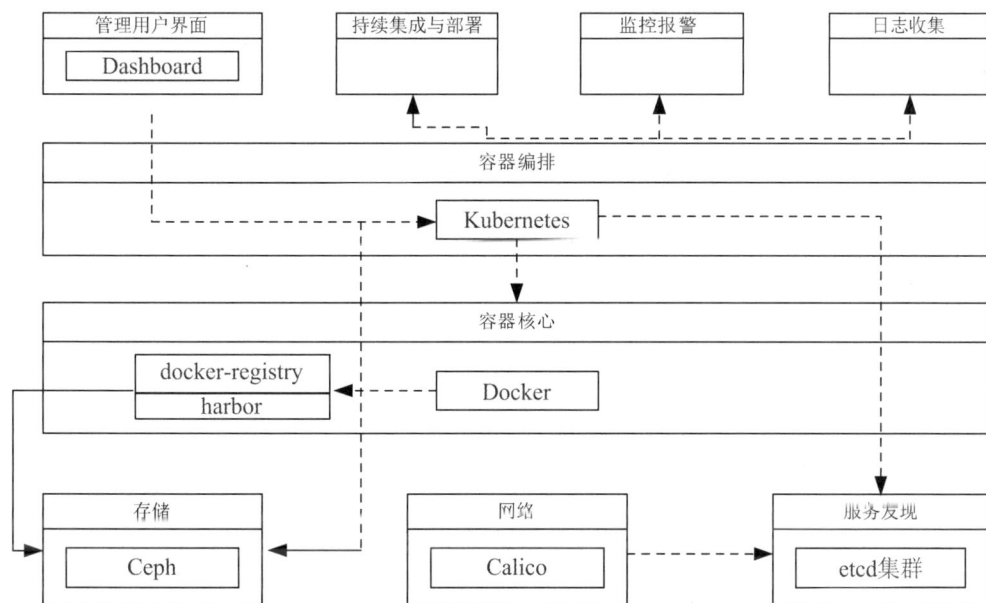

图 8.5　基于 Kubernetes 的 CaaS 平台架构

使用 Calico 时，系统在主机内部构造一个容器，可以从三层网络到达终端，方便用户调试、发现问题和管理。容器内的应用数据传出来时，与二层网络完全隔离，绝大多数应用只需要三层网络即可完成任务。Calico 支持丰富的网络策略，可以实现多租户管理，这对于提供 CaaS 服务至关重要。

3. 容器编排模块

容器编排模块负责调度和管理容器集群,支持容器应用的可扩展性。基于 Kubernetes 的 CaaS 平台使用 Kubernetes 作为其容器编排模块，主要功能如下。

- **调度：**Kubernetes 调度程序确保在任何时候都能满足基础设施上的资源需求。
- **资源管理**：在 Kubernetes 环境中，资源是编排器可以实例化和管理的逻辑结构，如服务或应用部署。
- **服务发现**：Kubernetes 支持共享系统的服务，可以通过名称发现服务。包含服务的 Pod 可以在整个物理基础结构中分布运行，无须保留网络服务来定位它们。
- **健康检查**：Kubernetes 利用"活性探针"和"就绪探针"功能，提供应用状态的周期性指示。
- **自动伸缩**：当 Pod 的指定 CPU 资源未被充分利用时，Pod 自动伸缩器能自动生成更多副本。
- **更新/升级**：自动化的滚动升级系统使每个 Kubernetes 的部署内容保持更新和稳定。

Kubernetes 是整个 CaaS 的核心，8.4.2 节将对其进行详细介绍。

4. 监控报警模块

监控报警模块负责监控正在容器中运行的应用，并确保容器达到预期目标。容器监控的对象主要包括 Kubernetes 集群、应用服务、Pod、容器及网络等，主要内容如下。

- **Kubernetes 集群健康状态监控**：包括对 5 个基础组件、Docker、etcd、Calico 等的监控。
- **系统性能监控**：如 CPU、内存、磁盘、网络、文件系统及进程等的监控。
- **业务资源状态监控**：主要包括 Replication Controller、Replica Set、Deployment、Pod 和 Service 等的监控。

5. 日志收集模块

容器平台的日志系统一般包括 Kubernetes 组件的日志、资源的事件日志及容器运行应用的日志。可以使用 Fluentd 日志系统来收集日志，并将收集的日志发送给日志收集平台，以便进行集中化管理和分析。

6. CI/CD 模块

CI/CD 模块肩负着 DevOps 的重任，是开发与运维人员的"桥梁"，实现了业务（应用）从代码到服务的自动上线，满足开发过程中一键持续集成与部署的需求。通过 CI/CD 模块，开发团队可以频繁地更新和发布应用，提高开发效率和产品质量。

8.4.2 Kubernetes

如前所述，Kubernetes 是一个自动化容器操作的开源平台，这些操作包括部署、调度和节点集群间扩展。Kubernetes 可以用来调度各种容器，如 Docker、Rocket 等。

1. Kubernetes 的整体架构

Kubernetes 安装在一个集群之上，组成集群的节点可以是物理服务器或者虚拟机，Kubernetes 的整体架构如图 8.6 所示，主要包括如下组件：Pod、标签、服务、节点和主节点。

（1）Pod

Pod 安排在节点上，包含一组容器和卷。同一个 Pod 中的容器共享同一个网络命名空间，可以使用本地服务器互相通信。Pod 是短暂的，不是持续性实体。因此，Kubernetes 使用持久化的卷来存储容器中的数据，以确保数据在容器重启后仍然存在。重启容器时，容器的 IP 地址可能发生变化，Kubernetes 使用服务来保证前端容器可以正确、可靠地指向后台容器。

（2）标签

用户可以为 Pod 添加标签，标签是一个键/值对，用来传递用户定义的属性。例如，用户可以创建一个 tier 和 app 标签，通过标签（tier=frontend，app=myapp）来标记前端 Pod 容器，通过标签（tier=backend，app=myapp）来标记后台 Pod。给容器添加标签后，可以根据实际需求使用选择器选择带有特定标签的 Pod。

（3）服务

服务是定义一系列 Pod 以及访问这些 Pod 的策略的一层抽象。服务通过标签找到 Pod 组。

如图 8.7 所示，假定有两个后台 Pod，并且定义后台服务的名称为 backend-service（后台-

服务），标签选择器为（tier=backend，app=myapp），那么名称为 backend-service 的服务会完成如下两件重要的事情。

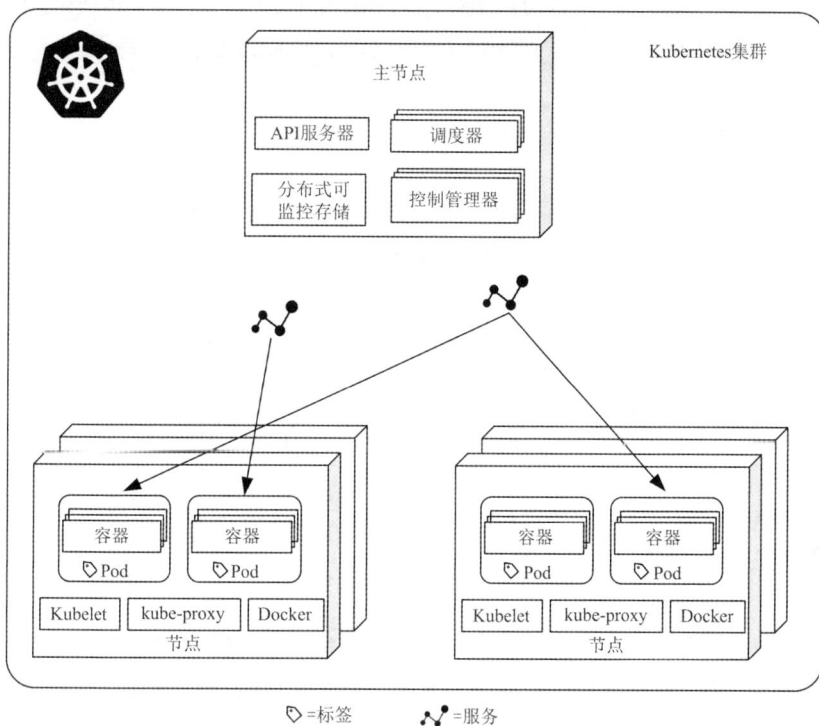

图 8.6　Kubernetes 的整体架构

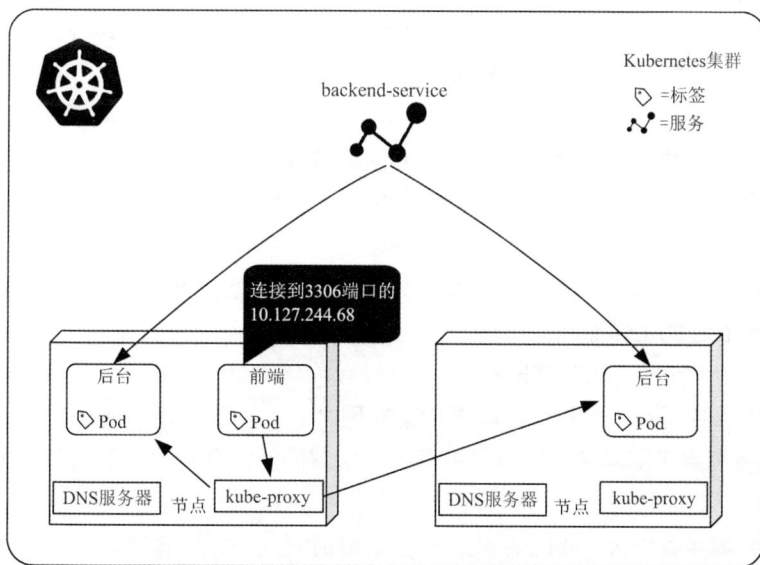

图 8.7　Kubernetes 连接容器的过程

- 服务会创建一个本地集群的 DNS 入口，前端 Pod 通过查找名为 backend-service 的主机，就能解析出前端应用可用的 IP 地址。

- 在前端得到后台服务的 IP 地址后，服务在这两个后台 Pod 之间提供透明的负载均衡，将请求分发给其中的任意一个。负载均衡通过每个节点上运行的代理（kube-proxy）完成。

Kubernetes 有一个特别类型的服务，称为 LoadBalancer，作为外部负载均衡器使用，负责在一定数量的 Pod 之间均衡流量。这个服务对于负载均衡 Web 流量非常有用。

（4）节点

节点可以是物理机或者虚拟机，作为 Kubernetes 工作节点。每个节点都运行如下 Kubernetes 关键组件。

- **Kubelet：** 负责维护容器的生命周期，同时负责存储卷和网络的管理。
- **kube-proxy：** 负责在集群内部实现服务的访问代理和负载均衡，将请求转发到对应的后端 Pod。
- **Docker 或 Rocket：** 负责镜像管理以及 Pod 和容器的实际运行。

（5）主节点

集群拥有一个主节点，提供集群的独特视角，并运行一系列关键组件，如分布式可监控存储、API 服务器、调度器、控制管理器。

- **分布式可监控存储**：保存整个集群的状态。
- **API 服务器**：提供资源操作的唯一入口，并提供认证、授权、访问控制、API 注册和发现等机制。
- **调度器**：负责资源的调度，按照预定的调度策略将 Pod 调度到相应的主机上。
- **控制管理器**：通过管理一系列控制器，负责维护集群的状态，如故障检测、自动扩展、滚动更新等。这些控制器主要包括以下几类。

① **节点控制器**：负责在节点出现故障时发现和响应。

② **副本控制器**：负责保证集群中一个资源对象所关联的 Pod 副本数始终保持预设值。

③ **端点控制器**：填充端点对象（连接服务和 Pod），负责监听服务和对应的 Pod 副本的变化。

可以理解端点是一个服务暴露出来的访问点，如果需要访问一个服务，则必须知道它的端点。

④ **服务账户和令牌控制器**：为新的命名空间创建默认账户和 API 访问令牌。

⑤ **资源配额控制器**：确保指定的资源对象在任何时候都不会超量占用系统的物理资源。

⑥ **命名空间控制器**：管理命名空间的生命周期。

⑦ **服务控制器**：属于 Kubernetes 集群与外部云平台之间的一个接口控制器。

2. Kubernetes 的工作原理

Kubernetes 的工作原理如图 8.8 所示。

在 Kubernetes 中运行一个应用的具体步骤如下。

（1）用户准备包含应用部署方案的 YAML 文件，并通过 Kubectl 客户端工具发送给 API 服务器。

（2）API 服务器接收到客户端的请求，并将资源内容存储到分布式可监控存储中。

（3）控制管理器监控资源变化并作出相应的反应。

（4）调度器负责检查数据库变化，发现尚未被分配到具体执行节点的 Pod，根据一组相关规则将 Pod 分配到可以运行它们的节点上，并更新数据库，记录 Pod 分配情况。

（5）Kubelet 监控数据库变化，管理后续 Pod 的生命周期，发现被分配到它所在节点上运行的那些 Pod。如果找到新 Pod，则在该节点上运行这个新 Pod。

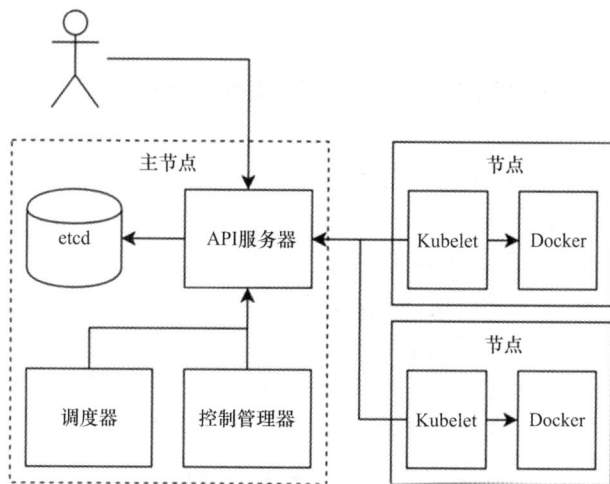

图 8.8　Kubernetes 的工作原理

另外，kube-proxy 运行在集群的各个主机上，用于管理网络通信，如服务发现和负载均衡。当有数据发送到主机时，kube-proxy 将其路由到正确的 Pod 或容器；对于从主机上发出的数据，它可以基于请求地址发现远程服务器，并将数据正确地路由到远程服务器，在某些情况下会使用轮循调度算法将请求发送到集群中的多个实例上。

8.5　总结

本章介绍了 CaaS 的基础知识。首先，在介绍容器虚拟化的基础上，详细讲解了 Docker 技术，并通过与虚拟机虚拟化技术的对比，分析了容器虚拟化技术的优势和亟待解决的问题。其次，比较和分析了 CaaS 与 IaaS 和 PaaS，介绍了 CaaS 的价值、基本架构和核心技术。最后，以基于 Kubernetes 的 CaaS 平台为例，详细介绍了 CaaS 的平台结构，特别是 Kubernetes 的整体架构、核心组件及工作原理。

习题

1. 为什么需要容器虚拟化？与虚拟机相比，容器虚拟化最大的优势是什么？
2. 什么是 Docker？Docker 的两种核心技术及各自的主要作用是什么？
3. 描述 Docker 的基本工作原理。
4. Docker 的实现机制主要包括哪些活动组件？
5. 什么是命名空间？Docker 使用了哪种类型的命名空间？
6. 什么是 cgroups？其主要作用是什么？
7. 什么是联合文件系统？它的特点是什么？
8. 与虚拟机相比，Docker 的主要优势和劣势有哪些？

9. 什么是 CaaS？

10. CaaS 的主要价值有哪些？

11. 描述 CaaS 与 IaaS 和 PaaS 的关系。

12. CaaS 的架构主要由哪些层次组成？每层的主要作用是什么？

13. CaaS 的关键技术有哪些？

14. 容器镜像通常包括哪些内容？容器镜像分为哪些层次？

15. 什么是容器编排？容器编排工具主要处理哪些方面的内容？

16. 容器集群管理的主要技术有哪些？

17. 什么是容器热迁移？主要应用在哪两个方面？

18. 基于 Kubernetes 的 CaaS 平台的功能主要包括哪四大部分？

19. 简述基于 Kubernetes 的 CaaS 云平台的整体架构，以及每个模块的功能。

20. 什么是 Kubernetes？简述其整体架构及每个组件的功能。

21. 什么是 Pod？Pod 中的容器数据是如何实现持久化的？

22. 什么是 Pod 的标签？其主要作用是什么？

23. Replication Controller 的主要作用是什么？

24. Service 的主要作用是什么？

25. 简述 Kubernetes 的工作原理。

第9章
Serverless架构

09

在云计算领域，许多新技术正在改变传统的 IT 架构和运维方式，如虚拟机、容器和微服务。无论这些技术应用于哪些场景，云计算的最终目的是降低成本和提升效率。过去十年中，云计算已经将许多应用和环境中的通用部分变成了服务。无服务器计算（Serverless）是云计算演进中的一个重要技术。Serverless 将主机管理、操作系统管理、资源分配和扩容，甚至应用逻辑的所有组件都外包出去，将它们视作某种形式的服务，由厂商提供，用户购买。

本章将介绍 Serverless 的基本概念、主要特点、应用场景和工作原理，并探讨它给云计算带来的重大变化。通过对 Serverless 平台 Kubeless 的实现进行讲解，我们将深入了解 Serverless 的工作原理。

【技能目标及素养目标】

- 具备理解后端即服务（Backend as a Service, BaaS）工作原理的能力
- 具备理解函数即服务（Function as a Service, FaaS）工作原理的能力
- 掌握使用 Serverless 开发企业应用的方法

- 培养创造性思维
- 培养专业素质
- 培养实践动手能力

9.1 Serverless 概述

9.1 Serverless 概述

Serverless 指的是开发者在构建和运行应用时，无须管理服务器等基础设施。应用被解耦为细粒度的微功能模块，这些模块的代码被部署和运行在完全由第三方管理的无状态计算容器中。代码执行由事件触发，其业务层面的状态则由开发者使用的数据库和存储资源记录。用户只为代码执行时实际使用的资源付费。

9.1.1 Serverless 的背景

在目前主流的云计算服务模式 IaaS 和 PaaS 中，开发者在进行业务开发时，仍然需要关注许多与服务器相关的工作，如缓存、消息服务、Web 应用服务器和数据库等。这些工作需要优化服务器性能，考虑存储和计算资源、负载和扩展性，以及服务器容灾稳定性等非业务逻辑的开发。这些服务器的运维和开发需求，极大地限制了开发者的业务开发效率。如何让开发者无须关注服务器的

部署和性能问题，就能直接租用服务或者开发自己的服务呢？Serverless 正是为了解决这些问题而提出的。其真正含义是让开发者不用过多地考虑服务器的问题，而是依靠第三方的资源来执行代码。

云计算的层次模型如图 9.1 所示，其中 Serverless 构建在虚拟机和容器之上，与应用本身的关系更为密切。过去的计算模式是在一台服务器上运行一个框架，对多个事件进行响应，而 Serverless 则是构建或使用一个微服务或微功能来响应一个事件。使用 Serverless 可以在用户访问系统时调入相关资源运行，完成后卸载所有资源，实现按需按次计费。这是云计算纵深发展的自然过程。

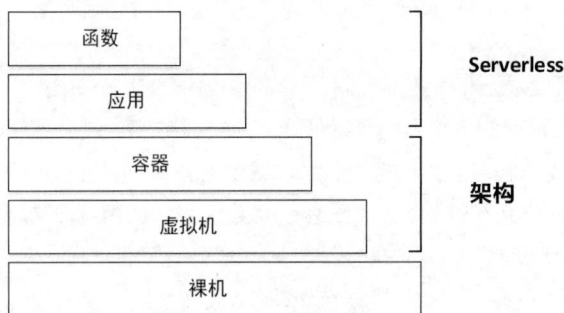

图 9.1　云计算的层次模型

9.1.2　Serverless 带给云计算的重大变化

在云计算过去十多年的发展中，应用的运行环境和通用组件的构建工作越来越多地外包给云服务提供商。Serverless 也符合这一趋势，将主机管理、操作系统管理、资源分配、扩展，甚至应用逻辑的整个组件构建，全部外包给云服务提供商，从而显著降低成本并提高运营效率。

然而，在应用架构方面，Serverless 带来了根本性的变化。以往的云计算服务并没有从根本上改变应用的设计方式。例如，使用 Docker 时，我们在应用周围放置了一个更薄的"盒子"，但它仍然是一个盒子，逻辑架构没有发生显著变化。在云中托管 MySQL 数据库实例时，仍需要考虑工作负载所需的虚拟机资源以及故障切换情况。

这种情况随着 Serverless 的出现发生了根本性的改变。Serverless 本质上是一种与传统架构完全不同的架构类型，基于事件驱动模型。它的部署方式更加细粒度，且需要将状态保存到 Serverless 组件之外。Serverless 使用户无须编写完整的逻辑组件，只需将应用与云服务提供商提供的特定接口和模型集成。

9.1.3　Serverless 的优势

目前，大多数公司在开发应用并将其部署在服务器上时，无论是选择公有云还是私有数据中心，都需要提前规划服务器数量、存储容量和数据库功能等，并需要将应用和依赖的应用部署在基础设施上。而 Serverless 使得客户无须在这些细节上花费精力，只需关注业务逻辑的实现。不同功能组件间的逻辑代码将存储在云服务上，仅在调用时才激活运行，响应结束后，占用的资源会立即释放。

与传统的互联网应用架构相比，Serverless 具有以下优点。

1. 降低运营成本

系统为了应对业务高峰，必须构建能够满足峰值需求的系统，但这些系统在大部分时间是空闲的，导致资源浪费和成本上升。在传统架构中，服务需要一直运行，并在高负载情况下部署多个实例以实现高可用性。而在 Serverless 中，服务根据用户的调用次数计费，如果没有代码运行，就不必支付费用（或按次计费），节省了使用成本。同时，用户能够通过共享网络、硬盘、CPU 等计算资源，在业务高峰期以弹性扩容方式应对业务峰值，在业务低谷期将资源分享给其他用户，有效节约成本。

2. 简化设备运维工作

在传统 IT 体系中，开发者不仅需要维护应用，还需要维护硬件基础设施。在 Serverless 中，开发者使用第三方开发或自定义的 API 和 URL，底层硬件对开发者完全透明，开发者无须再关注运维工作，能更加专注于应用系统的开发。

3. 提升可维护性

在 Serverless 中，应用通过调用多种第三方功能服务来组成最终的应用逻辑。目前，如登录、认证、云数据库等第三方服务在安全性、可用性和性能方面得到了大量优化，开发者可以直接集成这些服务，从而有效降低开发成本，同时使应用的运维过程更加清晰，提升了应用的可维护性。

4. 更快的开发速度

使用第三方的 Serverless 平台，如阿里云提供的云数据库、极光推送的消息推送、Bmob 支付和地理位置服务，能够大大提高产品开发速度，使开发者可以将工作重点放在业务实现上，更快地将产品推向市场。

5. 更强的扩展能力

Serverless 的横向扩展是完全自动的、有弹性的，并由服务提供商管理。由于服务提供商的大规模集成效应和充足的计算资源，可以保证强大的扩展能力。

6. 更高的资源利用率

商业和企业数据中心的典型服务器仅提供约 30% 的平均最大处理能力，这是一种巨大的资源浪费。Serverless 使服务提供商能够为客户提供实时需求的计算能力，最大限度地利用计算资源。

9.1.4 Serverless 的缺点

支持 Serverless 的平台可以节省大量时间和成本，同时可以减轻开发者的工作量，让开发者能够专注于更有价值的工作，而不是管理基础设施。但是，在将 Serverless 应用到生产环境中时也需要考虑一些新的问题。

1. 不适合长时间运行应用

Serverless 在请求到来时才运行，这意味着当应用不运行时会进入"休眠状态"。下次请求来临时，应用需要一段启动时间，即冷启动时间。如果应用需要长期不间断地运行，或短时间内处理大量请求，可能不适合采用 Serverless。如果通过 Cron 或者 CloudWatch 的方式定期唤醒应用，会比较消耗资源。在这种情况下，需要对 Serverless 进行优化，使频繁调用的资源常驻内存，这样在第一次冷启动之后可以持续服务。如果一段时间内没有新的调用请求，则转入"休眠状态"，甚至被回收，从而避免资源浪费。

2．服务提供商技术锁定

如果系统不运行自己的服务器或控制自己的服务器端逻辑，放弃对 IT 堆栈的控制，则意味着系统会受制于服务提供商的技术锁定。云服务提供商可能对其组件的交互方式有严格限制，从而影响用户系统的灵活性和定制能力。更换服务提供商时，可能需要升级系统以符合新服务提供商的规范，这无疑会增加成本。此外，不同服务提供商的数据和编程模型可能完全不同，如果需要在服务提供商之间进行迁移，迁移成本可能非常巨大。

3．无法进行服务端优化

由于服务端被托管给服务提供商，用户无法根据自己的需求对服务端进行优化，从而无法充分利用自己应用场景的特点来提高应用运行的效率。

4．多租户问题

由于服务端本质上是共享服务，服务提供商基于效用最大化原则，用户的服务可能会与其他人的服务共用一个实体资源，因此可能会产生多租户问题，从安全性和性能的角度都需要考虑这个问题。

5．安全问题

越多地调用第三方服务，就向外暴露越多的风险点。客户的服务端完全依赖第三方，使用户失去了一层服务端的屏障，许多需要在服务端拦截的内容现在无法实现，而放在应用端完成这些工作的风险很大。

6．缺乏调试和开发工具

Serverless 应用的本地测试是一个很棘手的问题。虽然可以在测试环境下使用各种数据库和消息队列来模拟生产环境，但是对于无服务应用的集成或端到端测试尤其困难。很难在本地模拟应用的各种连接，并结合性能和缩放特性进行测试。而且 Serverless 应用本身也是分布式的，简单地将无数微服务组件黏合起来也是一个挑战。

9.2 Serverless 的工作原理

在 IaaS 中，用户需要预先购买一定的空间来运行自己的应用，并为"始终运行"的服务器组件付费。而 Serverless 则不同，它由事件触发应用代码运行，云服务提供商以动态方式为该代码分配资源，用户只需为代码执行的计算处理付费。

9.2 Serverless 的工作原理

Serverless 主要有两种工作方法。第一种是 BaaS，在这种方法中，用户的应用由各种第三方服务和应用构成。第二种是 FaaS，在这种方法中，开发者仍需编写自定义服务器端逻辑，但其运行在云服务提供商完全管理的容器中。需要指出的是，用户可以通过这些方法构建完全 Serverless 的应用，也可以打造部分 Serverless、部分传统微服务组件的应用。

9.2.1 BaaS

BaaS 有时也称移动后端即服务（Mobile Backend as a Service，MBaaS），是一种广泛依赖第三方应用和服务的无服务器计算方法。例如，云服务提供商可以提供认证服务、额外加密、云访问数据库以及高置信度使用数据。这些后端服务通常通过调用云服务提供商设置的 API 进行访问；相比内部开发而言，这些功能可以更方便地整合到用户的系统中。

BaaS 通过使用现成的第三方服务替换原本需要自己编码实现或搭建的服务器端组件，在概念上接近 SaaS。不同之处在于，SaaS 通常将整个业务流程外包，如人力资源或销售工具，或者像 GitHub 这样的技术工具。BaaS 实际上是将应用分解成更小的组件，并将其中一些组件由第三方服务完成，这个第三方服务通常称为 BaaS。

BaaS 通过 API 远程调用组件或库，用户通过远程 API 的调用来完成应用的一部分功能。身份认证功能就是一个很好的例子，许多应用通过自己的代码实现注册、登录、密码管理等功能，但这些代码在许多应用中非常相似。Auth0 和 Amazon 的 Cognito 就是这类产品，它们允许任何人在无须编写一行代码的情况下，在移动应用和 Web 应用中实现完善的身份认证和用户管理功能。

BaaS 早期主要用于移动应用开发，因此称为 MBaaS。但实际上，BaaS 除了作为移动应用的后端服务，还可以应用于许多其他场景。例如，可以不自己搭建和维护 MySQL 实例，而使用 Amazon 的 RDS 服务，或使用 Kinesis 替换自己搭建和管理的 Kafka 消息队列。其他数据基础设施服务包括文件系统、对象存储和数据仓库、语音分析、身份认证等，这些服务都能作为 BaaS，实现应用的部分后端服务功能。

9.2.2 FaaS

FaaS 是指应用的一部分服务器端逻辑仍由开发者完成，但不像传统架构那样运行在自己运维的服务器中，而是运行在完全由第三方管理的无状态容器中，由事件驱动，短时执行。

从功能上看，FaaS 使用户不需要关心后台服务器或者应用服务，只需关心自己的代码。FaaS 可以取代　些服务处理服务器（可能是物理计算机，但需要运行某种应用），这样不仅不需要自行供应服务器，也不需要全时运行应用。

通过传统方式部署服务器端时，首先从主机实例开始，通常是虚拟机实例或容器，然后在主机中部署应用。应用是操作系统的一个进程，其代码实现了一些不同功能的操作，如 Web 服务提供检索和更新资源的操作，如图 9.2 所示。

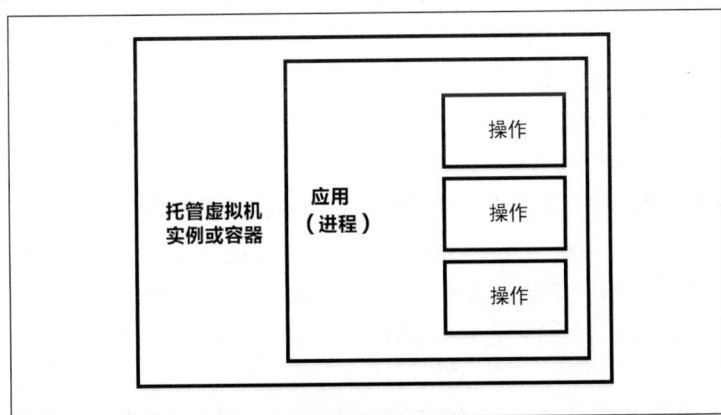

图 9.2　部署应用的传统方式

如图 9.3（a）所示，FaaS 改变了传统的应用部署模式。应用部署模式中减少了主机实例和应用进程，用户只需要关注实现应用逻辑的各个操作和函数，将这些函数代码单独上传到云服务提供商提供的 FaaS 平台即可。

但是，这些函数在云服务托管的服务器进程中默认处于空闲状态，直到需要它们运行时才会被激活，如图 9.3（b）所示。通过配置 FaaS 平台来监听每个函数的激活事件，当事件发生时，FaaS 平台会实例化函数，然后使用触发事件调用它。一旦该函数执行结束，理论上 FaaS 平台就可以销毁实例。为了优化性能，通常会将函数实例保留一段时间，以便可能的下一个事件复用。

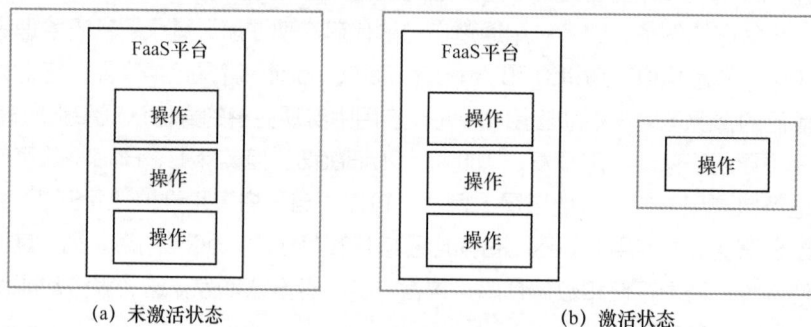

图 9.3　部署应用的 FaaS 方式

因为 FaaS 本质上是一种事件驱动的模型，FaaS 中的函数通过云服务提供商定义的事件类型触发。所以除了提供托管和执行代码的平台之外，FaaS 平台还集成了各种同步和异步事件源。HTTP API 网关是一种同步事件源，消息总线、对象存储或类似 Cron 的定时器则是异步事件源。通常用户的函数需要通过参数指定需要绑定到的事件源。

9.2.3　Serverless 的应用架构

Serverless 是一种构建和管理基于微服务架构的完整流程，允许用户在服务部署级别而不是服务器部署级别来管理应用部署。Serverless 使应用的架构发生了根本性的变化。Serverless 本质上是与传统架构完全不同的架构类型，是事件驱动模型。它的部署方式更加细粒度，并且需要将状态保存到 Serverless 组件之外。Serverless 使用户无须编写完整的逻辑组件，只需将应用与云服务提供商提供的特定接口和模型集成。

图 9.4 所示为传统应用架构与 Serverless 应用架构的关系。传统的互联网应用主要采用 C/S 或 B/S 架构，由一个客户端和一个长期运行的处理几乎所有业务逻辑的服务器端组成。服务器端需要长期维持业务进程来处理客户端请求，并调用代码逻辑完成请求响应流程。

Serverless 应用架构将互联网应用的后端服务拆分为多个微服务。应用逻辑的流程控制从服务器端转移到客户端；架构逻辑（如认证服务）由第三方提供；业务逻辑也尽可能多地由第三方负责；只读数据直接从部署在互联网上的数据库中获取；客户逻辑运行在 FaaS 上，实现对数据库的更新和包装。

在 Serverless 应用架构中，业务逻辑基于 FaaS 架构形成多个相互独立的功能组件，并以 API 服务的形式向外提供服务；同时，不同功能组件间的逻辑组织代码将被存储在 Amazon Lambda、Azure Function、Google Cloud Functions 等产品上，业务代码仅在调用时才被激活运行，当响应结束后，占用的资源便会被释放。

传统互联网应用包括一个客户端和一个长期运行的处理
几乎所有业务逻辑的服务器端

传统应用架构

Serverless应用架构

架构逻辑由
第三方负责，
如认证

业务逻辑也
尽可能由第
三方负责

把互联网应用的
服务器端拆分为
多个微服务

只读数据直接从
部署在互联网上
的数据库中获取

应用逻辑的流程控
制转移到客户端

客户逻辑运行在
FaaS上，完成对
数据库的更新和
包装

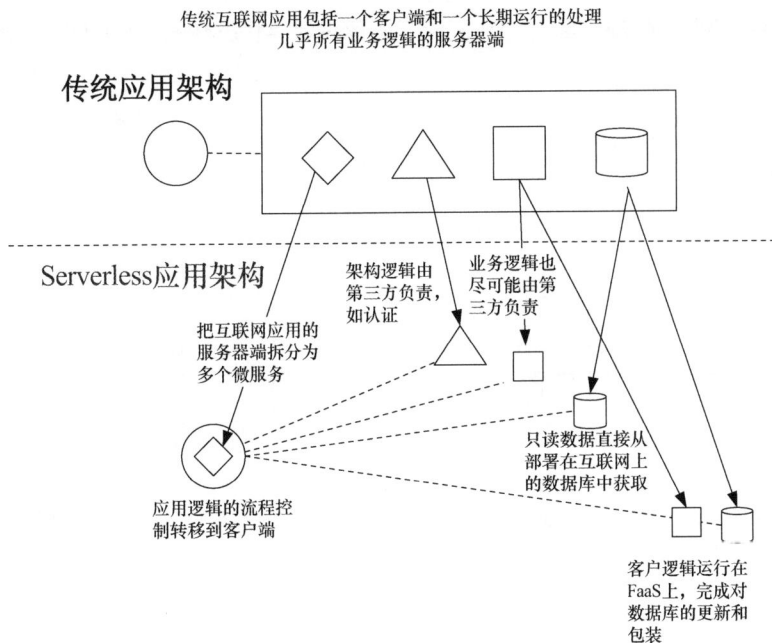

图 9.4　传统应用架构与 Serverless 应用架构的关系

9.2.4　Serverless 的技术特点

在对 Serverless 的工作原理有了基本了解之后，下面总结 Serverless（特别是 FaaS）的技术特点。

1. 事件驱动

FaaS 中函数的运行都是由事件驱动的，当有事件到来时，函数会启动运行。Serverless 应用不像传统的"监听-处理"类型应用那样一直在线，而是按需启动。能够触发函数运行的事件可以是多种类型的，如 HTTP 请求、文件上传、数据库条目修改、消息发送等。这些事件可以来源于 API 网关、消息队列、对象存储、日志服务等，如图 9.5 所示。

2. 单事件处理

FaaS 的函数由事件触发启动，并且每次触发启动的函数实例仅处理一个事件，如图 9.6 所示。因此，在代码内无须考虑事件高并发的高可靠性，代码可以专注于业务逻辑的处理，使代码开发变得更为简单。业务的高并发可以完全依赖 Serverless 平台本身提供的函数实例的高并发能力来实现。Serverless 平台支持高并发函数实例运行的能力是衡量其产品质量的重要指标。

3. 自动弹性伸缩

由于 Serverless 函数事件驱动及单事件处理的特性，函数可以通过自动弹性伸缩来支持业务的高并发。Serverless 平台根据业务的实际事件或请求数量，自动激活合适数量的函数实例来承载实际业务量。在没有事件或请求时，无实例运行，不占用资源，如图 9.7 所示。

4. 无状态开发

在分布式应用开发中，为了方便实现水平伸缩，不能在运行环境中保存应用的状态数据。

211

Serverless 平台需要利用外部服务，如数据库或缓存来保存状态数据，如图 9.8 所示。

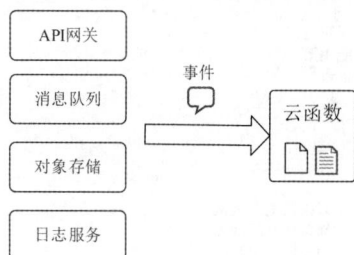

图 9.5　事件驱动 FaaS 函数执行

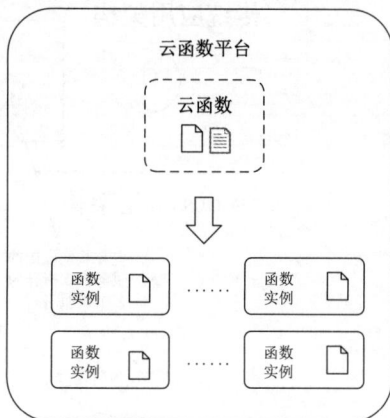

图 9.6　FaaS 函数单事件处理

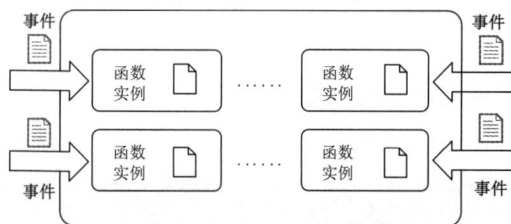

图 9.7　FaaS 函数自动弹性伸缩

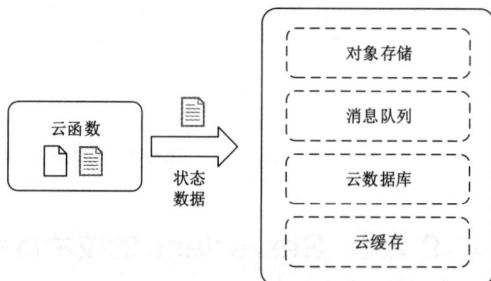

图 9.8　FaaS 无状态开发

9.3　Serverless 的应用场景

　　基于 Serverless 可以构建多种应用场景，适用于各行各业。只要对轻计算、高弹性、无状态等场景有需求，就可以使用 Serverless。首先，在 Web 及移动端服务中，可以整合 API 网关和 Serverless 服务构建 Web 及移动后端，帮助开发者构建可弹性扩展、高可用的移动或 Web 后端应用服务。其次，Serverless 可以在 IoT 场景下高效地处理实时流数据，设备产生的海量实时信息流数据通过 Serverless 服务分类处理并写入后端。此外，在实时媒体资讯内容处理场景中，用户将音频/视频上传到对象存储系统中，通过上传事件触发多个函数，分别完成高清转码、音频转码等功能，满足用户对实时性和并发能力的高要求。最后，Serverless 适用于任何事件驱动的各种不同用例，包括物联网、移动应用、基于网络的应用和聊天机器人等。

9.3 Serverless
的应用场景

9.3.1　事件请求场景

1. 典型事件请求场景案例

（1）定制图片

网店店家需要不断对商品图片进行维护，根据商品陈列位置，将图片动态切割成不同尺寸，或者加上不同的水印。当网店店家把图片上传到对象存储系统时，Serverless 平台会通过函数定制的触发器来触发函数计算。根据计算规则，生成不同尺寸的图片，满足在线商品陈列的需求，整个过程无须店家额外搭建服务器。

（2）物联网中的低频请求

在物联网行业中，物联网设备传输数据量小，且往往是固定时间间隔进行数据传输，因此经常涉及低频请求场景。例如，物联网应用每分钟仅运行一次，一次运行 50 毫秒，这意味着 CPU 的利用率不到 0.1%。在 Serverless 平台中，用户可以购买每分钟只运行一次，一次运行 100 毫秒所需的资源来满足计算需求，从而有效解决效率问题，降低使用成本。

（3）定制事件

几乎所有互联网应用都需要用户注册，并且注册时要求用户填写电子邮箱地址，以便发送电子邮件进行验证。注册时，发送电子邮件验证电子邮箱地址可以通过定制的事件来触发后续的注册流程，无须配置额外的应用服务器来处理后续请求。

（4）固定时间触发

事件在固定时间触发，例如，在夜间或服务空闲时间处理繁忙时的交易数据，或运行批量数据来生成数据报表。使用 Serverless 平台，企业用户不需要额外购买利用率不高的处理资源。

2. 视频上传处理场景

用户通过手机终端、Web 应用或个人计算机等把各种文件（包括图片、视频及文本等）上传到对象存储系统后，利用对象存储系统的上传数据对象事件可以触发函数计算，以对上传文件进行处理。

如图 9.9 所示，当用户把视频文件上传到对象存储系统后，触发函数计算获取对象的元信息并传输给核心算法库。核心算法库根据算法将相应的视频文件推送至 CDN 源站，以实现特定视频的热加载处理。用户手机终端可以通过 API 网关获取音频文件。此外，视频文件上传到 OSS 后，会同时触发函数计算进行多转码率处理，并将处理后的视频文件存储到 OSS 中，完成轻量的数据处理。

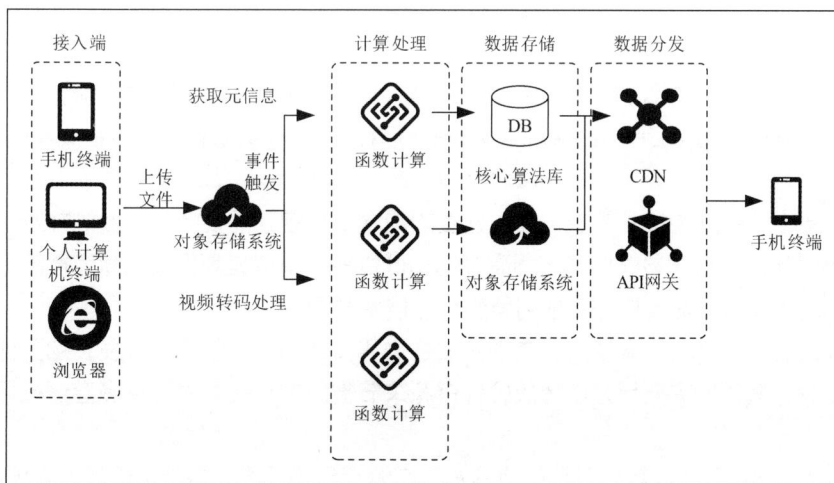

图 9.9　视频上传处理应用场景

在多媒体处理场景中，经常会碰到海量文件上传到 OSS 后，需要进一步对文件进行加工的情况，如增加水印、转码、获取文件属性等。用户在这种场景中进行处理时会遇到一些技术难点。例如，如何接收文件上传后的动作事件，通常做法是定制消息通道来接收对象存储系统的事件通知，搭建运行环境，并编写相关代码来处理事件通知。同时，还需要考虑如何高效处理海量的上传文件，如何无缝连接多个云产品等问题。

通过 Serverless 可以方便地解决这些问题。函数计算可以设置对象存储系统的触发器，使其接收事件通知，在函数计算中编写业务代码来处理文件，并通过内网将文件传输到对象存储系统中，整个流程简单易用且可扩展。处理数据的核心代码可以部署到函数计算中，通过函数计算并发处理事件通知。通过函数计算可以打通多个云产品的内部交互，从而高效解决产品间的连接问题。

9.3.2 流量突发场景

1. 典型流量突发场景案例

（1）弹性扩展应对突发流量

移动互联网应用经常会面对突发流量场景。例如，移动应用的通常流量情况是每秒查询率（Query Per Second，QPS）为 20，但每隔 5 分钟会有一个持续 10 秒的 QPS 为 200（10 倍于通常流量）。在传统架构下，企业需要为业务高峰扩展额外的硬件。

而在 Serverless 架构下，用户可以利用弹性扩展特性快速构建新的计算能力来满足当前需求，业务高峰后，能够自动释放资源，有效节省成本。

（2）转码和流量扩容

视频直播某次专场活动时，很难预估会有多少点播的观众视频接入，而将转码和流量扩容这部分内容通过 Serverless 的函数来处理，可以利用 Serverless 平台的水平扩展能力，而无须考虑并发和流量扩容问题。

2. 视频直播多人连麦场景的实现

在视频直播应用场景中，有一种场景是视频直播的多人连麦场景。主播可以同时和多人连麦，把多个观众画面接入，并把画面合成到一个场景中供观众观看。直播间的客户端将主播和连麦观众的音频/视频采集发送给函数计算做混流服务，函数计算将数据汇集后交给混流服务进行合成，并将合成画面的视频流推送给 CDN，终端观众实时拉取直播流，能实时看到混流合成画面，如图 9.10 所示。

在这种场景中，有几种技术需要关注：连麦的观众不固定，需要考虑适度的并发和弹性；直播不可能 24 小时在线，有明显的业务访问高峰期和低谷期；直播是事件或公众点播的场景，更新速度较快，版本迭代较快，需要快速完成对新热点的技术升级。

面对视频直播中的多人连麦场景，常规做法是购买负载均衡设备应付并发，购买计算资源进行数据处理，在业务低谷期需要想办法释放硬件资源来节省成本，并同时维护多套运行环境来满足多版本的需求。

使用 Serverless 函数计算可以将负载分发程序编写到函数中，多版本迭代无须更换运行环境，仅替换代码版本即可。业务访问可按需付费，业务低谷期费用较低。

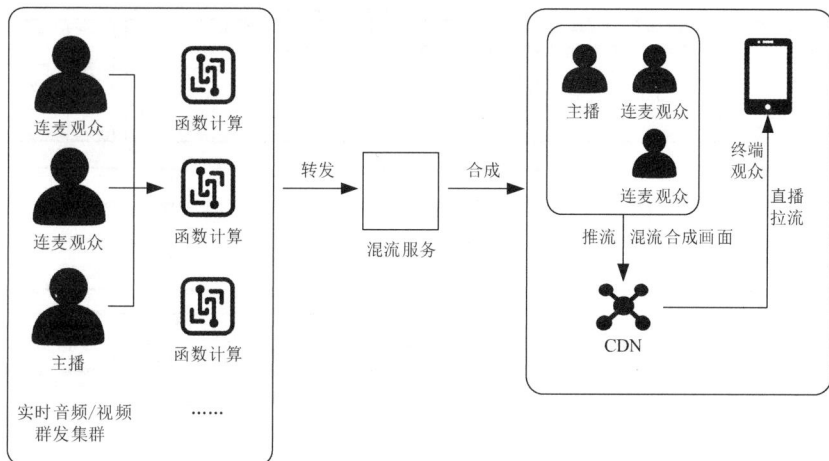

图 9.10　视频直播多人连麦场景

9.3.3　大数据处理场景

由于安全审计问题，企业需要从过去一年存储在多个地域的对象存储系统的数据（每小时一个文件）中找出特定关键字访问的日志，同时进行聚合运算（计算出总值）。如果使用 Serverless，可以将高峰期每 2 小时的访问日志或低谷期每 4 小时的访问日志交给一个计算函数处理，并将处理结果存储到关系数据库中。使用一个函数将数据分派给另一个函数，使其执行成千上万个相同的实例。这样可以同时运行近千个计算函数（24×365/10），在不到 1 分钟的时间内完成整个工作。

9.4　Serverless 平台 Kubeless

Kubeless 是基于 Kubernetes 的原生 Serverless 平台，允许用户部署少量代码（函数），而无须担心底层架构。它被设计部署在 Kubernetes 集群之上，并充分利用 Kubernetes 的特性及资源类型。本节将介绍 Kubeless 的工作原理。

9.4 Serverless
平台 Kubeless
介绍

9.4.1　Kubeless 简介

Serverless 的出现让开发者不再需要关注传统的服务器采购、硬件运维、网络拓扑、资源扩容等问题，可以将更多精力放在业务的拓展和创新上。随着 Serverless 概念的成熟，各大云服务提供商纷纷推出各自的 Serverless 产品，其中比较有代表性的有 AWS Lambda、Azure Function、Google Cloud Functions 和阿里云函数计算等。

云原生计算基金会（Cloud Native Computing Foundation，CNCF）于 2016 年创立了 Serverless Working Group，致力于 Cloud Native 和 Serverless 技术的结合。图 9.11 所示为 CNCF Serverless 产品全景图，它将当前的 Serverless 产品分为工具型、安全型、托管平台型和可安装平台型等类别。

工具型	Cloud Native Landscape	CloudZero	Dashboard	Hasura GraphQL Engine	IOpipe	Iron.io		安全型	Protego	Threat Stack
	Lumigo	Node Lambda	SCAR	Sigma	Stackery	Thundra				

框架	Apex		Architect		AWS Server Application Model		Chalice		Claudia.js
	Dapr		Flogo		Serverless		Sparta		Spring Cloud Function

托管平台型	Algorithmia	Alibaba Cloud Function Compute	AWS Lambda	Azure Functions	Binaris		可安装平台型	Apache Camel K	Apache OpenWhisk	AppScale	Fission	Fn
	Cloudflare Workers	Google Cloud Functions	Huawei Function Stage	IBM Cloud Functions	Netlify Functions			Keda	Knative	Kubeless	Kyma	Nuclio
	Nimbella	Nuweba	Oracle Functions	PubNub Functions	Spotinst Functions			OpenFaaS	PipelineAI	Riff	Virtual Kubelet	
	Standard Library	Tencent Cloud Serverless Cloud Function		Twilio Functions	Zeit Now							

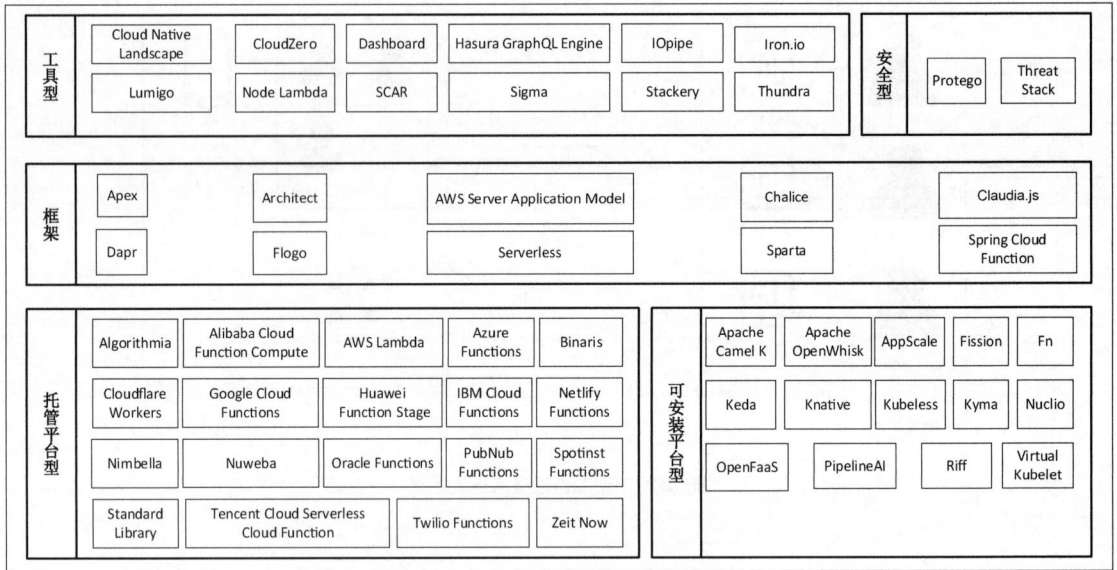

图 9.11　CNCF Serverless 产品全景图

同时，容器及容器编排工具的出现大大降低了 Serverless 产品的开发成本，促进了一大批优秀开源 Serverless 产品的诞生，它们大多构建于 Kubernetes 之上，主要产品有 Kubeless、Open FaaS、Fission 和 Knative。这些产品归类于可安装平台型。

Kubeless 是开源 Serverless 产品的典型代表，是 Kubernetes Native 的无服务计算框架，它可以让用户在 Kubernetes 之上使用 FaaS 构建高级应用。Kubeless 主要由 Functions、Triggers 和 Runtime 三部分组成。

- Functions：代表需要被执行的用户代码，同时包含运行时依赖、构建指令等信息。
- Triggers：代表和函数关联的事件源。如果把事件源比作生产者，将函数比作执行者，则触发器就是联系两者的桥梁。
- Runtime：代表函数运行时依赖的环境。

因为 Kubeless 的功能特性是建立在 Kubernetes 上的，所以对于那些熟悉 Kubernetes 的人来说，部署 Kubeless 非常方便。Kubeless 主要用于将用户编写的函数在 Kubernetes 中转变为自定义资源（Custom Resource Definition，CRD），并以容器的方式运行在集群中。Kubeless 的主要特点可以总结为以下几方面。

- 支持 Python、Node.js、Ruby、PHP、Golang、.NET、Ballerina 语言和自定义运行时。
- Kubeless CLI 兼容 AWS Lambda CLI。
- 事件触发器使用 Kafka 消息队列和 HTTP。
- Prometheus 默认监视函数的调用和延迟。
- 支持 Serverless 框架插件。

9.4.2　Kubeless 的工作原理

Kubeless 利用 Kubernetes 实现 Serverless 产品所需的基本能力。这些基本能力包括以下几方面。

- 敏捷构建：能够基于用户提交的源码迅速构建可执行的函数，简化部署流程。
- 灵活触发：能够方便地基于各类事件触发函数执行，并能方便快捷地集成新的事件源。
- 自动伸缩：能够根据业务需求，自动完成扩容、缩容，无须人工干预。

下面分别从这三方面来介绍 Kubeless 的工作原理。

1. 敏捷构建

CNCF 对函数生命周期的定义如图 9.12 所示。用户只需提供源码和函数说明，构建、部署等工作通常由 Serverless 平台完成。因此，基于用户提交的源码迅速构建可执行的函数是 Serverless 产品必须具备的基础能力。

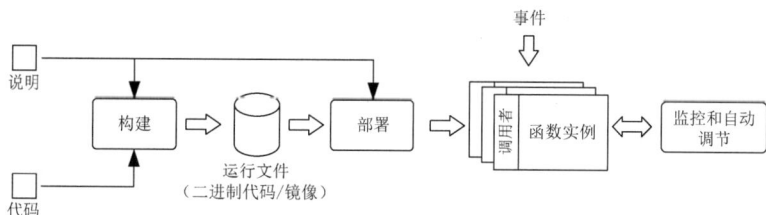

图 9.12　CNCF 对函数生命周期的定义

Kubeless 函数是一个自定义的 Kubernetes 对象，其本质上就是 Kubernetes Operator，其工作原理如图 9.13 所示。

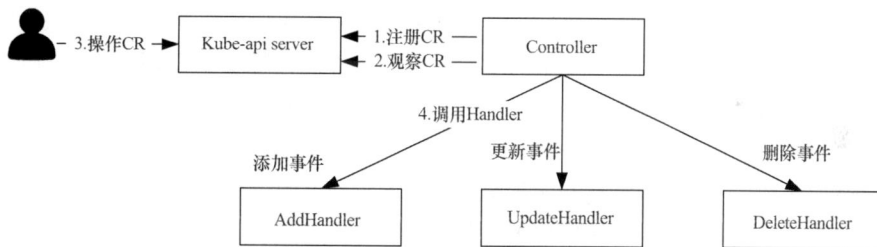

图 9.13　Kubeless 函数的工作原理

下面以 Kubeless 函数为例，描述 Kubernetes Operator 的一般工作流程。

（1）使用 Kubernetes 的 CRD 定义资源，这里创建了一个名为 functions.kubeless.io 的 CRD 来代表 Kubeless 函数。

（2）创建一个 Controller 监听 CRD 的添加、更新、删除事件并绑定 Handler。这里创建了一个名为 Function-Controller 的 CRD Controller，该 CRD Controller 会监听针对函数的添加、更新、删除事件，并绑定 Handler。

（3）用户执行添加、更新、删除 CRD 的命令。

（4）CRD Controller 根据监听到的事件调用相应的 Handler。

Kubeless 的 Function-Controller 监听到针对函数的添加事件后，触发相应的 Handler 创建函数。一个函数由若干 Kubernetes 对象组成，主要包括 ConfigMap、Service、Deployment、Pod 等，其结构如图 9.14 所示。

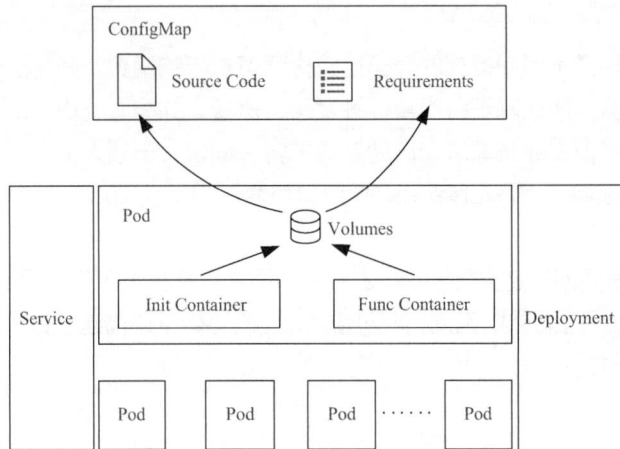

图 9.14 Kubeless 函数的结构

函数中的 ConfigMap 用于描述函数的源码和依赖项。Service 用于定义函数的访问方式，并与执行函数逻辑的 Pod 相关联，通常类型为 ClusterIP。Deployment 负责管理执行函数逻辑的 Pod，可以设定所需的 Pod 数量。

Pod 是执行函数逻辑的实际容器。Pod 中的 Volumes 会将 ConfigMap 中的源码和依赖项挂载到指定的目录。Init Container 负责将源码和依赖项复制到指定目录，并安装必要的第三方依赖。Func Container 则会加载 Init Container 准备好的源码和依赖，并执行函数。不同 Runtime 加载代码的方式略有不同。

总之，Kubeless 通过整合 Kubernetes 的多种组件和利用各种语言的动态加载能力，实现了从用户源码到可执行函数的构建。同时，Kubeless 注重函数运行的安全性，通过 Security Context 机制，确保容器内的进程以非 root 用户身份运行，从而提高安全性。

2. 灵活触发

一种成熟的 Serverless 产品需要具备灵活的触发能力，以满足事件源的多样性需求，同时能够方便快捷地接入新事件源。CNCF 将函数的触发方式分为以下几种类型：同步请求、异步消息队列请求、消息流和批处理作业（主进程/工作进程），如图 9.15 所示。

根据不同的用例，可以从不同的事件源中调用函数。

（1）**同步请求（Synchronous Req/Rep）**：如 HTTP 请求、gRPC 调用等。这种函数调用是一个阻塞调用，客户端发出请求并等待立即响应。

（2）**异步消息队列请求（Async Message Queue）**：如 RabbitMQ、AWS SNS、MQTT、电子邮件、对象更改、计划事件（如 Cron Job）等。事件源将消息发布到消息交换机并分发到订阅消息的服务器进行处理，没有严格的消息顺序。

（3）**消息流（Message Stream）**：如 Kafka、AWS Kinesis、AWS DynamoDB Stream、Database CDC 等。对于一组有序的消息，消息必须按顺序处理。通常，一个流被分割到多个分区，每个分区有一个 Worker 来处理该分区的消息。流可以从消息、数据库更新（日志）或文件（如 CSV、JSON、Parquet）生成。事件可以推送到函数运行环境，也可以由函数运行环境拉取。

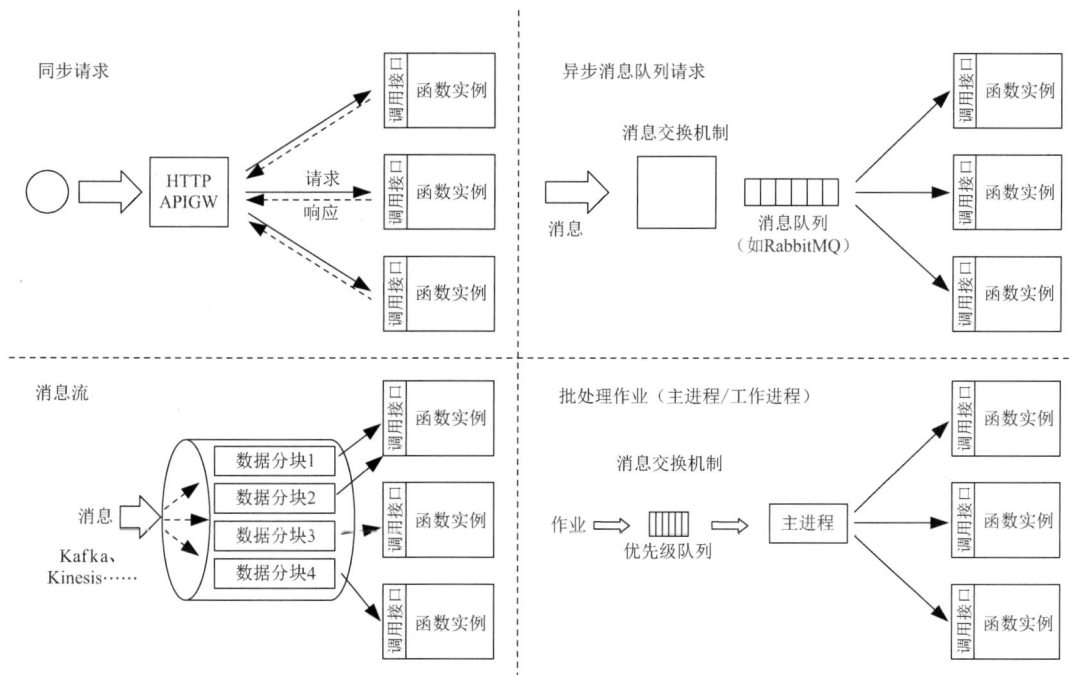

图 9.15　CNCF 对函数触发方式的分类

（4）**批处理作业（Job）**：如 ETL 作业、分布式深度学习、HPC 模拟等。Job 被调度或提交到队列，并在运行时使用多个并行函数实例进行处理，每个实例处理工作集（任务）的一个或多个部分。当所有并行工作人员成功完成所有计算任务时，作业即完成。

Kubeless 支持多种函数触发方式，其中最简单的是使用 Kubeless CLI。表 9.1 所示为 Kubeless 函数触发方式及其类别。

表 9.1 Kubeless 函数触发方式及其类别

触发方式	类　　别	触发方式	类　　别
Kubeless CLI	Synchronous Req/Rep	Kafka 触发器	Async Message Queue
HTTP 触发器	Synchronous Req/Rep	Nats 触发器	Async Message Queue
CronJob 触发器	Job（Master/Worker）	Kinesis 触发器	Message Stream

图 9.16 所示为 Kubeless 函数部分触发方式的工作原理，包括 Kubeless CLI、HTTP 请求、CronJob、Kafka 消息队列等。

下面介绍 Kubeless 的三种常用触发器。

（1）HTTP 触发器

如果希望通过发送 HTTP 请求触发函数执行，则需要为函数创建 HTTP 触发器。Kubeless 利用 Kubernetes Ingress 机制实现了 HTTP 触发器。Kubeless 创建了一个名为 httptriggers. kubeless.io 的 CRD 来代表 HTTP 触发器对象，同时包含一个名为 http-trigger-controller 的 CRD Controller，它会持续监听针对 HTTP 触发器和函数的添加、更新、删除事件，并执行相应操作。

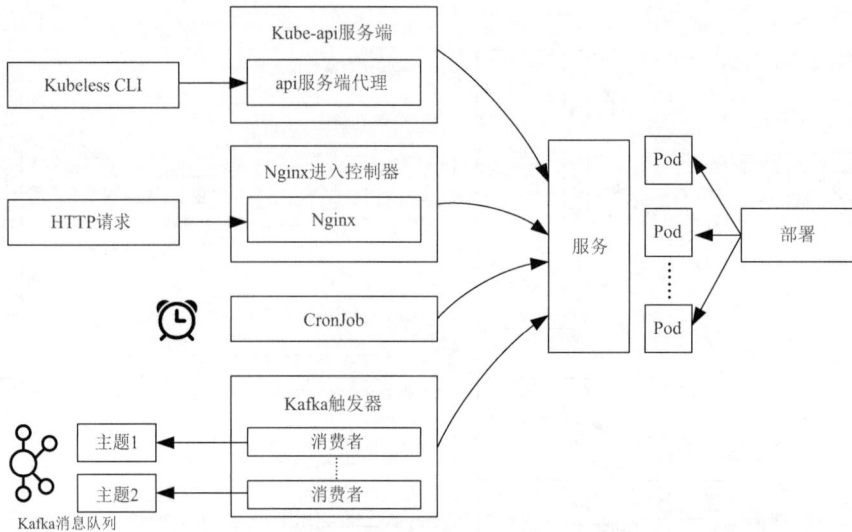

图 9.16　Kubeless 函数部分触发方式的工作原理

Ingress 仅用于描述路由规则，要使规则生效并实现请求转发，集群中需要有一个正在运行的 Ingress Controller。可供选择的 Ingress Controller 有 Contour、F5 BIG-IP Controller、Kong Ingress Controller、Nginx Ingress Controller、Traefik 等。

图 9.16 中在创建触发器时指定了 Nginx 作为网关，因此需要部署一个 nginx-ingress-controller。该控制器的基本工作原理如下。

- 以 Pod 的形式运行在独立的命名空间中。
- 以 HostPort 的形式暴露出来供外界访问。
- 内部运行着一个 Nginx 实例。
- 监听与 Ingress 请求、服务等资源相关的事件。如果发现这些事件会影响路由规则，Ingress Controller 会向处理器发送新的端口列表或直接修改 nginx.conf 文件并重启 Nginx，以更新路由规则。

（2）CronJob 触发器

如果希望定期触发函数执行，则需要为函数创建 CronJob 触发器。Kubernetes 支持通过 CronJob 定期运行任务，Kubeless 利用这个特性实现了 CronJob 触发器。Kubeless 创建了一个名为 cronjobtriggers.kubeless.io 的 CRD 来代表 CronJob 触发器对象，并包含一个名为 cronjob-trigger-controller 的 CRD Controller，它会持续监听针对 CronJob 触发器和函数的添加、更新、删除事件，并执行相应操作。

（3）自定义触发器

如果发现 Kubeless 默认提供的触发器无法满足业务需求，则可以自定义新的触发器。首先需要为新的事件源创建一个 CRD 来描述事件源触发器，并在 CRD 对象的说明中描述该事件源的属性；还需要为该 CRD 创建一个 CRD Controller，该 Controller 会持续监听针对事件源触发器和函数的 CRUD 操作并作出相应处理。当事件发生时，触发关联函数的执行。例如，如果该 CRD Controller 监听到函数的删除事件，则需要同时删除与该函数关联的触发器。

总之，Kubeless 提供了一些常用的触发器，如果有其他事件源需求，可以通过自定义触发器进行接入。不同事件源的接入方式不同，但最终都是通过访问函数的 ClusterIP 类型 Service 来触发函数执行。

3. 自动伸缩

Kubernetes 通过水平自动伸缩（Horizontal Pod Autoscaler，HPA）机制实现 Pod 的自动水平扩展。Kubeless 的函数通过 Kubernetes Deployment 部署运行，因此可以利用 HPA 实现自动伸缩。

（1）度量数据获取

自动伸缩的第一步是让 HPA 能够获取度量数据。目前，Kubeless 中的函数支持基于 CPU 和 QPS 这两种指标进行自动伸缩。图 9.17 所示为 HPA 获取这两种度量数据的途径。

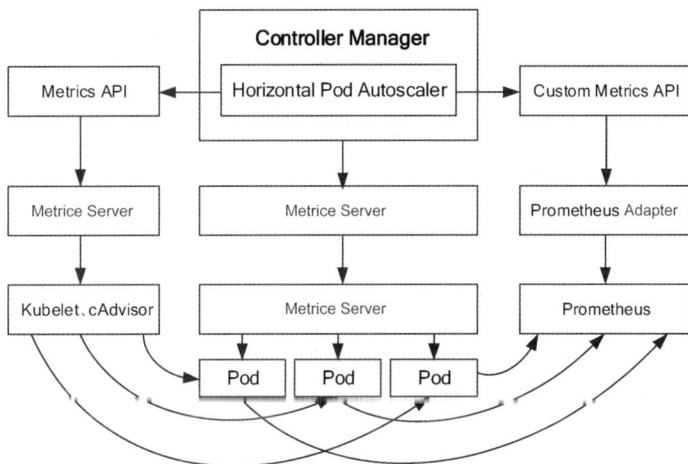

图 9.17　HPA 获取度量数据的途径

CPU 利用率属于内置度量指标，对于这类指标，HPA 可以通过 Metrics API 从 Metrics Server 中获取数据。Metrics Server 通过 kubernetes.summary_api 从 Kubelet、cAdvisor 中获取度量数据。

QPS 属于自定义度量指标，获取这类指标的度量数据的步骤如下。

- 部署用于存储度量数据的系统，这里选择部署已被纳入 CNCF 的 Prometheus。Prometheus 是一套开源监控、告警、时序数据解决方案，已被 DigitalOcean、Red Hat、SUSE 和 Weaveworks 等云原生领导者广泛使用。

- 采集度量数据，并写入部署好的 Prometheus 中。Kubeless 提供的函数框架会在函数每次被调用时，将度量数据 function_duration_seconds、function_calls_total、function_failures_total 写入 Prometheus。

- 部署实现 Custom Metrics API 的 Custom API Server。由于度量数据被存入了 Prometheus，因此选择部署 k8s-prometheus-adapter，它可以从 Prometheus 中获取度量数据。

完成上述步骤后，HPA 就可以通过 Custom Metrics API 从 Prometheus Adapter 中获取 QPS 度量数据了。

（2）度量数据的使用

知道了 HPA 获取度量数据的途径后，下面介绍 HPA 如何基于这些数据对函数进行自动伸缩。

① 基于 CPU 利用率

假设已经存在一个名为hello()的函数，以下命令将为该函数创建一个基于CPU利用率的HPA，它将运行该函数的 Pod 数量控制在 1～3，并通过增加或减少 Pod 数量，使所有 Pod 的平均 CPU 利用率维持在 70%。

```
kubeless autoscale create hello --metric=cpu --min=1 --max=3 --value=70
```

② 基于 QPS

以下命令将为 hello()函数创建一个基于 QPS 的 HPA，它将运行该函数的 Pod 数量控制在 1～5 之间，并通过增加或减少 Pod 数量确保所有挂接在服务 hello 后的 Pod 每秒能处理的请求次数之和达到 2000。

```
kubeless autoscale create hello --metric=qps --min=1 --max=5 --value=2k
```

③ 基于多项度量指标

如果计划基于多项度量指标对函数进行自动伸缩，则需要直接为运行函数的 Deployment 创建 HPA。这时需要使用 YAML 文件为函数创建一个 HPA，说明运行该函数的 Pod 数量的范围、所有 Pod 的平均 CPU 利用率、平均内存使用量等指标。对于多项度量指标，Kubernetes 会计算出每项指标需要的 Pod 数量，并取其中的最大值作为最终的目标 Pod 数量。

（3）自动伸缩策略

一个理想的自动伸缩策略需要保证当负载激增时，函数能迅速扩展以应对突发流量；当负载下降时，函数能立即收缩以节省资源；具备抗噪声干扰能力，能够精确计算出目标容量；能够避免自动伸缩过于频繁造成系统抖动。

Kubeless 依赖的 HPA 充分考虑了上述需求，不断改进和完善其自动伸缩策略。HPA 每隔一段时间（默认为 15 秒）会根据获取的度量数据同步一次与该 HPA 关联的 Deployment 中的 Pod 数量。在每一次同步过程中，HPA 需要经历如图 9.18 所示的计算流程。

图 9.18　HPA 经历的计算流程

① 计算目标副本数

分别计算 HPA 列表中每项指标需要的 Pod 数量，记为 rcProposal。选择其中的最大值作为 mdReplicas。在计算每项指标的 rcProposal 的过程中，允许目标度量值和实际度量值存在一定误差，如果在误差范围内，则直接使用当前副本数 currentReplicas 作为 rcProposal。这样做是为了避免频繁伸缩造成系统抖动，误差值可以通过参数指定，默认值为 0.1。

当一个 Pod 刚刚启动时，其反映的度量值往往不准确，HPA 会将这种 Pod 视为处于未就绪状态。在计算度量值时，HPA 会跳过处于未就绪状态的 Pod，以消除噪声干扰。Pod 被认为处于未就绪状态的时间可以通过参数调整。

② 平滑目标副本数

将最近一段时间计算出的 mdReplicas 记录下来，取其中的最大值作为 stabilizedRecommendation。这是为了让缩容过程变得平滑，消除度量数据异常波动造成的影响。该时间段可以通过参数指定，默认为 5 分钟。

③ 规范目标副本数

限制 desiredReplicas 最大为 currentReplicas * scaleUpLimitFactor，以防止因采集到"虚假的"度量数据而导致扩容过快。在目前的 Kubeless 版本中，scaleUpLimitFactor 无法通过参数设定，其值固定为 2。

④ 执行扩容或缩容操作

如果通过上述步骤计算出的 desiredReplicas 不等于 currentReplicas，则执行扩容或缩容操作。这里所说的执行只是将 desiredReplicas 赋值给 Deployment 中的 replicas，Pod 的创建和销毁由 Kube-Scheduler 和 Worker Node 上的 Kubelet 异步完成。

总之，Kubeless 提供的自动伸缩功能是对 Kubernetes HPA 的简单封装，避免了将创建 HPA 的复杂细节直接暴露给用户。Kubeless 目前提供的度量指标较少，功能相对简单。如果用户希望基于新的度量指标、综合多项度量指标或者调整自动伸缩的效果，则需要深入了解 HPA 的细节。目前 HPA 的扩容或缩容策略是基于既成事实被动地调整目标副本数，还无法根据历史规律进行预测性扩容或缩容。

9.5 总结

本章对 Serverless 做了比较全面的介绍。作为新一代云计算的重要技术，Serverless 将给云计算带来重大变化。Serverless 在虚拟化、容器和微服务的基础上进一步实现了服务外包，将主机管理、操作系统管理、资源分配、扩容，甚至应用逻辑的全部组件外包给云服务提供商，从而显著提升了成本效益和运营效率。

本章在分析云计算技术发展的背景下，首先介绍了 Serverless 的基本概念、主要特点和适用场景，以及 Serverless 的基本工作原理和两种主要工作方法——BaaS 和 FaaS。接着，介绍了 Serverless 的几类典型应用场景，包括事件请求场景、流量突发场景和大数据处理场景，并列举了每类场景下的典型应用。最后，介绍了开源 Serverless 平台 Kubeless。Kubeless 构建于 Kubernetes 之上，充分利用了 Kubernetes 的特性及资源类型，实现了 Serverless 的基本功能。由于 Kubeless 的功能特性是建立在 Kubernetes 上的，对于熟悉 Kubernetes 的用户来说，部署 Kubeless 非常方便。

习题

1. 什么是 Serverless？其主要是为了解决什么问题被提出的？
2. 描述传统架构与 Serverless 架构的关系。
3. 与早期云计算技术相比，Serverless 在哪方面带来了根本性变化？
4. Serverless 的典型应用场景有哪些？
5. Serverless 的主要优缺点有哪些？
6. Serverless 主要有哪两种工作方法？
7. 什么是 BaaS？什么是 FaaS？它们之间的核心区别是什么？

8. 什么是 Kubeless？它有哪些主要特点？

9. Kubeless 主要由哪三部分组成？它们各自的作用是什么？

10. Kubeless 与 Kubernetes 的关系是什么？

11. Kubeless 是如何实现敏捷构建能力的？

12. Kubeless 是如何实现灵活触发能力的？

13. 根据 CNCF 的定义，函数触发方式有哪四大类？

14. Kubeless 是如何实现自动伸缩的？

15. Kubeless 是如何实现度量数据获取的？

16. 一个理想的自动伸缩策略需要具备哪四大特性？

17. 实现 HPA 计算包括哪四大步骤？

结 束 语

经过十多年的发展，云计算已经进入快速发展阶段，产业技术创新不断涌现。在技术方面，超融合架构、容器云、Serverless 等技术不断推动云计算的变革；在产业方面，企业上云成为趋势，Amazon、Microsoft、Google、阿里巴巴、腾讯等互联网和 IT 巨头纷纷推出新型云计算服务；在行业方面，云计算的应用已经深入政府、金融、工业、交通、物流、医疗健康等传统行业，政务云也成为数字城市的关键基础设施。

根据中国信息通信研究院《云计算白皮书（2021 年）》的报告，尽管全球云计算市场增速明显放缓，但我国云计算市场仍保持稳定增长态势。2020 年，全球经济大幅萎缩，全球云计算市场增速放缓，市场规模为 2083 亿美元；而我国经济稳步回升，云计算整体市场规模达 2091 亿元，增速为 56.6%。其中，公有云市场规模达 1277 亿元，相比 2019 年增长 85.2%；私有云市场规模达 814 亿元，相比 2019 年增长 26.1%。

《云计算白皮书（2021 年）》预测，全球云计算市场增长率将伴随经济回暖而反弹，到 2025 年市场规模将超过 6000 亿美元，我国云计算市场将保持快速发展态势，预计"十四五"末市场规模将突破 10000 亿元。

随着数字化发展的不断深入，企业数字基础设施将融合云计算、大数据、人工智能等新一代数字化技术，搭建一体化云平台，为企业上层业务数字化转型整合有效资源，提供高效、低成本的全面支撑。

在中国特色云计算的背景下，我国云计算产业在技术、管理、安全、应用、模式等方面呈现出新的发展特点。云原生技术和能力不断成熟，加速企业 IT 要素变革。在云计算进入发展成熟期，云原生因其弹性扩展和响应、服务自治和故障自愈、跨平台及服务的规模复制等能力，成为充分发挥云效能的最佳实践路径。云服务向算力服务演进，助力算力经济高质量发展。算力作为数字经济的核心生产力，正在成为加速行业数字化及经济社会发展的重要引擎。作为云服务的升级，算力服务正呈现出泛在化、普惠化、标准化的特点。《云计算白皮书（2021 年）》指出，作为数字经济的重点产业，云计算将为各领域创新发展注入新的活力。云原生架构、云优化治理、云安全建设、云上系统稳定性、算力服务技术体系等新技术和新理念，将为云计算产业增添更多新的内涵。立足当下，展望未来，云计算将带来无限的机会和可能，探索更多未知的精彩。

2021 年，云计算已经成为业务转型和 IT 基础设施现代化的支撑，随着企业上云比例和应用深度的显著提升，百度、阿里巴巴、腾讯、华为、浪潮等企业纷纷加码布局云计算市场。各地政府也在推进企业上云方面提供了政策支持，云计算未来市场空间巨大。

伴随行业的迅速发展，也催生了云计算相关人才需求的井喷，供需矛盾凸显。云计算工程技术人员稀缺，特别是创新型人才、高精尖复合型人才尤为稀缺。云计算职业未来两年的岗位需求在 130 万个左右，平均年薪可达 40 万元。

从岗位类型来看，需求旺盛的岗位方向包括云计算架构师、后端及前端开发工程师、运维工程师等。目前云技术不断迭代和变化，还没有出现饱和现象。根据科锐国际的《2021 人才市场洞察及薪酬指南》分析，核心技术人才成为稀缺资源，企业在招聘时对技术能力及经验极为看重。随着云计算市场的持续扩张，尤其是各巨头云计算业务的高速增长，云计算提供商需要建设更多数据中心以满足业务需求；容器技术应用的进一步普及，企业级SaaS走向个性化、定制化，都带来了相应的人才需求。随着企业管理应用智能化的发展，企业信息化向云计算转型需要相关的软件人才。云计算的海量算力与人工智能的应用相互协同，深入各行各业的企业中，企业对于既了解云计算技术，又懂云计算管理的复合型人才需求加大。

早在2006年美国部分大学就设立了云计算专业。云计算技术创始企业之一的Google于2006年在美国启动了"Google101计划"，该计划旨在通过高校培养大批云计算人才。该课程一经推出便在大学中流行开来。美国华盛顿大学、加利福尼亚大学、斯坦福大学、麻省理工学院、卡内基梅隆大学、马里兰大学先后加入"Google101计划"，并设立云计算相关专业。在国内，北京航空航天大学软件学院在2010年联合工业和信息化部移动云计算教育培训中心开设了全国首个移动云计算硕士专业方向，面向在职人群开设移动云计算（架构师）硕士高端项目，全方位培养未来云计算人才。电子科技大学成都学院于2012年5月成立云计算科学与技术系，是国内第一所在本专科阶段系统进行云计算人才培养的大学。

2015年，国务院印发的《关于促进云计算创新发展培育信息产业新业态的意见》（国发〔2015〕5号）指出，云计算是信息化发展的重大变革和必然趋势，同时鼓励高校、科研院所与企业联合培养云计算相关人才，为云计算发展提供高水平智力支持。同年10月，教育部将"云计算技术与应用"列入高职专业目录，全国高职院校积极响应，筹划该专业建设工作。目前，开设云计算专业专科、本科或研究生方向的大学有近50所，单独开设云计算技术与应用专业的高职院校已经超过150所。

面对云计算及相关领域产业的快速发展和企业对领域人才需求的持续增加，人力资源和社会保障部、国家市场监督管理总局、教育部等人才建设有关部门相继出台相关政策与计划，加强人才数量和质量的双重建设。2019年4月，人力资源和社会保障部等部门正式向社会发布了13个新增职业，其中6个岗位与云计算及其相关领域直接相关。教育部在2018年9月17日发布的《教育部关于加快建设高水平本科教育 全面提高人才培养能力的意见》中，将云计算及相关领域专业定为需大力推进的战略性新兴产业相关学科专业，为产业提供高质量人才储备。

表f.1所示为与云计算相关的岗位类别、职位名称及岗位职责。表中的数据均来源于国内招聘网站中云计算企业对相关岗位的定位与要求。

表f.1 与云计算相关的岗位类别、职位名称及岗位职责

岗位类别	职位名称	岗位职责
云计算技术	云计算技术经理	1. 云计算产品线整体规划 2. 云计算重点产品引入测试、产品规划选型 3. 云计算数据中心项目规划和售前支持 4. 云计算重点解决方案设计与编写 5. 云计算技术和产品销售支持、重点项目支持
	云计算架构师	1. 主导云计算产品的架构设计 2. 负责云计算管理平台核心模块设计和开发 3. 拟定云计算架构层、平台层核心技术趋势和开发计划 4. 设计云计算基础/平台软件系统 5. 与产品团队互动，负责产业链上下游合作

续表

岗位类别	职位名称	岗位职责
云计算技术	云计算运维工程师	1. 云计算系统的安装调试及运行管理 2. 云应用的安装、移植、测试及维护 3. 解决云计算系统故障、性能瓶颈等问题 4. 编写系统管理工具 5. 负责云计算系统用户的日常培训
	云计算后端开发工程师	1. 负责云计算平台产品的详细设计与开发实现 2. 负责云计算服务后台管理系统的设计与开发 3. 云平台底层业务逻辑的设计与开发 4. 负责开源云产品的技术追踪及研究 5. 提出新产品的架构设计或架构改进方案 6. 编写产品开发设计文档
	云计算前端开发工程师	1. 负责云计算产品前端功能设计、开发和实现 2. 与后端工程师配合，完成与后端 API 的集成 3. 云计算产品易用性改进和界面技术优化
	云计算测试工程师	1. 云计算、云存储相关产品的测试 2. 虚拟化、分布式文件系统相关产品的测试 3. Web Server、Proxy Server 相关产品的测试 4. 云计算自动化测试框架的开发与部署 5. 云计算数据中心项目的方案验证和集成验收
	云计算安全工程师	1. 云计算安全领域解决方案的规划与设计 2. 云计算安全领域的竞争分析与技术实现 3. 云计算安全领域的关键技术研究
云计算市场营销	云计算高级售前	1. 根据客户需求形成针对性云计算解决方案 2. 协助市场完成售前支持和项目应标支持 3. 参与产品规划、新产品及解决方案的市场推广与销售指导
	云计算售前支持	1. 面向客户的售前技术交流 2. 撰写技术方案、售前交流文档 3. 进行项目的应标支持
	云计算销售总监	1. 政府、企业云计算平台及移动 IT 的市场拓展 2. 技术与产品交流、挖掘用户需求 3. 研究市场环境、进行竞争对手分析、构建市场策略
	云计算交付工程师	1. 云平台产品项目交付培训管理工作 2. 交付过程中的联调和问题排查 3. 应急预案、业务容灾和故障恢复策略方案的制定与实施 4. 发现并解决产品故障隐患及性能瓶颈 5. 各个项目的开发运维问题跟踪与管理 6. 对接合作伙伴的沟通和培训

　　总之，国际云计算技术已经从快速增长期迈入稳定发展期，我国云计算整体市场近几年有了大幅增长，正处于高速增长阶段。云计算将对整个社会生产力和生产关系的变化起到至关重要的作用。相信我国云计算行业即将进入黄金发展阶段。伴随着云计算产业的迅猛发展，满足产业发展的人才需求将呈现空前增长态势。因此，认真学好云计算技术不仅具有良好的就业和职业发展前景，而且会为国家"十四五"规划作出积极贡献。